同济大学欧洲与德国研究丛书

总主编：郑春荣

编　委（按姓氏笔画为序）：

伍慧萍　孙宜学　宋黎磊　陈　强　单晓光

本书系国家社会科学基金一般项目"德国外交政策新动向及我国对策研究"（批准号：14BGJ009）结项成果

欧洲与德国研究丛书

德国默克尔政府外交政策研究

（2013—2019）

从克制迈向积极有为

THE FOREIGN POLICY OF
THE MERKEL GOVERNMENTS (2013–2019)

FROM RESTRAINT TO PROACTIVENESS

郑春荣　著

社会科学文献出版社
SOCIAL SCIENCES ACADEMIC PRESS (CHINA)

序

我国始终将中欧关系置于对外关系的重要和优先方向。在百年大变局下，特别是中美关系处于世纪博弈的背景下，中欧关系在我国外交全局中的地位和作用进一步上升，其战略性和全球性更加凸显。中德关系在中欧关系中始终扮演着引领者的角色，发挥着举足轻重的作用。

中德关系的重要性与德国在欧盟内的重要性不无关系。德国实现统一以来，其在欧盟内的综合国力和影响日益显著。从2013年默克尔第三度当选德国总理起，德国外交政策呈现从注重恪守克制日趋转向积极有为，并且德国力图发挥领导作用。

郑春荣教授长期研究德国，敏锐地洞察到了德国外交的这一新变化，通过"欧债危机""难民危机""英国脱欧危机与欧盟改革""德国对美政策的调整""乌克兰危机"五个实例，结合国际关系理论和外交政策分析方法，深入分析了德国外交政策调整的趋势、具体表现、成因及其影响。因此，本著作不仅丰富了国内有关德国外交分析的理论和方法视角，而且对德国政府2013年以来的外交政策调整进行了一个全景式研究分析，是一部十分难得的研究当代德国外交的力作。

众所周知，两德统一后，德国背上了东部重建的沉重包袱，无暇他顾，一度被贴上"欧洲病夫"的标签。直到在施罗德总理任期内，德国几经周折，在欧洲国家内率先推动"2010议程"（Agenda 2010）改革，使德国经济在其后的金融与经济危机以及欧债危机之中经受住考验，显现更强的韧性，甚至被认为在欧盟内"一枝独秀"。鉴于外部环境带来挑战的增多，以及欧盟内分歧和矛盾的上升，在欧盟内实力上升的德国有意承担更多的领导责任。推行积极有为的外交政策正是在这样的内外背景下提出并开始实施的。在外交实践中，正如本书细致的实例分析所表明的，德国也的确不再像以往那样置身事外或是犹豫观望，而是力图在欧盟内外的诸多危机应对中扮演领导者、倡导者或斡旋者的角色。

然而，鉴于历史及现实的各种因素，德国意欲推行积极有为外交并不可能一帆风顺。从内部来看，德国战后形成的克制文化依然影响巨大，德国民众虽然对于德国更多参与国际事务的期待有所上升，但是，对于德国拿出更多的真金白银为国际事务做出实质性贡献仍有较大保留。由此，政治精英的政治雄心与民众的想法之间存在比较大的落差。从欧盟层面来看，欧盟其他成员国希望德国尤其在危机时刻在欧盟内发挥领导力，更多是希望德国慷慨施援，并不愿意看到欧盟内"新德国问题"的复燃，不希望德国按自己的意愿发号施令。从国际层面来看，德国的作为深受整个国际环境以及大国博弈格局的影响，美国因素、俄罗斯因素都是其中的重要变量，而且德国需要不断平衡欧盟内在对美、对俄政策上的不同立场，以避免在国际上的作为反而成为撕裂欧盟团结的因素。

当前，在百年变局的大背景下，以及新冠肺炎疫情的叠加影响下，无论在国际、欧盟还是德国国内层面，不稳定性、不确定性都有所上升。一方面，德国愿意承担更大的国际责任，发挥更积极有为的作用；另一方面，影响和限制其行动能力的因素依然存在，而且新的挑战不断出现。这需要德国不断适应变化，调整其外交的方式和风格。2020 年 7 月德国担任欧盟轮值主席国期间，积极利用这一有利时机，从其大力推动欧盟各国通过"复苏基金"的表现来看，德国对于自身在欧盟遇到历史性挑战背景下的责任有了更清醒的认识，不再固守过去与法国的"共同领导"或与北欧"节俭国"一起扮演踩刹车者的角色，而是善于在欧盟各国的不同利益相关者之间斡旋，尝试扮演一个"诚实的经纪人"的角色。我注意到，郑春荣教授及时关注并捕捉到这一新动向，也期待他在这方面的研究后续能有更多成果问世。随着默克尔总理的离任及 2021 年 9 月新一届联邦议院选举的到来，德国未来政局和政策的不确定性与不稳定性增加，这不仅影响德国外交今后的走向，也使德国的对外关系，特别是德国与欧洲、美国、中国和俄罗斯的关系发生变化，这些值得我们持续关注和研究。

应当看到，德国外交政策从 2013 年以来所呈现的迈向积极有为的变化，已经并将继续对中德关系产生影响。面对纷繁复杂的国际形势变化，中德作为两个具有重要影响力的国家，其相互关系的意义远远超出了双边关系的范畴。一方面，我们看到，中德关系在稳步发展，两国在全球治理等重大问题上的理念和共同利益在增加，中德共同坚持多边主义和自由贸易，反对单边主义和贸易保护主义，维护全球产业链和供应链稳定，携手合作抗击疫情并支持世界卫生组织，等等。另一方面，我们也注意到，两国在一些问题上存在的不同看法和分歧也在不断影响和干扰双边关系的发展。我们乐见德国在国际事务中扮演更加积极的角色，愿与德方共同努力，扩大和深化合作，为全球抗击疫情取得胜利、应对全球各种挑战，以及推进中欧关系发展做出更大贡献。

目前，国内的欧洲研究相对形势发展和我国外交工作需要仍显滞后，我们有必要对欧洲各国政治、经济和社会领域展开深耕研究，紧跟形势的变化及其影响，产出更多和更高水平的研究成果，为决策者提供更多有参考价值的依据和建议。郑春荣教授的著作扎根于其对德国数十年来方方面面的深入考察和分析，材料掌握充分、翔实，其著作不仅勾勒了德国外交的变化，而且深入剖析了其背后的深层次原因。因此，这是一部兼具理论思考和现实意义的著作，我很愿意为本书作序，向学界和实务界推介这本著作。

史明德

中国原驻德国大使

中国德国友好协会会长

2020 年 12 月 10 日于北京

摘　要

—❧✦❧—

2013 年以来，德国默克尔政府的外交政策呈现从恪守克制文化转向积极有为的新动向。本书运用"文明力量"理论、领导理论以及外交政策变化水平分析法，从德国外交政策调整的内外背景和政策宣示出发，通过"欧债危机""难民危机""英国脱欧危机与欧盟改革""德国对美政策的调整""乌克兰危机"五个实例，分析德国外交政策调整的具体表现、成因及其影响。最后，本书对德国外交政策的调整做出评价，认为德国的"文明力量"角色定位依然在延续；德国在欧盟内处于领导困境中；德国外交政策处于微调与手段变化之间；德国外交政策转向积极有为仍然面临一系列挑战。

关键词：德国；默克尔政府；外交；文明力量

目录
CONTENTS

第一章　导言

一　德国默克尔政府外交政策调整概述

德国总理安格拉·默克尔（Angela Merkel）从 2005 年起执政，其领导的基民盟/基社盟①先是与德国社会民主党（简称社民党）组成了黑红大联合政府，2009 年大选后，又与德国自由民主党（简称自民党）联合执政，组成黑黄联合政府。在默克尔的两届总理任期内，德国政府的外交政策②——本书选用广义的外交政策，包括安全与防务政策——总体上延续了克制的传统，并未在欧洲及国际层面谋求大的作为，在有的观察家看来，德国 2005 年以来在国际上承担责任的意愿、塑造能力以及外交实力都受到了侵蚀，③ 然而，在 2013 年德国大选前后，情况发生了改变。

2013 年 11 月初，展开联合执政谈判的基民盟/基社盟和社民党签署了一份外交政策文件，其中的内容后来被纳入再次组建的大联合政府的《联合执政协议》中。在这份外交政策文件以及随后签订的《联合执政协议》的前

---

① 德国基督教民主联盟（简称基民盟）及德国基督教社会联盟（简称基社盟），两党合称联盟党。

② 默克尔在 2005 年 11 月 30 日在德国联邦议院发表的"施政声明"中，将欧洲政策从外交政策中独立出来，使用了"德国的外交与欧洲政策"的提法，但本书按学界惯例，使用外交政策的概念，将欧洲政策包含在其中。参见连玉如《德国默克尔政府的外交与欧洲政策辨析》，《德国研究》2006 年第 1 期，第 15~20 页。

③ Hanns W. Maull, "Deutsche Außenpolitik-Verantwortung und Macht", in Gunther Hellmann, Daniel Jacobi and Ursula Stark Urrestarazu（eds.）, *"Früher, entschiedener und substanzieller"? Die neue Debatte über Deutschlands Außenpolitik*, Sonderheft, *Zeitschrift für Außen-und Sicherheitspolitik*, Wiesbaden: VS Springer, 2015, pp. 259–272.

言中，两党宣示："我们希望与我们的欧洲伙伴一起参与塑造全球秩序，并为危机和冲突的解决做出贡献。"①

德国此届政府的这一"参与塑造全球秩序"的表态受到德国内外的广泛关注。耐人寻味的是，观察家们对这一表态做出了截然不同的解读：有些观察家认为德国将推行"进攻型"外交政策，② 然而，也有学者基于同样的文本认为，德国政府宣示的只是"毫无雄心的外交政策"③。

无论如何，这一政策宣示响应了一段时间以来要求德国承担更多国际责任的呼声。联邦总统约阿希姆·高克（Joachim Gauck）在 2013 年 10 月 3 日的德国统一日致辞中就指出，国内外对德国参与国际政治的要求在增加，为此，德国不应该自我矮化，而是应认识到，在充满危机和变革的国际体系里，新的责任落到了德国身上。④ 这一"责任论"很好地呼应了此前两家智库，即德国国际政治与安全研究所（SWP）以及德国美国马歇尔基金会（GMF）发布的《新力量、新责任——德国在变革中的世界里的外交与安全政策的要素》（简称《新力量、新责任》）。这份文件是在德国外交部政策规划司资助下，由来自德国外交政策领域各类机构的 50 多位高级官员和学者经过近一年（2012 年 11 月至 2013 年 9 月）的讨论而拟定的。文件的核心思想是，德国在维护国际秩序方面有着巨大的利益，为此必须作为国际体系的领导力量之一在未来承担更大的责任。⑤

---

① "Deutschlands Zukunft gestalten. Koalitionsvertrag zwischen CDU, CSU und SPD", 18. Legislaturperiode, Berlin, 2013, p. 10.

② Hans Monath, "Aus den Koalitionsverhandlungen. Offensiver Ansatz in der Außenpolitik", *Der Tagesspiegel*, 05. 11. 2013.

③ Carsten Luther, "Koalitionsverhandlungen. Außenpolitik ohne Ambitionen", *Zeit Online*, 05. 11. 2013, http://www.zeit.de/politik/2013-11/aussenpolitik-koalitionsverhandlungen-strategie-macht-selbst-bewusstsein/komplettansicht, last accessed on 18. 02. 2014.

④ Der Bundespräsident, "Die Freiheit in der Freiheit gestalten", Festakt zur Deutschen Einheit 2013, Stuttgart, http://www.bundespraesident.de/SharedDocs/Reden/DE/Joachim-Gauck/Reden/2013/10/131003-Tag-deutsche-Einheit.html, last accessed on 15. 12. 2013.

⑤ SWP and GMF, *New Power New Responsibility. Elements of a German Foreign and Security Policy for a Changing World*, Berlin, 2013. See also Hans Georg, "Die Neuvermessung der deutschen Weltpolitik. Von einer 'Gestaltungsmacht im Wartestand' zu einer Führungsmacht", 25. 10. 2013, http://www.german-foreign-policy.com/de/fulltext/58720, last accessed on 18. 02. 2014. 在此之前，另一份引起较大关注的是德国康拉德·阿登纳基金会青年外交家工作小组于 2011 年 8 月发布的外交政策研究报告，这些青年外交家敦促德国在继续与西方军事联盟保持紧密合作前提下，提升德国在国际政治中的地位。See Arbeitskreis Junge Außenpolitiker, Konrad-Adenauer-Stiftung, *Perspektive 2020. Empfehlungen für eine aktive deutsche Außenpolitik*, Sankt Augustin/Berlin, 2011.

2013 年 12 月 17 日德国新政府成立，默克尔第三度当选总理，由此德国进入"默克尔 3.0"时代之后，德国政要更是利用各种场合释放德国外交需要进行调整的信号，最为明显的体现是 2014 年 1 月底在第 50 届慕尼黑安全会议上联邦总统高克、联邦外交部长弗兰克 - 瓦尔特·施泰因迈尔（Frank-Walter Steinmeier）和联邦国防部长乌尔苏拉·冯德莱恩（Ursula von der Leyen）之间相互配合的"三重奏"。其中，高克总统在其开幕致辞中明确要求对德国外交与安全政策进行重新定向：在国际政治中，"德国应作为好伙伴，更及时、更坚决和更切实地投入"①。所有这些话语表明，德国外交政策正呈现出从恪守克制文化转向推行积极有为的外交政策的新动向。② 其后，在"默克尔 3.0"政府的政策实践中，无论在欧盟层面还是国际层面，尤其在诸如欧债危机、难民危机、英国脱欧危机、乌克兰危机等危机管理上，德国也的确努力践行积极有为的外交政策。

2017 年 9 月 24 日德国举行了新一届联邦议院选举，在经历了联邦德国历史上最长的组阁过程（171 天）之后，基民盟/基社盟和社民党终于在 2018 年 3 月 14 日延续了其执政联盟，默克尔总理得以开启其第四个任期。即使到了需要面对诸多不确定性的"默克尔 4.0"时代，甚至在默克尔宣布将逐渐隐退、德国就此将步入"后默克尔时代"的背景下，德国总体上依然表现出延续上届政府开启的积极有为外交的意愿。正如默克尔在 2019 年除夕新年贺词中所阐明的，面对多变的国际格局，德国要出于自身利益承担更多责任。而且，德国从 2019 年 1 月 1 日起还担任联合国安理会非常任理事国，为期两年。为此，德国致力于寻求应对诸多挑战的全球解决方案，也为此提高人道主义援助资金、发展援助资金以及增加防务支出。③ 利用各种多边舞台，展现负责任国家的形象，也是德国延续积极有为外交政策的表现。

---

① 50. Münchner Sicherheitskonferenz-Eröffnungsrede "Deutschlands Rolle in der Welt: Anmerkungen zu Verantwortung, Normen und Bündnissen" des Bundespräsidenten, München, 31. Januar 2014.

② "Steinmeier plädiert für eine aktivere deutsche Krisenpolitik", *Zeit Online*, 30. 01. 2014, https://www. zeit. de/politik/ausland/2014-01/aussenminister-steinmeier-internationale-konflikte, last accessed on 04. 05. 2014.

③ "Neujahrsansprache von Bundeskanzlerin Angela Merkel zum Jahreswechsel 2018/2019 am Montag, den 31. Dezember 2018, in Berlin", https://www. bundeskanzlerin. de/resource/blob/822020/1564902/f374629435b14a116fc7f15cbe85ced8/download-pdf-data. pdf, last accessed on 15. 02. 2019.

二 有关德国外交政策调整的讨论

德国政治精英与民众传统上倾向于在危机与冲突中持保留立场，这与根植于德国社会的"克制文化"（Kultur der Zurückhaltung）有着密切关系。由于两次世界大战失败的惨痛经历、纳粹统治的终结以及随后德国的分裂，在德国国内逐渐形成了"克制文化"的传统，它也深刻地影响了战后德国的外交政策，① 使德国在外交实践中奉行和平主义、反军事主义和多边主义的理念，尤其对军事力量的运用持明显的保留态度。② 在联邦宪法法院 1994 年 7 月 12 日的裁决扫除了联邦国防军域外行动的障碍后，联邦国防军似乎日益成为一支积极投入海外行动的军队（Einsatzarmee），尤其是联邦国防军参与了科索沃和阿富汗这两场战争。③ 然而，阿富汗行动的失败加深了德国社会对国际军事行动的意义的深刻怀疑。④ 因此，德国若想对其外交政策进行更加深刻的调整，就必须进一步突破国内和平主义及军事克制的限制，并且必要时运用军事手段，以便为非军事手段的成功运用创造条件。⑤

在这一大背景下，在西方，人们对于联邦德国在东西冷战期间外交政策的克制特征有着广泛的共识，但是，对于两德统一后德国外交政策的走向存有很大分歧。对此，学者们分别运用（新）现实主义、制度主义、建构主义等理论展开了有关德国统一后外交政策（包括欧洲政策）是延续还是变化的争论，其代表就是"文明力量论"学者和"正常国家论"学者之间的激烈争锋。

"文明力量论"学者认为，德国作为"文明力量"（civilian power，德语：Zivilmacht），在两德统一后依然将谋求通过多边主义框架影响国际政治，

① 约翰·S. 杜菲尔德认为，"克制文化"可以从以下四个方面影响德国外交政策：1. 根本利益的表达；2. 对世界的认知；3. 对各种行动可能性的认知；4. 对各种行动可能性的评价。John S. Duffield, "Political Culture and State Behavior. Why Germany Confounds Neorealism", *International Organization*, 53：4, 1999, pp. 765 – 803, here pp. 771 –772.
② Thomas U. Berger, *Cultures of Antimilitarism. National Security in Germany and Japan*, Baltimore/London：The Johns Hopkins University Press, 1998.
③ 郑春荣：《利比亚危机以来德国安全政策的新动向》，《德国研究》2013 年第 2 期，第 4 ~14 页。
④ Joachim Krause, "Defending the European Order", http：//www. review2014. de/en/external-view/show/article/die-europaeische-ordnung-verteidigen. html, last accessed on 22. 10. 2014.
⑤ Claudia Major and Christian Mölling, "German Defense Policy：Is the Change for Real?" *Policy Brief*, June 2014, The German Marshall Fund of the United States, https：//www. gmfus. org/publications/german-defense-policy-change-real, last accessed on 22. 10. 2014.

并偏好运用非武力手段解决国际危机与冲突①。事实上，这强调"柏林共和国"总体上会延续"波恩共和国"的外交政策。不过，也有"文明力量论"学者从角色观念可以重塑的角度出发，认为德国统一以来的外交政策虽然以延续为主，但延续中也有改变（modified continuity），特别是由于受到冲突性角色观念和国内利益形成过程的影响，"文明力量"的角色在某种程度上有所重塑。②

"正常国家论"学者则指出，德国鉴于其经济实力和随之不断增强的政治影响力，正在变得日益（敢于）追逐本国利益。③ 结合德国尤其在欧债危机应对中表现的实证分析，他们争论的一个焦点问题是，德国在欧盟中是否已经（或应该）扮演领导乃至霸权角色④；也有学者在分析内政限制因素和历史遗产的基础上，指出德国只有"不情愿的霸权"⑤ 和"不情愿的塑造力量"⑥。另有学者指出了德国在欧债危机应对中的独断与其在利比亚危机中的

① Hanns W. Maull, "Germany and Japan: The New Civilian Powers", *Foreign Affairs*, 69/5 (1990), pp. 91 – 106; Hanns W. Maull, "Zivilmacht Bundesrepublik Deutschland. Vierzehn Thesen für eine neue deutsche Außenpolitik", *Europa Archiv*, 47/10 (1992), pp. 269 – 278; Hanns W. Maull, "Civilian Power: The Concept and its Relevance for Security Issues", in Lidija Babic and Bo Huldt (eds.), *Mapping the Unknown, Towards A New World Order*, Stockholm: The Swedish Institute of International Affairs, 1993, pp. 115 – 131; Knut Kirste and Hanns W. Maull, "Zivilmacht und Rollentheorie", *Zeitschrift für Internationale Beziehungen*, 3/2 (1996), pp. 283 – 312; Sebastian Harnisch and Hanns W. Maull (eds.), *Germany as a Civilian Power? The Foreign Policy of the Berlin Republic*, Manchester: Manchester University Press, 2001.

② Sebastian Harnisch, "Change and Continuity in Post-Unification German Foreign Policy", *German Politics*, 10: 1, 2001, pp. 35 – 60.

③ Simon Bulmer and William E. Paterson, "Germany and the European Union: From 'Tamed Power' to Normalized Power?", *International Affairs* 86: 5, 2010, pp. 1051 – 1073; Kai Oppermann, "National Role Conceptions, Domestic Constraints and the New 'Normalcy' in German Foreign Policy: the Eurozone Crisis, Libya and Beyond", *German Politics*, 21: 4, 2012, pp. 502 – 519; Hans Kundnani, "The Concept of 'Normality' in German Foreign Policy since Unification", *German Politics and Society*, 30: 2, 2012, pp. 38 – 58.

④ Beverly Crawford, *Power and German Foreign Policy: Embedded Hegemony in Europe* (New Perspectives in German Political Studies), New York: Palgrave Macmillan, 2007; Anne-Marie Le Gloannec, "The Unilateralist Temptation: Germany's Foreign Policy after the Cold War", *Internationale Politik und Gesellschaft* 1/2004, pp. 27 – 39.

⑤ William E. Paterson, "The Reluctant Hegemon? Germany Moves Centre Stage in the European Union", *Journal of Common Market Studies* (*JCMS*), 2011 Volume 49 Annual Review, pp. 57 – 75.

⑥ Stefan Mair, "Deutschland: Gestaltungsmacht wider Willen", in Josef Braml, Stefan Mair and Eberhard Sandschneider (eds.), *Außenpolitik in der Wirtschafts-und Finanzkrise*, München: R. Oldenbourg Verlag, 2012, pp. 125 – 136.

冷漠之间的巨大反差，认为"正常国家"的角色定位并不适用于德国，而应把德国定位为"地缘经济强权"①。

随着国际格局的变革以及德国在欧盟地位的显著提升，如前所述，德国政界与学术界精英要求其国家更经常、更果断地在欧盟内发挥领导作用并承担更多国际责任的呼声日益高涨。对此，有的学者认为这种调整早就必要，②而有的则警告德国不应过高估计自己的软硬实力。③

国内学者对德国统一后外交政策的延续与变化也有讨论④，另有一些学者则强调了德国外交政策的角色冲突或不确定性⑤。随着欧债危机的爆发，相关研究聚焦德国在欧债危机应对中的表现及其原因和影响，虽然国内学界对于德国在欧盟地位的提升存在普遍认识，然而对于"新德国问题"以及"德国的欧洲"是否会冒头，则存在不同的观点⑥。与此同时，针对德国在欧盟所面临的多重危机管理中的显著角色，国内学者也尝试从领导理论来研判德国在欧盟内的领导力及其领导有效性。⑦

但是，无论国内还是国外学界，迄今对于德国外交政策调整的分析以对德国在危机应对中的表现的描述居多，但是，对于德国外交政策调整的定性和理论阐释不多。而且，学者往往从单个例子出发，解析德国的外交政策角

---

① Hans Kundnani, "Germany as a Geo-economic Power", *The Washington Quarterly*, Summer 2011, pp. 31 – 45; Stephen F. Szabo, "Germany: From a Civilian Power to a Geo-economic Shaping Power", *German Politics and Society*, 35: 3, 2017, pp. 38 – 54.
② Eberhard Sandschneider, "Deutsche Außenpolitik: eine Gestaltungsmacht in der Kontinuitätsfalle", *Aus Politik und Zeitgeschichte*, 10/2012, pp. 3 – 9.
③ Hanns W. Maull, "Deutsche Außenpolitik nach der »Review 2014«: Zivilmacht 2.0?", *Zeitschrift für Politikwissenschaft* 62. Jg. 3/2015, pp. 324 – 341.
④ 例如突出"延续性"的有：连玉如：《新世界政治与德国外交政策——"新德国问题"理论探索》，北京大学出版社，2003；突出"变化"的有：吴志成、常婧：《德国统一后的对欧政策评析》，《德国研究》2008年第3期，第26~30页。
⑤ 熊炜：《论德国外交与安全政策中的角色冲突》，《德国研究》2004年第4期，第7~12页；李绘新：《试析当代德国外交的不确定性——以角色分析理论为视角》，《德国研究》2004年第1期，第26~31页。
⑥ 伍贻康：《"德国问题"与欧洲一体化的兴衰》，《德国研究》2011年第4期，第4~8页；丁原洪：《欧洲的"德国问题"重起》，《和平与发展》2010年第6期，第56~57页；张健、王剑南：《"德国问题"回归及其对欧洲一体化的影响》，《现代国际关系》2010年第9期，第7~13页；连玉如：《21世纪新时期"德国问题"发展新考》，《德国研究》2012年第4期，第18~29页；连玉如：《再论"德国的欧洲"与"欧洲的德国"》，《国际政治研究》2014年第6期，第9~24页。
⑦ 陈菲：《欧盟危机背景下的德国领导有效性分析——以领导理论为分析框架》，《欧洲研究》2017年第1期，第95~109页。

色，缺乏多实例比较分析。

有鉴于此，为了深入认识德国政府 2013 年以来外交政策调整的表现和性质，需要基于综合的理论分析框架，展开多个议题领域的实例分析，只有这样，才能更好地把握德国外交政策全貌及其在各个重点领域和区域的不同表现。

三 德国外交政策调整研究的理论与方法

美国前国务卿亨利·基辛格在《大外交》中曾表示，有关美国外交政策的讨论绕不开一个抽象的内核，即究竟应该是价值还是利益、理想主义还是现实主义主导美国的外交政策。①

在德国的外交政策行为的分析中，也一直存在国家行为主要受国家利益驱使，还是受行为体共有的价值或观念影响的争论，这在很大程度上也反映了推论逻辑（logic of consequences）和适当性逻辑（logic of appropriateness）这两种行为逻辑之间的争论：前者认为行为体选择的是能在该情形下实现其利益最大化的行为方式；而后者主张行为体选择的是在既定情形下对于其社会角色和社会规范而言适当的行为方式。② 在默克尔 2005 年当选联邦总理后，她有意识地强调德国外交的两重性，即既受利益驱动（interessengeleitet），又受价值观约束（wertgebunden）。然而，由于这两者时常处于张力之中，于是一再引发有关两者谁主导德国外交的争论。例如，在 2013 年，德国《时代》周报记者约克·劳（Jörg Lau）和德国对外关系协会（DGAP）主席埃伯哈特·桑特施耐德（Eberhard Sandschneider）之间展开了一场德国外交中的价值与利益孰轻孰重的争论，这一争论虽然主要针对德国与俄罗斯等国的双边关系，但对于德国外交全局都有相关性。劳认为，价值与利益之间的确存在目标冲突，德国不应在"难处的伙伴"面前唯唯诺诺，奉行外交政策"现实主义"，为了利益而牺牲价值，而且，目前德国坚持自身价值，并未损害到德国的经济利益，因此，劳得出的结论是，德国应在国际上更明确地捍卫自身的价值。③ 桑特施耐德则

---

① 〔美〕亨利·基辛格（Henry Kiesinger）：《大外交（修订版）》，顾淑馨、林添贵译，海南出版社，2012。
② James P. March and Johan P. Olsen, *Rediscovering Institutions: The Organizational Basis of Politics*, New York：Free Press, 1989, pp. 160 – 162.
③ Jörg Lau, "Die deutsche Liebe zu den Diktatoren", *Zeit Online*, 21. 02. 2013, https：//blog. zeit. de/joerglau/2013/02/21/schurken-die-wir-brauchen_5889, last accessed on 15. 05. 2014.

提醒说，如果德国着力于维护不切实际的价值观，并持有过分的道德顾虑，德国就不能对全球问题做出有效反应。鉴于迄今过度地以价值观为导向的外交政策成效糟糕，他主张通过"静悄悄的外交"来突破德国自身的规范。桑特施耐德还指出，将价值与利益相对立，这是人为的，且是脱离现实生活的，相反，价值与利益不能分开来考察，可信的外交政策恰恰基于对价值和利益的审慎权衡，重要的是，在具体情况里确定两者谁优先，并且要接受在这个问题上的矛盾性和双重标准。① 在《时代》周报上的争论之后，德国对外关系协会等还组织了系列活动，延续围绕德国外交中这一原则问题的辩论。② 诚如桑特施耐德所指出的，有关德国外交政策价值方面的辩论原则上是难以获得共识的，为此，这种辩论需要不断地进行下去。③ 从德国外交实践来看，价值和利益的确交织着在发挥作用，在不同的情势和实例中，分别享有不同的优先地位。

迄今，学界已经提出和运用了众多理论学说来分析外交政策④，其中大多数也涉及在解释外交政策行为中价值与利益的作用。近年来，西方学界对德国外交政策研究运用较多的理论学说是"文明力量"理论和领导理论。本书的研究目的是分析德国外交政策的调整，这也尤其涉及德国在欧盟及其相应外交政策实例中所扮演的角色，以及相关问题，如德国是不是扮演领导角

---

① Eberhard Sandschneider, "Raus aus der Moralecke! Die deutsche Außenpolitik sollte der Welt nicht ihre Werte diktieren.", *Zeit Online*, 28. 02. 2013, https://www. zeit. de/2013/10/Aussenpolitik-Diskussion-Moral, last accessed on 15. 05. 2014.

② "Werte und Interessen in der deutschen Außenpolitik. Streitgespräch zwischen Eberhard Sandschneider und Jörg Lau in der DGAP", https://dgap. org/de/node/23569, last accessed on 15. 05. 2014.

③ Eberhard Sandschneider, "Werte und Interessen in der deutschen Außenpolitik", *DGAP jahresbericht* 2013/2014, pp. 22 – 24. 有关 2013 年以来德国外交中的利益与价值关系的其他讨论，参见 Matthias Zimmer, "Werte oder Interessen? Über eine bisweilen schwierige Gemengelage in der deutschen Außenpolitik", in Gunther Hellmann, Daniel Jacobi and Ursula Stark Urrestarazu (eds.), *"Früher, entschiedener und substanzieller"? Die neue Debatte über Deutschlands Außenpolitik*, Sonderheft, *Zeitschrift für Außen-und Sicherheitspolitik*, Wiesbaden: VS Springer, 2015, pp. 239 – 258; Benjamin Herborth, "Werte-Interessen-Entscheidungen. Paradoxien einer Außenpolitik ohne Anti-Obdachlosen-Stachel", in Gunther Hellmann, Daniel Jacobi and Ursula Stark Urrestarazu (eds.), *"Früher, entschiedener und substanzieller"? Die neue Debatte über Deutschlands Außenpolitik*, Sonderheft, *Zeitschrift für Außen-und Sicherheitspolitik*, Wiesbaden: VS Springer, 2015, pp. 259 –272。

④ Walter Carlsnaes and Stefano Guzzini (eds.), *Foreign Policy Analysis*, Five-Volume Set, London: SAGE Publications Ltd., 2011; 兼顾论述德国与欧盟外交政策分析的理论概述，参见 Sebastian Harnisch, "Theoriegeleitete Außenpolitikforschung in einer Ära des Wandels", in Gunther Hellmann, Klaus Dieter Wolf and Michael Zürn (eds.), *Die neuen Internationalen Beziehungen: Forschungsstand und Perspektiven der Internationalen Beziehungen in Deutschland*, Baden-Baden: Nomos, 2003, pp. 313 – 360。

色，以及德国是不是依然属于"文明力量"理想模型，因此，本书也将这两个理论作为主要的理论依据。为了判断德国外交政策的变化程度，本书也将外交政策变化程度分析法融合进来。

（一）"文明力量"理论

"文明力量"的概念最初是弗朗索瓦·迪歇纳（François Duchêne）为欧洲共同体创造的，[①] 德国学者汉斯·W. 毛尔（Hanns W. Maull）将它发展成一个基于角色理论[②]的外交政策比较分析的工具。[③]"文明力量"所包含的角色理论维度事实上是基于一种温和的建构主义视角，据此，行动者并非如理性选择理论所认为的、一心追求由体系力量引致的固定的物质利益，也并非人们所期望的持有过去习得且将决定其未来行为的固定的规范性偏好，而是隐含一种对外交政策利益形成过程的结构主义理解，即在这个过程中，行动者与结构是相互建构的。[④]

第二次世界大战（以下简称二战）结束以来，德国外交政策深受"克制文化"的影响，与此相应，毛尔认为德国是"文明力量"的理想典型（Idealtypus）之一[⑤]。基于角色理论的"文明力量"概念，包括自我期待（ego part）与他者期待（alter part）两方面，前者涉及本国精英和普通民众，

① François Duchêne, "The European Community and the Uncertainties of Interdependence", in Max Kohnstamm and Wolfgang Hager (eds.), *A Nation Writ Large? Foreign-Policy Problems Before the European Community*, London: Macmillan, 1973, pp. 19 – 20.

② 关于角色理论的概述，参见 Sebastian Harnisch, Cornelia Frank and Hanns W. Maull (eds.), *Role Theory in International Relations*, *Approaches and Analyses*, Abingdon: Routledge, 2011。关于角色理论与"文明力量"之间的关系，参见 Knut Kirste and Hanns W. Maull, "Zivilmacht und Rollentheorie", *Zeitschrift für Internationale Beziehungen* 3: 2 (1996), pp. 283 – 312。

③ Hanns W. Maull, "Germany and Japan: The New Civillian Poers", *Foreign Affairs*, 69/5 (1990), pp. 91 – 106; Hanns W. Maull, "From 'Civilian Power' to 'Trading State'?", in Sarah Colvin (ed.), *Routledge Handbook of German Politics and Culture*, Abingdon: Routledge, 2014, pp. 409 – 424; Hanns W. Maull, "'Zivilmacht': Ursprünge und Entwicklungspfade eines umstrittenen Konzeptes", in Sebastian Harnisch and Joachim Schild (eds.), *Deutsche Außenpolitik und international Führung*, *Ressourcen*, *Praktiken und Politiken in einer veränderten Europäischen Union*, Baden-Baden: Nomos, 2014, pp. 121 – 147.

④ Sebastian Harnisch, "Change and Continuity in Post-Unification German Foreign Policy", *German Politics*, 10: 1, 2001, pp. 35 – 60, here p. 37.

⑤ Hanns W. Maull, "Japan, Deutschland und die Zukunft der internationalen Politik", in Jochen Thies and Günther van Well (eds.), *Auf der Suche nach der Gestalt Europas*: *Festschrift für Wolfgang Wagner*, Bonn: Verlag für Internationale Politik, 1990, pp. 171 – 192; Hanns W. Maull, "Germany and Japan: The New Civilian Powers", *Foreign Affairs*, 69/5 (1990), pp. 91 – 106.

后者则涉及他国政府和民众。毛尔认为，作为理想典型，"文明力量"在以下 6 个行为范畴分别呈现出特别的外交政策行为模式，这也同时是人们对"文明力量"的外交政策行为模式的期待：（1）长期的政治雄心；（2）国家的目标取向；（3）国际上的目标取向（世界秩序和全球治理方面）；（4）国际上的目标取向（内容方面）；（5）外交政策风格；（6）外交政策工具箱（详见表 1 – 1）。例如，在"国际上的目标取向（世界秩序和全球治理方面）"这一范畴，人们可以预期"文明力量"是一个"超国家主义者""机制建立和深化过程的倡导者""有约束力的国际法协议和国际化深化与扩大方面的支持者""扩大国际机构和机制中成员数的支持者"以及"增强联合国地位的支持者"。在"文明力量"诸多要素中，其倡导者认为有三个角色要素是特别重要的：一是致力于国际关系文明化和建设一个基于规则的国际秩序；二是与此相关的让渡部分主权的意愿；三是即使在本国的直接利益相关者未必支持甚至反对的情况下仍然遵循国际规范的意愿。[1]

表 1 – 1　"文明力量"概念的分析范畴

范畴	角色组成部分
长期的政治雄心	国际关系文明化意义里的塑造力量
	机构中具有关键职能的成员
国家的目标取向	福祉最大化，绝对的福利收益
	拒绝：权力最大化，相对收益
国际上的目标取向（世界秩序和全球治理方面）	超国家主义者
	机制建立和深化过程的倡导者
	有约束力的国际法协议和国际化深化与扩大方面的支持者
	扩大国际机构和机制中成员数的支持者
	增强联合国地位的支持者
国际上的目标取向（内容方面）	相互依存利益的推广者
	基于价值的外交政策
	"良治"的推动者

---

[1] Hanns W. Maull, "'Zivilmacht': Ursprünge und Entwicklungspfade eines umstrittenen Konzeptes", in Sebastian Harnisch and Joachim Schild (eds.), *Deutsche Außenpolitik und internationale Führung. Ressourcen, Praktiken und Politiken in einer veränderten Europäischen Union*, Baden-Baden: Nomos, 2014, pp. 121 – 147, here p. 127.

续表

范畴	角色组成部分
国际上的目标取向 （内容方面）	人权与民主的推动者
	可持续发展的推动者
外交政策风格	集体行为体
	单边措施的反对者
	谈判、妥协和调解或斡旋的支持者
	机制与制度的运用者、伙伴
	制裁措施的支持者
外交政策工具箱	集体安全的支持者
	合作安全的支持者
	多边、合法措施的支持者

资料来源：Hanns W. Maull, "'Zivilmacht'：Ursprünge und Entwicklungspfade eines umstrittenen Konzeptes", in Sebastian Harnisch and Joachim Schild（eds.）, *Deutsche Außenpolitik und internationale Führung. Ressourcen, Praktiken und Politiken in einer veränderten Europäischen Union*, Baden-Baden：Nomos, 2014, pp. 121 – 147, here pp. 143 – 144。

　　如前所述，随着 20 世纪 90 年代中期以来德国联邦国防军较之以往更多地参与域外行动，如科索沃战争、阿富汗行动等，[1] 学界对于德国是否依然是一支"文明力量"展开了争论。对此，毛尔等学者认为，虽然在德国外交与安全政策的某些领域，例如联邦国防军的外派上出现了些许变化，但这些变化不是根本性的，德国外交与安全政策依然主要表现出"文明力量"导向的延续。[2] 在毛尔看来，德国外交与安全政策的这些变化之所以仍然是与"文明力量"的角色观念相兼容的，尤其是因为两德统一以来，德国应更多

[1]　关于德国联邦国防军参与海外行动的各个发展阶段的分析，参见 Daniel Flemes and Hannes Ebert, "The Contested Use of Force in Germany's New Foreign Policy", *E-International Relations*, 9 September, 2016。

[2]　See Hanns W. Maull, "Deutschland als Zivilmacht", in Siegmar Schmidt, Gunther Hellmann and Reinhard Wolf（eds.）, *Handbuch zur deutschen Außenpolitik*, Opladen：VS Verlag für Sozialwissenschaften, 2007, pp. 73 – 84；Hanns W. Maull, "Die prekäre Kontinuität. Deutsche Außenpolitik zwischen Pfadabhängigkeit und Anpassungsdruck", in Manfred G. Schmidt and Reimut Zohlnhöfer（eds.）, *Regieren in der Bundesrepublik Deutschland*, *Innen-und Außenpolitik seit* 1949, Wiesbaden：VS Verlag für Sozialwissenschaften, 2006, pp. 413 – 437. See also Sebastian Harnisch and Hanns W. Maull（eds.）, *Germany as a Civilian Power? The Foreign Policy of the Berlin Republic*, Manchester：Manchester University Press, 2001.

参与海外军事行动这一新共识的形成过程非常脆弱，而且，尚待巩固的这一共识由于民众对阿富汗行动意义怀疑的日益加深而在很大程度上消失殆尽了。例如，2015 年，人们对联邦国防军海外行动的疑虑与 20 世纪 90 年代初一样显著。[①] 另外，不能忽视的是，虽然德国在联邦国防军的外派上在逐步突破以往的界限，但是，德国在这方面的决定仍然呈现出摇摆性。为此，德国的外交与安全政策常常被解读为陷入了参与多边主义行动和保持军事克制的张力场之中。[②]

不过，"文明力量"概念的倡导者也认识到，近年来"文明力量"的角色观念主要受到以下两方面的挑战，即冲突性角色观念和国内利益形成过程的影响，这导致德国的"文明力量"角色在某种程度上有所重塑。[③] 就冲突性角色观念而言，由于角色理论包含一系列原则和规范，它们中的每一个都具有相当高的普遍性，由此经常会产生张力，甚至是显著的矛盾。对于决策者而言，他们必须根据当时的特殊环境，解释角色观念的政策影响，并试图寻求对这一解释的支持。角色观念所包含的原则与规范的期待和实际的角色行为之间难免有落差，只要这个落差在一定范围内，就会被容忍，但是，如果这一落差过大，就会破坏角色观念的可信度。就国内利益形成过程而言，德国外交与安全政策日益内政化，这意味着各个社会行为体和内政方面的行为体（如企业、利益集团、政党，或诸如联邦宪法法院、联邦参议院等机构）日益把外交政策当作内政争论的一个舞台，换言之，它们一再工具化地运用外交与安全政策，并使之服务于内政目的。[④]

对于近年来德国政府的外交政策，毛尔认为，外交领域的政治精英在原则性规范上的信念和投入减少了，在默克尔担任总理以来，情况更是如此。毛尔具体表示，除了默克尔在欧债危机应对中表现出坚定的立场，在其他外交政策与欧洲政策领域，难以确定德国扮演领导角色或塑造者、推动者的角

---

① See William E. Paterson, "The Reluctant Hegemon? Germany Moves Centre Stage in the European Union", *Journal of Common Market Studies* (*JCMS*), 2011 Volume 49 Annual Review, pp. 57 – 75.

② Wolfgang Wagner and Peter Schlotter, "Zwischen Multilateralismus und militärischer Zurückhaltung: Die Sicherheits-und Verteidigungspolitik Deutschlands", in Manfred G. Schmidt and Reimut Zohlnhöfer (eds.), *Regieren in der Bundesrepublik Deutschland. Innen-und Außenpolitik seit* 1949, Wiesbaden: VS Verlag für Sozialwissenschaften, pp. 447 – 465.

③ Sebastian Harnisch, "Change and Continuity in Post-unification German Foreign Policy", *German Politics*, 10: 1, 2001, pp. 35 – 60.

④ Sebastian Harnisch, *Internationale Politik und Verfassung. Zur Domestizierung des sicherheits-und europapolitischen Prozesses der Bundesrepublik Deutschland*, Baden-Baden: Nomos, 2006.

色，德国的这种回缩明显地体现在德国在欧洲共同外交与安全政策、欧洲共同安全与防务政策以及在北约中投入的减少上。① 在 2013 年 10 月新政府"重启"德国外交后，毛尔把这种"新"外交政策称作"文明力量 2.0"②。不过，毛尔的前述判断并未能将德国在诸如难民危机、乌克兰危机、对特朗普领导下的美国的政策中的言辞与行为纳入考察范围。

与此同时，也必须看到，针对德国政府 2013 年至少在言辞上表现出接受更大国际责任的意愿，毛尔指出其中可能会面临的风险，即德国政府可能无法满足它自身唤起的对其角色的期待。③

综上，本书的一个研究目的恰恰在于，基于德国"默克尔 3.0"政府以来的外交言辞与行为，分析德国是否总体上依然属于"文明力量"理想典型，或者由于哪些因素的影响，在多大程度上发生了角色观念及其组成要素的重塑。

（二）领导理论

领导理论（leadership theory）有众多学说和流派④，本书依据的是领导角色理论（role theory of leadership）⑤，主要涉及领导自身以及追随者（follower）的期待。近十多年来，欧盟遭遇多重危机的冲击，这在学界催生了对欧盟内的"（政治）领导"（political leadership）进行更为系统分析的需要。⑥ 鉴于德国在欧盟内所拥有的权力资源，尤其是德国的经济实力，学者们往往尝试用"（政治）领导"的方案，分析德国在欧盟内所扮演的角色。例如马格努斯·G. 朔勒（Magnus G. Schoeller）分析了德国在欧债危机

---

① Hanns W. Maull, "'Zivilmacht': Ursprünge und Entwicklungspfade eines umstrittenen Konzeptes", in Sebastian Harnisch and Joachim Schild (eds.), *Deutsche Außenpolitik und international Führung*, *Ressourcen*, *Praktiken und Politiken in einer veränderten Europäischen Union*, Baden-Baden: Nomos, 2014, pp. 121 – 147, here pp. 139 – 143.

② Hanns W. Maull, "Deutsche Außenpolitik: Verantwortung und Macht", *Zeitschrift für Außen-und Sicherheitspolitik* 8/1 (2015), pp. 213 – 237.

③ Hanns W. Maull, "Reflective, Hegemonic, Geo-economic, Civilian …? The Puzzle of German Power", *German Politics*, 27: 4, 2018, pp. 460 – 478, here p. 466 and p. 475.

④ John Antonakis and David Day (eds.), *The Nature of Leadership*, Third Edition, New York: SAGE Publications, Inc, 2017.

⑤ Ingo Winkler, *Contemporary Leadership Theories*, Berlin/Heidelberg: Springer-Verlag, 2010, Chapter 10.

⑥ Ingeborg Tömmel and Amz Verdun, "Political Leadership in the European Union: An Introduction", *Journal of European Integration*, Vol. 39, No. 2, 2017, pp. 103 – 112.

应对过程中的角色。他为此还提出了一个领导产生和发挥影响的分析框架，[①]基于此，他将政治领导定义为一个过程，在这个过程中，一个处于正式或非正式权威地位的行为体，将其可利用的权力资源（包括物质性资源、制度性资源和软实力）转化为相应战略[②]，旨在引领其他行为体的行为朝向一个共同目标；在引领成功的情况下，这一过程将导致创新，这是指实现政策变化或制度变迁。[③]

需指出的是，领导概念不同于霸权（hegemony）和支配（dominance）：霸权的条件是一个国家在军事、政治、经济等各种资源上都占据显著优势；支配则是指一个国家能单向地对其他国家施加影响；而领导则是突出一个国家设置一个焦点（a focal point）并建立合作的能力，也就是发挥标准设定者（stand-ard-setter）和经纪人（broker）的作用。[④] 鉴于德国在欧盟内的突出角色，有学者甚至认为德国可以扮演美国曾经在欧洲扮演的角色，即美国学者查尔斯·金德尔伯格（Charles Kindleberger）所提出的"良性霸权"[⑤]。不过，这种看法往往被认为过于夸大了德国在欧盟中的作用[⑥]。尽管如此，但只要述及德国在欧盟内的领导角色，就不可避免地要提出德国是一个"欧洲的德国"（a European Germany）还是一个"德国的欧洲"（a German Europe）的问题。

为了判断德国可能扮演的领导角色，需要解析德国的领导力（leader-

---

① 国内学者用类似框架分析了欧债危机、乌克兰危机以及欧洲难民危机中德国的领导有效性问题，参见陈菲《欧盟危机背景下的德国领导有效性分析——以领导理论为分析框架》，《欧洲研究》2017 年第 1 期，第 95～109 页；李巍、邓允轩《德国的政治领导与欧债危机的治理》，《外交评论》2017 年第 6 期，第 74～104 页。

② 朔勒将领导战略区分为两个类别：优化集体行动（包括议程管理、联盟组建和榜样领导）和提供共同知识（问题定义、提出新思想、促进新思想）。

③ Magnus G. Schoeller, "Explaining Political Leadership: Germany's Role in Shaping the Fiscal Compact", European University Institute, Robert Schuman Centre for Advanced Studies, EUI Working Paper RSCAS 2014/82. See also Magnus G. Schoeller, "Providing Political Leadership? Three Case Studies on Germany's Ambiguous Role in the Eurozone Crisis", *Journal of European Public Policy*, Vol. 24, No. 1, 2017, pp. 1 – 20.

④ Matthias Kaelberer, "Hegemony, Dominance or Leadership? Explaining Germany's Role in European Monetary Cooperation", *European Journal of International Relations*, Vol. 3, No. 1, 1997, pp. 35 – 60.

⑤ Siegfried Schieder, "Führung und Solidarität in der deutschen Europapolitik", in Sebastian Harnisch and Joachim Schild (eds.), *Deutsche Außenpolitik und internationale Führung, Ressourcen, Praktiken und Politiken in einer veränderten Europäischen Union*, Baden-Baden: Nomos, 2014, pp. 56 – 91.

⑥ Hanns W. Maull, "Deutsche Außenpolitik nach der »Review 2014«: Zivilmacht 2.0?", *Zeitschrift für Politikwissenschaft* 62. Jg. 3/2015, pp. 323 – 341, here p. 338.

ship）。对于领导力，学术界有各种分类，其中，米歇尔·格鲁布（Michael Grubb）和卓伊塔·古普塔（Joyeeta Gupta）把领导力分为结构型、工具型和方向型三种。具体而言，他们把基于政治与经济实力，相对于其追随者的地位优势，运用"胡萝卜和大棒"等刺激手段施展的领导力称为"结构型领导力"（structural leadership）；把运用外交技巧发挥程序优势、建立"获胜联盟"的领导力称作"工具型领导力"（instrumental leadership）。另外，"方向型领导力"（directional leadership）是指通过运用理念优势或本国示范，影响和改变其他国家的感受以达到所期望的目标的能力。① 这些不同的领导力虽然有着显著区别，但想要真正发挥影响，德国需要综合运用所有这些领导力。这也是考虑到在地位、程序和理念这三个优势维度上，德国的领导力都是受限的。也正是因为这些约束条件的存在，正如学者的分析所指出的，虽然德国在诸如欧债危机、乌克兰危机以及难民危机中都发挥了领导作用，但并不有效，② 这也是因为德国的领导与其他国家追随意愿之间的落差在扩大。③ 此外，他国对德国领导的期待与其发挥领导的能力之间的落差也在扩大，这主要可归因于阻碍德国领导力发挥的内政限制因素在日益增强。④ 这一切制约因素容易使德国陷入"领导困境"⑤。总之，德国摆脱或放松上述的某些限制，决定了其在未来的领导潜力。

一个普遍的观点是，也正如学者在难民危机等实例中确证的，德国的领导受限于其在欧盟内的制度性嵌入（embeddedness）。这也意味着，德国无

---

① 两位作者是在分析欧盟在全球气候变迁议题上的领导力时提出这样分类的，参见 Michael Grubb and Joyeeta Gupta, "Leadership. Theory and Methodology", in Joyeeta Gupta and Michael Grubb (eds.), *Climate Change and European Leadership: A Sustainabale Role for Europe*? Dordrecht: Kluwer Academic Publishers, 2000, pp. 15 – 24, here p. 23。

② Matthias Matthijs, "The Tree Faces of German Leadership", *Survival. Global Politics and Strategy*, Vol. 58, No. 2, 2016, pp. 135 – 154, here p. 143.

③ Gunther Hellmann, "Germany's World: Power and Followership in a Crisis-Ridden Europe", *Global Affairs*, Vol. 2, No. 1, 2016, pp. 3 – 20. 但也有学者通过对德国在诸多危机中的危机管理的分析，认为德国在"危机10年"中的领导表现总体不错，不仅"按需"提供了领导力（leadership supply），而且也包容入了追随者的关切（followership inclusion），最后对危机的结果产生了影响（influence over outcomes），参见 Valerio Alfonso Bruno and Giacomo Finzi, "Leading through a Decade of Crisis-Not Bad, After All", *German Politics and Society*, Issue 129 Vol. 36, No. 4 (Winter 2018), pp. 50 – 77。

④ Simon Bulmer, "Germany and the Eurozone Crisis: Between Hegemony and Domestic Politics", *West European Politics*, Vol. 37, No. 6, 2014, pp. 1244 – 1263.

⑤ 李超、王朔：《试析德国面临的"领导力困境"》，《现代国际关系》2016年第5期，第48～54页。

法通过针对其他成员国行使强制力①来领导，否则会遭到其他国家的反对，并破坏欧盟内业已脆弱的团结性。相反，德国的领导必须通过榜样引领、说服和提供合作的激励来实现。②

这里需要指出的是，"文明力量"理论与领导理论存在相互联系："文明力量"理论的理想典型实际上包含着负责任领导的愿景，③换言之，领导理论只是突出了塑造国家角色观念中的某个特定角色成分（这里是领导角色）的重要性。④

（三）外交政策变化区分法

本书采用纵向与横向相结合的视角，由此不仅可以通过纵向比较来突出德国政府2013年以来外交政策的新动向，而且能通过德国在各个重点领域/区域外交实践之间的横向参照，突出德国外交政策在各个重点领域/区域的不同的变化程度。

那么，德国外交政策的变化程度究竟如何？有一些学者做了一些努力来专门分析外交政策的变化。⑤查尔斯·F. 赫尔曼（Charles F. Hermann）把外交政策定义为"权威决策者（或其代表）针对决策者政治管辖权之外的实体的一个以目标或问题为导向的计划"，在此基础上，他提出了一个由低到高的外交政策变化区分法，据此，外交政策至少包含以下四种分级的变化水

① 强制力是指通过威胁、惩罚、制裁等方式强迫追随国贯彻其意图的能力。虽然李巍等在欧债危机中确定德国借助共同体机构和双边联合主导，有效实施了强制力，但总体上强制力有限。参见李巍、邓允轩《德国的政治领导与欧债危机的治理》，《外交评论》2017年第6期，第74~104页。
② Beverly Crawford, "Moral Leadership or Moral Hazard? Germany Response to the Refugee Crisis and its Impact on European Solidarity", forthcoming in *Crisis, Resilience and the Future of the EU* (working title-editors Akasemi Newsome, Marianne Riddervold, Jarle Trondal), New York: Palgrave Macmillian, 2019.
③ Hanns W. Maull, "Reflective, Hegemonic, Geo-economic, Civilian …? The Puzzle of German Power", *German Politics*, 27: 4, 2018, pp. 460 – 478, here p. 461.
④ Sebastian Harnisch, "Theoriegeleitete Außenpolitikforschungin einer Ära des Wandels", in Gunther Hellmann, Klaus Dieter Wolf and Michael Zürn (eds.), *Die neuen Internationalen Beziehungen: Forschungsstand und Perspektiven der Internationalen Beziehungen in Deutschland*, Baden-Baden: Nomos, 2003, pp. 313 – 360.
⑤ Kjell Goldmann, *Change and Stability in Foreign Policy*, Princeton: Princeton University Press, 1988; Spyros Blavoukos and Dimitris Bourantonis, "Identifying Parameters of Foreign Policy Change: An Electic Approach", *Cooperation and Conflict* 49: 4, 2014, pp. 483 – 500; David Welch, *Painful Choices: A Theory of Foreign Policy Change*, Princeton: Princeton University Press, 2005.

平：（1）微调（adjustment changes）：变化发生在付出的水平高低和/或对象范围上（比如目标类别的细化），但外交实践的内容、手段和目标未发生改变；（2）手段变化（program changes）：追求目标或应对问题的方法或手段发生了变化，但目标未变。和倾向于量变的"微调"不同，这是一种质变，包含了国家所采取的新手段，例如通过外交谈判而非军事力量来追求目标，反之亦然；（3）问题/目标变化（problem/goal changes）：外交政策最初指向的问题或目标被替代了或干脆放弃了，换言之，外交政策的目标本身发生了变化；（4）国际导向变化（international orientation changes）：外交政策最极端的变化是某行为体对世界事务的整体导向发生了重新定向。上面几种程度较低的变化一般涉及行为体对某一议题或特定其他行为体的变化，而国际导向变化是行为体国际角色和行为的一种根本转变，不是一项政策而是多项政策或多或少同步发生改变。赫尔曼把后三种变化都归入重要的外交政策重新定向范畴，并且表示，在实证上要对这三种变化进行可靠的区分并不容易。然而，在手段变化中，人们预期在工具配置、承诺水平和表达影响的程度上发现变化。所有这些发展变化，加上与先前表述的目标或问题不符的政策声明和政策行动——如果没有公开拒绝先前目标——伴随着目标/问题的变化。国际重新定位涉及行为体与外部实体关系在多个问题领域的言行发生重大变化。通常，重新定位涉及与其他国家结盟的转变或在一个联盟内角色的重大变化。①

赫尔曼的区分强调的是现政府通过自我修正带来的变化（self-correcting change），但不研究政府更迭或国家转型引起的国家外交政策的重新定向。本书的研究对象是2013～2019年默克尔政府外交政策的变化，在2013年前是基民盟/基社盟和自民党之间的黑黄联合政府（2009～2013年），在这之后都是基民盟/基社盟和社民党组成的黑红大联合政府（2013～2017年；2018～2021年），虽然这期间执政的政党有更换，但不属于完全的政府更迭，因此，总体上符合赫尔曼假定的条件。②

---

① Charles F. Hermann, "Changing Courses: When Governments Choose to Redirect Foreign Policy", *International Studies Quarterly*, Vol. 34, No. 1 (March 1990), pp. 3 - 21, here pp. 5 - 6.
② 赫尔曼还探讨了变化的来源（或者说条件）问题，区分四类"变化推动者"，包括领导（leadership）、行政人员的倡导（bureaucratic advocacy）、国内重组（domestic restructuring）和外部冲击（external schock），这些来源经由决策过程导致外交政策的变化。赫尔曼把外交政策的变化更多地归于决策过程，而不是视为对国际体系中强大力量因素的反应。赫尔曼为此划分了7个决策阶段，并指出了每个阶段需要发生的事情，以促成外交政策的变化。本书仅借用赫尔曼关于外交政策变化程度的分析，而不分析具体决策过程。

此外，本书也兼顾双层（多层）分析法。结合美国学者罗伯特·D. 普特南（Robert D. Putnam）的双层博弈（Two-Level-Game）学说①，本书对于德国外交政策展开国际、欧盟和德国国内等多个层面的分析，并兼顾这些层面之间的互动关系。

---

① Robert D. Putnam, "Diplomacy and Domestic Politics: The Logic of Two – Level Games", *International Organization*, Vol. 42, No. 3（Summer 1988）, pp. 427 – 460. 关于罗伯特·D. 普特南的双层博弈理论的基本逻辑，国内已有不少文章进行了介绍和研究，本书不再赘述。对此参见王传兴《"双层次博弈"理论的兴起与发展》，《世界经济与政治》，2001 年第 5 期，第 36 ~ 39 页；薄燕《双层博弈理论：内在逻辑及其评价》，《现代国际关系》，2003 年第 4 期，第 54 ~ 60 页；钟龙彪《双层博弈理论：内政与外交的互动模式》，《外交评论》，2007 年 4 月，第 61 ~ 76 页。

第二章

——•◆•——

德国政府外交政策调整的背景、内容与实践

从 2013 年以来，德国经历了两次大选（2013 年 9 月和 2017 年 9 月），虽然最后均由基民盟/基社盟与社民党组成了大联合政府且默克尔连任总理，但是，考虑到本书将分析这两届政府相关文件（如《联合执政协议》）有关德国外交政策的表述以及德国各界围绕此的相关讨论，因此，本书首先按 2013 年、2017 年这两个时间点论述德国外交政策调整的背景、相关讨论及其内涵。2016 年 7 月 13 日德国联邦政府发布的新的安全政策白皮书（全名为《2016 安全政策与联邦国防军未来白皮书》），该白皮书对于本书的分析具有重要意义，因此，本章以专节进行分析。在政策讨论和文本分析之后，本书将概述德国外交政策的实践，为下文的实例分析提供一个概览。

一 德国"默克尔 3.0"政府外交政策调整的
内外背景与政策内容

（一）内外背景

在 2013 年 9 月 22 日德国联邦议院选举过去 85 天后，联盟党和社民党终于正式签订了《联合执政协议》，组成了联邦德国历史上的第三个大联合政府，默克尔第三次当选联邦总理，由此进入"默克尔 3.0"时期。在欧债危机背景下，欧盟其他国家纷纷出现国家和政府领导人的更替，默克尔的再次连任也因此尤为引人注目。

毋庸置疑，联盟党此次大选获胜主要得益于默克尔的个人魅力，其在党内的权威无人能撼动。同样，率领基社盟在巴伐利亚州州议会选举中重新赢

回单独执政地位的基社盟主席霍斯特·泽霍费尔（Horst Seehofer）也达到了个人权力的顶峰。与此相形见绌的是自民党的惨败。它与联盟党在上届政府中联合执政所取得的执政成果都被归在了联盟党头上，而自民党仅被民众感知为联合政府中的一个干扰因素，这最终使自民党从1949年以来首次被排除在联邦议院之外。由此，联盟党也不得不另寻联合执政伙伴。

在社民党方面，此次大选结果不尽如人意，而且党内对于与联盟党再次组建大联合政府心存疑虑，毕竟在上一次大联合政府终结时，社民党作为联合执政伙伴同样遭到了选民的惩罚。有鉴于此，社民党高层为此次与联盟党经艰苦谈判达成的《联合执政协议》引入了党内公决。这一险招最终被证明是成功的，参与表决的社民党党员中有近76%的人投了赞成票，由此社民党主席西格玛·加布里尔（Sigmar Gabriel）的地位得到了巩固，他也如愿出任副总理兼联邦政府内负责经济与能源转向事务的"超级部长"。

除了三个执政党的党主席在党内拥有超高权威外，它们组成的执政联盟也拥有足够的行动空间。在总计631个议席的本届联邦议院中，执政联盟拥有504席（其中联盟党311席、社民党193席），占总议席的近80%；而反对党左翼党和绿党总议席仅为127席（左翼党64席、绿党63席），在总议席中占比仅略多于20%，这样一个羸弱的反对党对大联合政府的监督手段是相当有限的，无论是设立调查委员会（需1/4议员赞成）还是召集议院特别会议（需1/3议员赞成）都需要更高的议席比例。[①] 虽然大联合政府在联邦参议院中能确保的只有27票，并未达到多数所需的35票[②]，但是由于反对党在联邦参议院中并不拥有多数席位，因此，它们不再能阻挠无须联邦参议院批准的法律，这与黑黄联合执政期间反对党拥有多数席位

[①] Anne Fromm, "Große Koalition, machtlose Opposition", *Zeit Online*, 25. September 2013, http:// www.zeit.de/politik/deutschland/2013 - 09/opposition-minderheitenrechte-koalition, last accessed on 15.12.2013. 鉴于反对党的弱势，联邦议院后来在其《议事规程》中规定，在本届议会任期内，把行使各项监督权力的门槛降至120票，这些权力涉及调查委员会的设立、联邦议院特别会议的召集以及特别调查委员会（Enquete-Kommission）的设立等。"Bundestag stärkt Oppositionsrechte. 120 Stimmen reichen", *tagesschau.de*, 03.04.2014, http://www.tagesschau.de/inland/oppositionsrechte106.html, last accessed on 15.05.2014.

[②] "Neue Verhältnisse in der Länderkammer. Große Koalition muss ohne Mehrheit im Bundesrat regieren", *Focus*, 27.11.2013, http://www.focus.de/politik/deutschland/neue-verhaeltnisse-in-der-laenderkammer-grosse-koalition-muss-ohne-mehrheit-im-bundesrat-regieren_id_3435656.html, last accessed on 15.12.2013.

的情况有所不同。

总体上，"默克尔 3.0"政府拥有相对广泛的行动空间，这为它"塑造德国未来"[①]并在欧洲和世界层面承担更多责任奠定了坚实基础。[②] 综合来看，德国"默克尔 3.0"政府外交政策的调整有着深刻的内外背景，具体可以从德国国内、欧盟和国际层面进行分析。

从德国国内看，首先如上所述，联盟党更换了联合执政伙伴。毋庸置疑，正如赫尔曼在分析外交政策的变化程度时所指出的，外交政策的调整，尤其是根本性的变化往往伴随着新政府的上台而发生，后者会对国家所处环境有不同的认知，并因此提出新的议程。当然，同一政府认识到需要对外交政策进行重大改变的情况也同样存在。具体到德国此前由联盟党与自民党组成的联合政府，出任外交部长的自民党人吉多·韦斯特韦勒（Guido Wester-welle）在相当长的时间里表现出缺少外交技巧，最显著的是德国 2011 年 3 月 17 日在联合国安理会关于在利比亚设立禁飞区的决议的表决中投了弃权票。有消息称，韦斯特韦勒一度考虑在安理会投反对票，最后在总理默克尔的要求下，德国政府才投了弃权票。[③] 总体上，在过去四年，作为反对党的社民党一再批评外交部长韦斯特韦勒领导下的外交政策，指责他僵守"克制文化"，在伊朗、近东、叙利亚等危机中没有充分利用其行动余地和潜在影响力。[④] 因此，把德国新政府外交政策的调整归因于联盟党的联合执政伙伴由自民党更换为社民党，这种解释有一定道理，毕竟 2009 年《联合执政协议》中所包含的"克制文化"字眼[⑤]在新政府的《联合执政协议》中不见了踪影。但是，这种"政党差异说"缺乏足够说服力，有观察家指出，本届大联合政府公开宣示"大国雄心"，是 2005～2009 年的上一届大联合政府文件中也不曾有的。换言之，同样是联盟党与社民党之间的联合执政，如今的"默克尔 3.0"时期相较于"默克尔 1.0"时期，其执政协议描绘的是一个更

① 这是大联合政府《联合执政协议》的标题，参见 "Deutschlands Zukunft gestalten. Koalitions-vertrag zwischen CDU, CSU und SPD", 18. Legislaturperiode, Berlin, 2013。
② 郑春荣：《大选后的德国何去何从?》，载郑春荣、伍慧萍主编《德国发展报告（2014）》，社会科学文献出版社，2014，第 1～10 页。
③ Dieter Dettke, "Germany Says 'No' Again", AICGS Advisor, April 22, 2011.
④ Hans Monath, "Aus den Koalitionsverhandlungen. Offensiver Ansatz in der Außenpolitik", Der Ta-gesspiegel, 05. 11. 2013.
⑤ "Wachstum. Bildung. Zusammenhalt, Koalitionsvertrag zwischen CDU, CSU und FDP", 17. Legis-laturperiode, 2013, p. 124.

为自信的德国的角色。①

毫无疑问，这种"自信"源于德国日益增长的经济实力。总统高克在其慕尼黑安全会议上的演讲中表示："这是一个良好发展的德国，是我们迄今所拥有的最好的德国。"②《新力量、新责任》文件也做出了同样的研判："德国还从未像现在这样富裕、安全与自由。德国（比以往任何时候）拥有更多的力量和影响力，为此，它也就产生了新的责任。"③ 的确，正如德国新政府在《联合执政协议》前言中所描绘的，德国经济已经连续四年增长，在经历了2009年金融危机冲击造成的负增长5.1%后，2010年和2011年德国经济迅速反弹，国内生产总值增长率分别达到4%和3.3%。虽然2012年和2013年的增幅收窄（分别为0.7%和0.4%），但德国依然处在增长轨道上。此外，2012年和2013年均实现财政平衡。与此同时，德国的就业人数达到历史最高水平，而且，失业率在2012年和2013年均在7%以下，失业人数低于300万人。④

德国经济近年表现良好，放到欧盟层面比较，更显得"一枝独秀"。即使考察德国经济增长放缓的2012年和2013年，从欧洲比较来看，德国经济依然表现不俗。例如，在这两年，欧元区国家国内生产总值平均分别下降了0.7%和0.4%，欧盟28国则在2012年平均下跌0.4%的基础上在2013年实现持平。德国是欧元区和欧盟的"经济之锚"，⑤ 因此，德国是欧洲"不可或缺的力量"。⑥ 这种"不可或缺"在法国衰弱的背景下显得格外引人注目。在欧债危机爆发后，德法之间原有的"不对称的对称"⑦ 格局被打破，传统法德轴心的天平向德国倾斜，形成以德国为主要角色的德法轴心。⑧ 随着欧

① Johannes Leithäuser, "Koalitionsverhandlungen. Berlin will die globale Ordnung 'aktiv mitgestalten'", *Frankfurter Allgemeine Zeitung*, 05.11.2013, http://www.faz.net/aktuell/politik/koalitionsverhandlungen-berlin-will-die-globale-ordnung-aktiv-mitgestalten-12649767.html, last accessed on 18.02.2014.
② 50 Münchner Sicherheitskonferenz-Eröffnungsrede "Deutschlands Rolle in der Welt: Anmerkungen zu Verantwortung, Normen und Bündnissen" des Bundespräsidenten, München, 31. Januar 2014.
③ SWP and GMF, *New Power New Responsibility. Elements of a German Foreign and Security Policy for a Changing World*, Berlin, 2013, p.2.
④ 数据均来自德国联邦统计局网站：http://www.destatis.de/。
⑤ Adam S. Posen, "The Euro Payoff", *IP Global Edition* 2/2011, p.29.
⑥ Timothy Garton Ash, "Everywhere, the European Project is Stalling. It Needs a New German Engine", *The Guardian*, 15.06.2011.
⑦ Stanley Hofmann, *The European Sisyphus: Essays on Europe* 1964–1994, Boulder CO, San Francisco and Oxford: Westview Press, 1995.
⑧ 郑春荣：《从欧债危机看德国欧洲政策的新变化》，《欧洲研究》2012年第5期，第1~16页。

洲其他国家的衰弱，德国被从幕后推到了台前，必须作为欧盟内"唯一的领导力量"① 承担起领导角色，哪怕它在学者们看来在很长时间里表现出的只是一种"不情愿的霸权"。②

德国需要承担更多的责任也体现在安全政策领域，在外交部长施泰因迈尔看来，这一方面因为大的危机和冲突（例如叙利亚、中东、非洲或东欧的危机）日益迫近欧洲边界，德国也能直接感受到它们带来的后果。另一方面因为德国和欧洲不再能像过去那样，寄望于美国帮助欧洲解决其周边的冲突。美国对欧洲和世界的兴趣并未丧失，但美国由于政治上、财政上以及心理上的疲乏，没有能力也不想再无处不在，因此，美国未来在全球的投放会更加有选择性，它对伙伴的要求也会相应提高。③ 换言之，无论德国和欧洲是否愿意，它们必须自己承担更多的维护欧洲安全的责任。④

由此可见，德国联合执政伙伴的更替、经济实力的上升，包括在欧盟内领导力的凸显，以及美国的战略东移和收缩，这些国内、欧盟和国际因素的共同作用为德国新政府的外交政策转型开启了"时机之窗"。

（二）政策内容

在此次德国联邦议院选举中，外交和欧洲议题很少是竞选争论的议题，尽管如此，外界普遍对德国新政府寄予厚望，希望德国竞选后能承担起更大的国际责任。在德国国内，也可以听到类似的呼声。尤其是前述《新力量、新责任》文件就已经指出，至少与其经济实力、地缘政治分量和国际声誉相比，德国至今更多的是有选择且犹豫地采取塑造或倡议行动。该文件因此认为德国还是一个处在待机状态的塑造力量，并要求德国将来更经常地发挥领导作用。⑤

更为引人关注的是，如前所述，德国联邦总统高克、联邦外交部长施泰因迈尔和联邦国防部长冯德莱恩在2014年1月底第50届慕尼黑安全会议上的发

---

① Gisela Müller-Brandeck-Bocquet, "Deutschland-Europas einzige Führungsmacht?", *Aus Politik und Zeitgeschichte* 10/2012, pp. 16 – 33.

② William E. Paterson, "The Reluctant Hegemon? Germany Moves Centre Stage in the European Union", *Journal of Common Market Studies（JCMS）*, 2011 Volume 49 Annual Review, pp. 57 – 75.

③ SWP and GMF, *New Power New Responsibility. Elements of a German Foreign and Security Policy for a Changing World*, Berlin, 2013, p. 5.

④ "Es wird zu Recht von uns erwartet, dass wir uns einmischen. Außenminister Frank-Walter Steinmeier im Interview zu den Grundzügen seiner Außenpolitik", *SüddeutscheZeitung*, 30. 01. 2014.

⑤ SWP and GMF, *New Power New Responsibility. Elements of a German Foreign and Security Policy for a Changing World*, Berlin, 2013, p. 9.

言中宣示的德国应承担更多国际责任的"慕尼黑共识"。其中，在其开幕致辞中，高克明确要求对德国外交与安全政策进行重新定向：在国际政治中，"德国应作为良好伙伴，更及时、更坚决和更切实地投入其中"①。冯德莱恩也表示，对国际上的危机和冲突漠不关心，这无论从安全政策还是人道角度看，都不是像德国这样的一个国家的选项。② 施泰因迈尔也指出，德国的体量之大，使它不能只是从局外对世界政治进行评论③，为此，他表示，期望德国进行干预、尽早进行冲突应对是有道理的。军事克制的政策是正确的，但同样正确的是，它不能被误读为置身事外的原则。④ 不过，与施泰因迈尔更多地想倚重外交手段不同，冯德莱恩看到了更多地参与国际军事行动的必要性和可能性。冯德莱恩表示，如果联合国、北约或欧盟认为需要进行干预，那么，德国知道自己应承担的责任。冯德莱恩认为联邦国防军尚未达到其行动能力的极限，她表示，德国最多时有 11000 名士兵投入行动中，而目前由于阿富汗行动接近尾声，在现有行动中的士兵只有 5000 名，换言之，德国还有兵力去扩大其海外军事行动。⑤

与此要求相呼应，新政府的《联合执政协议》表示，德国愿意在其利益和价值引导下⑥积极参与建构国际秩序，充当建构公正国际秩序方面的一个良好伙伴。正如总统高克所言，维护极其有利于德国的国际秩序，并使之具有面向未来的能力，是德国外交政策的核心利益，这是因为德国全球

---

① 50 Münchner Sicherheitskonferenz-Eröffnungsrede "Deutschlands Rolle in der Welt: Anmerkungen zu Verantwortung, Normen und Bündnissen" des Bundespräsidenten, München, 31. 01. 2014.

② "Münchner Sicherheitskonferenz. Gleichgültigkeit ist keine Option", 1. 02. 2014, http://www. bundesregierung. de/Content/DE/Artikel/2014/01/2014 - 01 - 31-sicherheitskonferenz-vdleyen. html, last accessed on 15. 05. 2014.

③ "Rede von Außenminister Frank-Walter Steinmeier anlässlich der 50. Münchner Sicherheitskonfere-nz", 01. 02. 2014, http://www. auswaertiges-amt. de/sid_0EEB43D1066AE45F2A36CDB5B61453 57/DE/Infoservice/Presse/Reden/2014/140201-BM _ M% C3% BCSiKo. html, last accessed on 15. 05. 2014.

④ "Es wird zu Recht von uns erwartet, dass wir uns einmischen. Außenminister Frank-Walter Stein-meier im Interview zu den Grundzügen seiner Außenpolitik", *Süddeutsche Zeitung*, 30. 01. 2014.

⑤ Thorsten Jungholt and Daniel Friedrich Sturm, "Deutsche wollen mehr Engagement im Ausland", *Die Welt*, 06. 02. 2014, http://www. welt. de/politik/deutschland/article124603475/Deutsche-wol-len-mehr-Engagement-im-Ausland. html, last accessed on 20. 08. 2016.

⑥ 在《新力量、新责任——德国在变革中的世界里的外交与安全政策的要素》文件中，德国外交政治精英就此达成的共识是：价值与利益之间的目标冲突短期内一般不可避免，必须在具体情况下加以均衡，但是长期内，价值导向是一种关乎生存的利益。See SWP and GMF, *New Power New Responsibility. Elements of a German Foreign and Security Policy for a Chan-ging World*, Berlin, 2013, p. 9.

化程度超乎平均水平，所以，它也超乎平均水平地受益于和依赖于开放的国际秩序。① 值得关注的是，《联合执政协议》充斥着"责任"的言辞，德国不仅表示愿意面对"国际责任"，还表示愿意承担起"欧洲政策的责任"。而且，德国愿意在联合国层面承担更多责任，包括接受联合国安理会常任理事国席位，虽然其长远目标是为欧盟谋求一个常任理事国席位。

此外，《联合执政协议》坚持了德国外交政策的两根支柱：一方面，德国依然把欧洲一体化事业视为最重要的任务，并表示将作为充满信赖的伙伴在欧洲扮演促进一体化的角色，包括采取增强和深化共同外交与安全政策的新倡议。与此相关，值得注意的是，德国致力于建立一个越来越紧密的欧洲武装力量联合体，这个联合体可以继续发展成为一支议会监督下的欧洲军队。另一方面，虽然该协议指出，鉴于"窃听门"事件的影响，欧美需要重建信任，但协议还是表示要增强跨大西洋关系和北约，并认为计划中与美国签订的自贸协定，即跨大西洋贸易与投资伙伴协议（*Transatlantic Trade and Investment Partnership*，TTIP）是深化跨大西洋关系的核心项目之一。

最后，在解决危机与冲突的手段上，《联合执政协议》虽然表示联邦国防军是一支参与域外行动的军队，在将来也需要投入海外行动，但是协议明白无误地表示，外交手段、和平地冲突规制和发展合作手段是占主导的。② 不过，值得关注的是，在这个问题上，总统高克、外交部长施泰因迈尔和国防部长冯德莱恩之间或者说社民党与基民盟之间事实上存在不同的意见：社民党想增强危机预防，并为此利用和扩大外交手段，用施泰因迈尔的话来说就是，虽然他并不排斥军事手段作为最后手段，但他表示，德国在将来将继续保持克制，只是军事克制不能被误读为置身事外，③ 他主张推行"灵巧外交"（kluge Diplomatie），这具体是指更积极、更富有创意、更勇敢和更全面地利用外交政策"工具箱"，④ 以便更及时、更坚决和更切实

① 50 Münchner Sicherheitskonferenz-Eröffnungsrede "Deutschlands Rolle in der Welt: Anmerkungen zu Verantwortung, Normen und Bündnissen" des Bundespräsidenten, München, 31. Januar 2014.
② "Wachstum. Bildung. Zusammenhalt, Koalitionsvertrag zwischen CDU, CSU und FDP", 17. Legislaturperiode, 2013, pp. 156 – 183.
③ "Es wird zu Recht von uns erwartet, dass wir uns einmischen. Außenminister Frank-Walter Steinmeier im Interview zu den Grundzügen seiner Außenpolitik", *Süddeutsche Zeitung*, 30. 01. 2014.
④ "Nur wer sich einmischt, kann was bewegen", Bundesaußenminister Frank-Walter Steinmeier über die Bedeutung der Europawahl und kluge Diplomatie, 07. 03. 2014, https://www.deutschland.de/de/topic/politik/deutschland-europa/nur-wer-sich-einmischt-kann-was-bewegen, last accessed on 12. 03. 2014.

地采取行动;① 而基民盟赞成增强联邦国防军参与国际行动，并希望提高德国在危机地区的军事干预能力。总统高克也倾向于此立场，他在慕尼黑安全会议上的演讲中援引了《新力量、新责任》报告中的意见，他具体表示，如果有破坏者对现有国际秩序提出质疑或违反国际基本规范，那么，德国必须愿意且有能力采取行动，包括运用军事力量，或至少能可信地以军事力量相威胁;② 社民党和基民盟的立场差异还在于，基民盟想重新反思联邦议院对联邦国防军海外行动的授权，以便提高德国作为可靠伙伴参与军事行动的能力，但社民党并不愿意放松议会的批准权。③《联合执政协议》中的表述也体现了这种意见分歧：一方面，该协议表示德国即使在与其伙伴合作和任务分工增多的情况下，也要确保议会参与德国士兵外派的决定。另一方面，该协议表示将设立一个委员会，用于审查如何在进一步一体化和任务增多情况下能确保议会的权利。④

二 德国《2016 安全政策与联邦国防军未来白皮书》的内容

2016 年 7 月 13 日，德国联邦政府发布了新的安全政策白皮书（全名为《2016 安全政策与联邦国防军未来白皮书》，简称《2016 白皮书》）⑤，这距

---

① Germany's Foreign Minister at Brookings on Snowden, TTIP and Ukraine, 28. 02. 2014.
② 50 Münchner Sicherheitskonferenz-Eröffnungsrede "Deutschlands Rolle in der Welt: Anmerkungen zu Verantwortung, Normen und Bündnissen" des Bundespräsidenten, München, 31. Januar 2014. See also SWP and GMF, *New Power New Responsibility. Elements of a German Foreign and Security Policy for a Changing World*, Berlin, 2013, p. 17. 后一份文件即《新力量、新责任——德国在变革中的世界里的外交与安全政策的要素》把德国的战略关系分为三类，包括盟友（allies）、挑战者（challengers）和破坏者（spoilers）。其中，该文件把中国和俄罗斯等都列为挑战者。另外，需指出的是，对于军事行动是否只有在联合国安理会授权的情况下才能采取，还是在例外情况下没有联合国授权也能采取这一问题，是参与战略报告撰写的学者间的唯一分歧。
③ Jochen Bittner and Matthias Nass, "Außenpolitik. Kurs auf die Welt", *Zeit Online*, 06. 02. 2014, https://www.zeit.de/2014/07/deutsche-aussenpolitik-sicherheitskonferenz, last accessed on 14. 03. 2014.
④ "Wachstum. Bildung. Zusammenhalt, Koalitionsvertrag zwischen CDU, CSU und FDP", 17. Legislaturperiode, 2013, p. 177.
⑤ The Federal Government, *White Paper 2016 on German Security Policy and the Future of the Bundeswehr*, Berlin, June 2016.

上一份白皮书发布已经过去 10 年了。① 白皮书是德国最高层级的安全政策基础性文件，是联邦政府对德国安全政策的战略定位与定向②。

和此前德国联邦外交部启动的德国外交政策"回顾 2014"项目③一样，《2016 白皮书》的编制过程也采取了"包容式"方法，从 2015 年 2 月 17 日德国联邦国防部长冯德莱恩启动编制进程后，专家和普通公民都可以发表看法④。而且，《2016 白皮书》虽然由联邦国防部主导，但是在与其他联邦部委，尤其是联邦外交部的密切合作下完成的。

《2016 白皮书》是与德国自 2014 年 1 月慕尼黑安全会议以来开启的有关德国外交与安全政策重新定向的讨论一脉相承的。在一年后的慕尼黑安全会议上，联邦国防部长冯德莱恩就已经宣布德国要"从中心出发去领导"⑤。而且，就在《2016 白皮书》发布前，欧盟推出了《全球战略》（2016 年 6月 28 日)⑥，北约华沙峰会做出了包含加强欧盟与北约合作的最终声明（2016年 7 月 9 日)⑦，这一切进一步提升了人们对《2016 白皮书》内容的期待。

《2016 白皮书》分为"安全政策"和"联邦国防军"两部分：第一部分阐述了德国所面临的安全方面的挑战以及战略优先项；第二部分则描述了联邦国防军的未来发展方向。

（一）德国安全政策的全球视域与责任

《2016 白皮书》指出：目前，各种挑战以迄今从未有过的同时性和密度

---

① （联邦）德国首份安全政策白皮书发布于 1969 年，迄今已是第 12 份，一直到 1985 年还定期发布，但此后只发布了 2 份（1994 年和 2006 年）。除了安全政策白皮书，等级在其之下的还有联邦国防部旨在使白皮书的内容具体化而颁布的防务政策指令。

② Carsten Breuer and Christoph Schwarz, "Meilenstein, kein Endpunkt. Das Weißbuch als strategische Weichenstellung für deutsche Sicherheitspolitik", *Internationale Politik* 5, September/Oktober 2016, pp. 86 – 87.

③ 〔德〕芮悟峰，胡莹译：《从"外交政策之集思"到"外交政策之改进"："回顾 2014"进入落实阶段》，《德国研究》2015 年第 3 期，第 4 ~ 15 页。

④ Bundesministerium der Verteidigung, *Weißbuch. Wege zum Weißbuch*, Berlin, Juli 2016.

⑤ Josef Janning and Almut Möller, "Leading from the Centre: Germany's New Role in Europe", *Policy Brief*, European Council on Foreign Relations, July 2016, pp. 1 – 12, here p. 8.

⑥ "Shared Vision, Common Action: A Stronger Europe. A Global Strategy for the European Union's Foreign and Security Policy", Brussels, June 2016, http: //eeas. europa. eu/top_ stories/pdf/eugs_ review_ web. pdf, last accessed on 30. 12. 2016.

⑦ Warsaw Summit Communiqué, Issued by the Heads of State and Government Participating in the Meeting of the North Atlantic Council in Warsaw 8 – 9 July 2016, Press Release (2016) 100, http: //www. nato. int/cps/en/natohq/official_ texts_ 133169. htm, last accessed on 30. 12. 2016.

对德国产生影响，其中，除了传统威胁外，也出现了新型威胁，德国的安全环境由此变得更为复杂、不稳定和动态，并由此更为难以预测（见《2016白皮书》第28页）。《2016白皮书》正是在这样的背景下出台的。德国总理默克尔在《2016白皮书》的前言中也写道：鉴于安全形势的变化，德国政府有职责重新定义德国在安全政策上的利益、优先项和目标，并继续开发相应的手段。这些安全形势挑战尤其包括跨国恐怖主义和来自网络与信息空间的攻击。此外，《2016白皮书》提及的挑战还包括国家间的冲突（包括混合威胁）、"失败国家"和恶治，全球范围的军备竞赛升级以及大规模杀伤性武器的扩散，对信息、通信、供给、运输与贸易线路以及原料与能源供给的安全的威胁，气候变化，失控的无序移民，以及流行病和瘟疫等。由此可见，《2016白皮书》选择的是一个非常宽泛的安全概念，占主导的是跨国恐怖主义等非传统安全威胁，但《2016白皮书》也指出了传统安全威胁的回归。德国安全政策的目标在于预防危机与冲突，正如默克尔在《2016白皮书》前言中所表示的，"安全政策必须是预见性的和可持续的。同时，我们必须有能力迅速地对暴力冲突做出反应，给予帮助和为冲突的迅速解决做出贡献"。

《2016白皮书》对于德国安全政策的价值和利益的定义并无很大变化，在此基础上，德国确立了以下战略优先项，包括保障国家整体的安全预防；增强北约与欧盟的团结与行动能力；不受限地利用信息、通信、供给、运输与贸易线路的可能性，以及原料与能源供给的安全；及早识别、预防和阻止危机与冲突；以及致力于建立基于规则的国际秩序（见第34~52页）。

《2016白皮书》明确宣示，"德国安全政策的视域是全球性的，这个视域也明确包括网络、信息与宇宙空间"（见第56页），这是因为"德国是一个高度全球联网的国家，它基于其经济、政治和军事上的重要地位，但同时也是由于其脆弱性，而有责任积极参与建构全球秩序"。在此过程中，德国不仅要"体验责任"，还要"承担领导角色"（见第22页）。在10年前的上一份白皮书中，当时的德国政府还只宣告，德国"在欧洲及其以外地方的建构中扮演一个重要角色"[1]。

与此同时，《2016白皮书》指出，德国将自身定位为"一个有吸引力的和可靠的安全伙伴"，而且是在全部的安全政策行动手段上（见第23页），

---

① The Federal Government, *White Paper* 2016 *on German Security Policy and the Future of the Bundeswehr*, p. 8.

这事实上是针对 2006 年版白皮书就已经引入的联网方案，它是指综合运用外交手段、发展援助手段①以及军事手段②，其核心内容是通过跨职能部门、跨机构的协商、汇聚和分工来优化外交与安全政策资源，包括国家、国际与地方层面之间的联网。③ 而且，联网的做法不能只是理解为联邦部委及其机构之间的相互渗透，而是也发展到了社会之中，对此，《2016 白皮书》写道："应促进国家与非国家行为体为在全危机周期中的行为而进行的共同培训与演练。"（见第 59 页）

从《2016 白皮书》看，德国的多边行动框架并未改变。总理默克尔在前言中写道："我们的安全基于强大而又坚定的北约以及统一和有承载力的欧盟。"对此，《2016 白皮书》明确表示，北约的"欧洲支柱"应得到增强，德国愿意率先行动，并在显著的广度上发挥"框架国家"（Framework Nation）的作用（见第 69 页）。"框架国家"这个概念是指，这个国家有责任和能力使其他国家将其能力用于维护所有成员国的收益而投入多边联合体中，换言之，这是进行多边能力开发的一种手段。与此相应，在跨大西洋安全关系方面，《2016 白皮书》有新的表述：在以往的文件中，美国与欧洲盟友之间的不平等的负担分摊要么被忽视，要么被美化，不过，《2016 白皮书》明确表示，欧洲承担共同负担的比例越大，跨大西洋安全伙伴关系就会越紧密、越富有成效（见第 31 页）。

在增强北约内防务的同时，《2016 白皮书》也提出了增强北约外防务的愿景，即进一步推动欧洲共同安全与防务政策④，据此，德国将长期致力于

---

① 对于发展政策作为一种"多用途手段"在"德国新外交政策"中角色的讨论，参见 Jörn Grävingholt, "Entwicklungspolitik im Gefüge einer 'Neuen deutschen Außenpolitik'", *Aus Politik und Zeitgeschichte* 28 – 29/2016, pp. 38 – 43。

② 2006 年版白皮书就已经包含这个联网方案，联邦外交部"回顾 2014"项目的总结报告也包含了这一方案（Auswärtiges Amt, *Krise-Ordnung-Europa. Review 2014: Außenpolitik Weiter Denken*, Berlin, 2015.）。联邦国防部长冯德莱恩一开始意欲将至今主要负责军备出口批准事务的联邦安全委员会扩建成一个常务委员会，让它负责联网方案的落实，但这个设想在联邦政府内未能获得多数成员的支持。因此，《2016 白皮书》只是将联邦安全委员会称为联网方案的推动者。

③ 对此的详细分析参见 Andreas Wittkowsky and Jens Philip Meierjahann, "Das Konzept der vernetzten Sicherheit: Dimensionen, Herausforderungen, Grenzen", *Policy Briefing*, Zentrum für Internationale Friedenseinsätze, April 2011。

④ Niklas Helwig and Tuomas Iso-Markku, "A More Self-assured Germany: The New White Paper Highlights Germany's Readiness to Bolster European Security and Defence", *FIIA Comment* 17/2016, September 2016.

实现一个安全与防务联盟，在中期则有必要建立一个常设的民事－军事行动总部，并由此具备民事－军事的规划与领导能力（见第 73 页）。但是，建立一支欧洲军队的愿景——这包含在当时政府的《联合执政协议》之中，还得到了欧盟委员会主席让－克洛德·容克（Jean-Claude Juncker）的支持①——并未在白皮书中出现。总体上，《2016 白皮书》在寻求北约内外防务建设的平衡。

此外，联合国与欧洲安全与合作组织（简称欧安组织）也在《2016 白皮书》中被视为重要行为体。德国政府继续谋求联合国安理会常任理事国席位（"争常"）。不过，鉴于迄今所有的"争常"尝试都失败了，因此，《2016 白皮书》将"争常"定为远期目标（见第 63 页）。② 《2016 白皮书》还表示，德国应更强有力地参与联合国的维和行动，并承担领导责任。除此之外，德国致力于欧安组织里的紧密合作，这表明德国政府奉行的目标是促进、更新与深化整体欧洲的安全。这事实上表明了德国在对待俄罗斯政策上采取既威慑又对话与合作的双轨策略。《2016 白皮书》指出："俄罗斯（在乌克兰危机过程中）解除了与西方的紧密伙伴关系，强调战略竞争。"（见第 32 页）由此，俄罗斯在可预见的时间里将是欧洲大陆安全的一个挑战，而在 10 年前，俄罗斯总统普京还被西方视为紧密的伙伴。而且，出于对俄罗斯核武器威胁的担心，德国在白皮书中还明确赞同核威慑以及北约核共享机制的必要性（见第 65 页）。但是，《2016 白皮书》仍然强调，"要保障欧洲持久的安全与繁荣，在未来也需要发展与俄罗斯之间的有承载力的合作"（见第 32 页）。

尤其值得关注的是，除了主张联合国、北约、欧盟和欧安组织是主要的行动框架，《2016 白皮书》也突出了新的合作形式的作用。它们既可以是常设的合作机制，如"魏玛三角"或七国集团（G7）、二十国集团（G20），也可以是临时合作（如伊朗核协议谈判中的 E3＋3 机制，乌克兰危机中的诺曼底模式）。而且《2016 白皮书》明确表示，在未来国际危机和冲突的解决中，这种"临时合作"的重要性会不断增强（见第 81 页）。据此可以认为，这种临时联盟将来会成为德国武装力量外派的"新常态"。

最后，《2016 白皮书》也提到了默克尔总理多年来一再公开主张的增强

---

① 郑春荣：《德国组建一支"欧洲军队"的可能性有多大》，澎湃新闻，2015 年 6 月 11 日，http：//www.thepaper.cn/newsDetail_forward_1339945，最近访问日期为 2016 年 12 月 5 日。

② 正因为如此，德国也积极争取联合国安理会非常任理事国席位，例如，德国当时在争取 2019~2020 年的非常任理事国席位，后来如愿当选。

地区重要国家和组织的危机预防与应对能力的战略，即"能力建设倡议行动"（Ertüchtigungsinitiative）（见第 52、65 和 92 页），它包含提供咨询、培训和装备三个要素，目的是要使这些行为体能独立承担保障和平与安全方面的责任。

（二）联邦国防军作为安全与防务政策手段的灵活运用

德国所处安全环境的动态性使联邦国防军在全世界范围行动的数量以及对它的要求也发生了深刻变化。它的任务由此变得多样，包括从训练与培训、向处于困境中的人提供人道主义援助，再到军事力量的运用。此外，有必要使联邦国防军能比现在更多地在国家整体的安全预防框架里采取行动，或投入家园保护和机构援助（见《2016 白皮书》第 89 页）。

《2016 白皮书》明确表示，"联邦国防军是德国安全与防务政策的一个重要手段"（见第 90 页）。其中，《2016 白皮书》强调了两个主导原则，即多国性和部委共同行动。至于多国性，《2016 白皮书》突出联盟（北约与欧盟）共同的能力开发的重要性，并表示，德国愿意在联盟与伙伴关系中作为"框架国家"（参见前文）承担责任并担任领导角色（见第 98 页）。部委共同行动其实就是指前文已经分析的联网方案，它要求联邦国防军在危机与冲突应对的全周期，在国内和国际层面与国家和非国家行为体共同行动（见第 99 页）。

近年来，各种行动和使命的数量迅速增加，要求各国迅速做出反应，由此，国家之间的"临时合作"也变得日益重要；在军事行动的国际法条件本已存在（例如他国政府提出了给予支持的请求，并且不再需要进一步的国际法的授权），不再需要勉强德国纳入集体安全体系。《2016 白皮书》进一步指出，鉴于德国的安全政策责任提升了，德国必须能够迅速采取行动，包括投入德国的武装力量，以在短时间内应对这类挑战（见第 109 页）。

除了"临时合作"，另一个新内容是，《2016 白皮书》使联邦国防军更易于参与国内行动，这也是因为德国当时发生的恐怖袭击事件进一步让人们认识到，内部与外部安全是日益相互交织在一起的。根据《基本法》第 35 条第 2 款第 2 句和第 3 款，允许在州政府的要求或联邦政府的命令下，派遣武装力量在国内参与遭遇自然灾害和特别严重不幸事件的救助。《2016 白皮书》认为，在遇到大规模恐怖袭击时，也可认为出现了这样一种严重不幸事件（第 110 页）。根据《2016 白皮书》对《基本法》做出的解读，德国在遇到大规模恐怖袭击时，可以出动联邦国防军展开疏散和救援行动等。①

《2016 白皮书》认识到，联邦国防军的资源配置必须与其日益扩大的任务范围保持一致。它提到了在资金和人员配置上已经或即将实施的"趋势变革"。其中，它提到了 2014 年北约威尔士峰会的决议，即在长期内各北约成员的防务支出应争取达到国内生产总值 2% 的目标。为此，《2016 白皮书》指出，除了 2016 年和 2017 年德国军费支出已经提高外，在未来几年还需要可靠而又持久地做好军费预算（见第 117 页）；在人员配置上，《2016 白皮书》认为联邦国防军不再能以僵化的员额来约束，为此，《2016 白皮书》指出，"首先，未来不再削减士兵的编制，此外，在未来，兵力的测算要以安全政策的要求为导向"（见第 120 页）。与此相关的新举措包括借助征召欧盟其他国家的公民，来消除联邦国防军后备人员不足的隐患（见第 120 页）。为了确保需求的满足以及社会中复原力（Resilienz）——指抵御跨国恐怖主义，但也包括应对当今复杂社会的关键基础设施、媒体或通信系统的攻击而造成的新威胁的能力——的形成，必须实现联邦国防军、社会与经济界之间的渗透性（见《2016 白皮书》第 125 页）。最后，在军备方面，《2016 白皮书》要求实施现代化的军备管理，以及在维护本国关键技术前提下推动欧盟内防务工业的欧洲化，包括"共同规划、开发、采购和提供军事能力，以及提高欧洲兵力的交互行动性"（见第 129 页）。作为与此相应的手段，《2016 白皮书》也提到了出口支持：出口支持尤其针对欧盟国家、北约国家以及视同北约成员的国家，但也可扩大到所谓的第三国，如果有"特别的外交与安全政策利益"支持这样做（见第 129 页），换言之，《2016 白皮书》对武器出口的规定有所松动，德国据此可以向北约、欧盟国家以外的第三国出口武器和军备。

三 德国"默克尔 4.0"政府外交政策调整的内外背景与政策内容

（一）内外背景

德国 2017 年 9 月 24 日新一届联邦议院选举过去 171 天后，德国基民盟/

---

① 与此相关，德国联邦政府于 2016 年 8 月 24 日还通过了一份新的民防计划，它是对变化了的安全政策局势的反应，其目的包括要把民事的灾害保护与国防的准备工作结合起来。该民防计划也是出于应对混合战争的考虑。混合战争是指用隐蔽的手段发起的攻击，例如经济施压、宣传战、网络攻击或隐蔽的军事行动。

基社盟和社民党终于在 2018 年 3 月 14 日组成了新政府，默克尔总理得以开启其第四个任期（"默克尔 4.0"）。这次组阁过程是联邦德国历史上最长的。在大选后，先是社民党因选举结果糟糕执意充当反对党，只剩下联盟党、自民党与绿党组成黑黄绿联合政府（"牙买加"联盟）的可能性，但是这一跨政党阵营的试探性会谈最终夭折。在联邦总统施泰因迈尔的说服下，社民党回心转意，重回谈判桌。但其间社民党党内反对重新组建大联合政府的声音日益响亮，好在社民党党代会在 2018 年 1 月 21 日以 56.4% 的赞成票同意在预先会谈结果的基础上与联盟党展开正式的联合执政谈判，3 月 4 日社民党在对最终《联合执政协议》的党员公投中，有 66.02% 的党员投了赞成票，新政府得以成立。不过，新政府的成立如此一波三折，就已经足以说明德国历来以稳定著称的政治格局出现了某些变化。

德国此番艰难组成的大联合政府是默克尔与社民党组成的第三个大联合政府，不过它已是一个严重缩水的"大"联合政府。从联盟党与社民党的总得票率看，在 2005 年默克尔领导下的第一个大联合政府，联盟党与社民党的总得票率为 69.4%，到 2013 年第二个大联合政府时已经减少为 67.2%，第三个默克尔领导的大联合政府的总得票率则更跳水为 53.4%。联盟党、社民党两大全民党，尤其是后者面临着全民党有名无实的尴尬，毕竟社民党在 2017 年 9 月大选中 20.5% 的得票率与学者对于全民党定义所需的至少 30% 的得票率相去甚远。[①] 对于执政联盟更为严峻的潜在挑战是，在组阁谈判的过程中，社民党的民调得票率甚至依然在创新低。由此可见，两大党长期联合组阁所造成的卡特尔政党模式[②]，进一步削弱了两大全民党的力量，而增强了小党的吸引力，使德国政党体制的碎片化趋于稳固。[③] 随着两大党左右共治格局的延续，人们有理由担心，大党的颓势还会延续。

此外，大党内部的领导层与基层之间的撕裂依然产生内耗影响。例如，这反映在社民党内部青年团发起的"不要大联合"（NoGroKo）运动中。尤其是前欧洲议会议长、社民党主席马丁·舒尔茨（Martin Schulz）由于在是

① Manfred G. Schmidt, *Wörterbuch zur Politik*, 3., überarbeitete und aktualisierte Auflage, Stuttgart: Kröner-Verlag, 2010.

② 高奇琦、张佳威：《卡特尔政党模式在德国的兴起及其动因分析》，《德国研究》2016 年第 1 期，第 18～32 页。

③ Patrick Gensing, "SPD in der Krise Volkspartei ohne Volk?", *tagesschau. de*, 02. 02. 2018, http://faktenfinder. tagesschau. de/inland/spd-volkspartei-101. html, last accessed on 10. 05. 2018.

否组建大联合政府以及他本人是否会加入默克尔领导下的内阁问题上出尔反尔，最终被迫辞去党主席职务，而由社民党联邦议院党团主席安德烈娅·纳勒斯（Andrea Nahles）临危接棒，但是这位德国历史最悠久政党的首位女主席能否平息党内基层的反叛，仍然是个未知数。如果在参与执政过程中，社民党的民调数据往下走，那么，主张组成大联合政府的社民党现有党内高层就会面临非常大的压力。

在基民盟方面，党内基层对于默克尔所领导的团队在与社民党的联合执政谈判中的退让也有诸多不满，包括基民盟拱手让出联邦财政部。为了平息党内的批评意见，默克尔在党代会前做了一些迎合批评者的人事安排，例如基民盟政府阁僚的年轻化，包括简斯·施潘（Jens Spahn，37 岁，卫生部长）、尤利娅·克吕克纳（Julia Klöckner，46 岁，农业部长）、安雅·卡里切克（Anja Karliczek，46 岁，教育部长）的入阁。此外，萨尔州州长安内格雷特·克兰普－卡伦鲍尔（Annegret Kramp-Karrenbauer）主动"请缨"出任基民盟新任秘书长，这一人士安排也使默克尔暂时摆脱了党内对其不谋求党的革新的批评。

除了"大"联合政府本身席位的缩水，更加令大联合政府头疼的是德国另类选择党在议会中的掣肘。这次大选也揭示了德国社会的一条新的分歧线的形成，即现代化赢家和输家，或者说开放与封闭立场之间的对立。这条新的分歧线已经对德国议会中的辩论文化，尤其是难民、移民相关问题上的话语方式产生了影响，而且，不能排除的是，这条分歧线会对德国政党体制产生持久影响。[①]

对于大联合政府的行动能力，很重要的一个观测点在于，它是否在联邦参议院也拥有多数票。目前，黑红大联合政府在联邦参议院并不拥有多数票，它们在下萨克森州、梅克伦堡－前波莫瑞州、萨克森州和萨尔州联合执政，这些州的票数加上基社盟单独执掌的巴伐利亚州，共为 22 票（总计 69 票），与 35 票的多数还有一定的差距。需要指出，反对党左翼党、自民党和绿党虽然也因在一些联邦州参与执政并因此在联邦参议院有代表，但是它们的影响力是有限的。它们虽然能够在联邦参议院阻挠有批准义务的法律，但

---

① Robert Vehrkamp and Mehrdad Mehregani, "The 2017 Bundestag Election: Election Results Reveal New Line of Conflict in Germany's Democracy", https://www.bertelsmann-stiftung.de/en/topics/aktuelle-meldungen/2017/oktober/the-2017-bundestag-election-election-results-reveal-new-line-of-conflict-in-germanys-democracy/, last accessed on 31.10.2017.

是对于没有批准义务的法律或反对党自身的动议，反对党缺少贯彻其异议所需的多数票。

总之，此番"默克尔4.0"版"大"联合政府的行动能力有所减弱，最大的挑战在于如何面对德国另类选择党在联邦议院内外发起的"攻击"。

在2018年10月14日巴伐利亚州议会选举中，基社盟失去绝对多数席位，得票率从2013年的47.7%跌至37.2%，不得不与"自由选民"党组成联合政府。其后，在10月28日的黑森州州议会选举中，默克尔所在的基民盟遭遇惨败，得票率从2013年的38.3%下跌至27%，虽然基民盟最后与绿党凭借一票多数，继续联合执政，但是，基民盟的再次惨败促使默克尔决定分步隐退：她在10月底宣布不再谋求连任党主席，但是她将继续担任联邦总理至2021年任期结束。之后，基民盟党内围绕党主席职位展开了激烈争夺，最后在12月7日的基民盟汉堡党代会上有"小默克尔"之称的克兰普－卡伦鲍尔在第二轮决选中惊险当选。虽然克兰普－卡伦鲍尔当选基民盟主席，增大了默克尔完成总理任期的可能性，但是，默克尔无论如何已经成了"跛脚鸭"。而这样的一个被削弱的政府，在国内、欧盟以及国际层面还要面对以下的挑战。

在国内层面，虽然经济走势依然良好，但是，难民融入是德国社会的最大挑战，德国的反恐形势也依然严峻，右翼民粹势力在此背景下的上升也给德国政治生态带来了一个新变量。德国经济在2016年依然表现良好，根据联邦政府2017年的《年度经济报告》，2016年德国国内生产总值增加了1.9%，这是2011年以来的最高值；对于2017年，联邦政府当时也预期有1.4个百分点的增长。此外，德国的失业率降至两德统一以来的最低点，从业者人数也在继续增长，2016年增加了32万人，从而达到总计4380多万人。与此同时，难民人数呈减少趋势：2016年进入德国的难民数已经大幅减少。2015年，到德国寻求避难的人达到了89万人，2016年已经大幅萎缩到28万人。鉴于德国良好的经济状况，难民的涌入对于德国经济的承受力并不是大问题，最大的问题在于能否实现这些难民的融入。融入方面的挑战依然巨大，这是因为难民的融入成功与否与德国的反恐形势紧密相关。① 德国总理默克尔在2017年的新年贺词中，提到2016年是各种"严峻考验"交织的

———————————

① 郑春荣、倪晓姗：《难民危机背景下德国难民融入的挑战及应对》，《国外社会科学》2016年第6期，第75～83页。

一年，其中最严峻的考验是伊斯兰恐怖主义，尤其是维尔茨堡、安斯巴赫和柏林圣诞集市发生的攻击和恐袭案。[①] 如前所述，2016 年 7 月 13 日德国联邦政府发布的新版《安全政策与联邦国防军未来白皮书》表示，除了传统威胁外，德国也出现了新型威胁，德国的安全环境因此变得更为复杂[②]，在这些新型威胁中，首当其冲被列出的就是跨国恐怖主义，另外，该白皮书也提到了无序移民带来的挑战。此外，难民的涌入和恐怖袭击案迭起也催化了右翼民粹主义政党势力的上升。虽然德国政府不用担心德国另类选择党这样的右翼民粹主义政党会上台执政，但是德国另类选择党进入联邦议院，使未来的政府组阁形式变得复杂。究竟应如何应对右翼民粹的德国另类选择党，德国主流政党并无良方，导致了主流政党内部的纷争，也使执政联盟各党内部达成妥协变得困难，政府的治理能力被削弱。

在欧盟层面，不确定因素一度在于荷兰与法国大选是否会飞出"黑天鹅"，虽然主流政党在荷兰大选中涉险过关，"非左非右"的独立候选人埃马努埃尔·马克龙（Emmanuel Macron）在法国大选中大获全胜，但右翼民粹主义势力并未偃旗息鼓；英国虽然于 2017 年 3 月 29 日已经启动了脱欧进程，但是为期两年的"离婚"谈判究竟会达成怎样的结果，给欧盟 27 国包括德国带来怎样的影响——英国是德国的第三大出口目的国和第二大海外直接投资地，仍然是个很大的未知数。在英国启动脱欧背景下，欧盟亟须确定未来的发展方向，虽然"多速欧洲"看来成为大多数成员国的共识，[③] 但其实施依然存有很大变数和挑战。同样，由于德国另类选择党通过疑欧乃至反欧言论以及排外的立场赢得了诸多选民的支持，因此，默克尔新政府在推行欧洲政策上势必有所顾忌，必须更多顾及本国利益，以免被德国另类选择党利用默克尔牺牲本国利益、不优先考虑本国百姓关切的口舌。随着默克尔在党内和国内受到更多掣肘，她在欧盟层面的领导力和可信度无疑也会打折扣。[④]

在国际层面，美国特朗普总统的上台及其所推行的孤立主义政策使跨大

① Angela Merkel, "Neujahrsansprache", 01. 01. 2017, http：//www. tagesschau. de/neujahrsansprache-merkel-105. pdf, last accessed on 15. 05. 2017.

② The Federal Government, *White Paper* 2016 *on German Security Policy and the Future of the Bundeswehr*, Berlin, June 2016.

③ Stephen F. Szabo, "Germany's Aussenpolitik After the Election", *German Politics and Society*, Issue 127 Vol. 36, No. 2 (Summer 2018), pp. 118 – 132.

④ 郑春荣：《德国大选结果令人忧虑欧盟未来》，《文汇报》，2017 年 9 月 28 日。

西洋关系的价值基础受到侵蚀，这也使德国更清醒地认识到，德国及其欧洲伙伴必须做好准备，在特朗普总统治下，美国会变得不再可靠，换言之，美国有可能会为了本国的利益而牺牲欧美之间赖以维系的共同价值。德国及欧盟也越发清醒地认识到，只有欧盟自身变得强大，才会是与美国进行"交易"的平等伙伴。此外，德国需要在推进全球化进程中寻找新的伙伴，例如在 G20 框架里与中国的协调，而且，德国必须提高德国自身的军力以及增强欧洲的共同外交与安全政策，以便承担欧洲自身乃至全球的安全责任。

此外，美国总统特朗普一度表现出与俄罗斯接近的态度，这也令德国以及欧洲盟友紧张。例如，德国国防部长冯德莱恩在 2017 年慕尼黑安全会议上警告美国不要采取单边行动，不能推行"越顶外交"，抛开欧洲伙伴而与俄罗斯达成自己的"交易"。[1] 好在特朗普在"通俄门"的压力下，刻意与俄罗斯保持距离。在对待俄罗斯的问题上，德国始终强调制裁、威慑与对话并行。一方面，德国坚持继续对俄罗斯的经济制裁，并作为"框架国家"参与对北约在东欧驻军行动的领导，具体而言，德国领导了北约驻立陶宛的一个营。但德国非常重视北约－俄罗斯基础文件继续有效，北约 1997 年在该文件中承诺，尽可能放弃在东欧持久而又全面地驻扎军队。另一方面，德国依然强调必须保持与俄罗斯的对话渠道开放，因为对德国而言，欧洲的安全只能通过俄罗斯以及与俄罗斯一起来实现，这一点依然是德国对俄政策的总的原则。

面对上述内外挑战，有观察家认为，"默克尔 4.0"政府领导下的德国将不会如西方许多人所期望的那样承担起领导角色，甚至相比"默克尔3.0"政府更加缺乏果断性，这也对德国作为外交政策行为体的稳定性和可靠性产生深远影响。[2]

（二）政策内容

"默克尔 4.0"政府确立了"欧洲新觉醒、德国新动力、国家新团结"[3]

---

[1]　"Münchner Sicherheitskonferenz: Trump steht zur Nato, sagt Pence", http://www. zeit. de/politik/ausland/2017-02/merkel-pence-usa-sicherheitskonferenz, last accessed on 15. 05. 2017.

[2]　Stephen F. Szabo, "Germany's Aussenpolitik After the Election", *German Politics and Society*, Issue 127 Vol. 36, No. 2（Summer 2018）, pp. 118 – 132.

[3]　"Ein neuer Aufbruch für Europa. Eine neue Dynamik für Deutschland. Ein neuer Zusammenhalt für unser Land. Koalitionsvertrag zwischen CDU, CSU und SPD", Berlin, 07. 02. 2018.

的目标。这三个目标前都被冠以"新"字，足以说明新政府求变的决心。①
如前所述，面对国际上存在的诸多不确定因素，德国新政府在外交上面临的
挑战无疑是巨大的。② 总体上，《联合执政协议》表明，德国新政府有意愿
延续上届政府开启的积极有为外交。通过"增加投入"以落实"欧洲命运
自主论"，可以说是协议中传递出的主要信息。③

与欧洲其他国家的关系以及跨大西洋关系一直是德国外交的两根支
柱，需要并行不悖地维持和推进。然而，鉴于特朗普治下的美国给跨大西
洋关系带来的隔阂，德国把重心更多地放在欧盟身上。《联合执政协议》
也再次提到了这两个目标，一方面是欧洲必须在国际上更加独立、更有行
动能力，但另一方面德国想巩固与美国的联系。对此更为清晰的表述是
"要更以欧洲为导向，但依然保持跨大西洋导向"，即德国应在增强欧洲导
向的基础上保持跨大西洋伙伴关系。这种"疏美挺欧"的表述也反映在德
国对外关系的第一句话中："德国的外交政策致力于和平，牢固地扎根于
联合国与欧盟。"虽然北约作为防务政策的支柱在后面部分也被提到，但
至少其重要性有些不如从前。

与此相应，《联合执政协议》的第一章就是有关欧洲议题，欧洲议题
在《联合执政协议》中的突出地位是此前从未有过的，这固然是时任党主
席、前欧洲议会议长舒尔茨领导下的社民党的核心要求，但是，默克尔事
实上也有意与法国总统马克龙重振德法轴心。默克尔在其连任后的首份
政府声明中也特别突出欧洲，她要求欧盟各国有"更多的共同外交"，
因为只有共同行动，欧盟才能捍卫其主权、利益、价值和保障富裕。而
对于法国总统马克龙而言，重要的是欧盟的经济政策，尤其是欧元区改
革的相关政策。

对于法国总统马克龙在德国大选结束后两天，即 2017 年 9 月 26 日在巴
黎索邦大学发表的"重启欧洲"演讲中重申的欧元区改革设想——具体包括
设置一个欧元区财政部长新职位，拨出欧元区专属预算，并成立欧元区议会

---

① Regierungserklärung von Bundeskanzlerin Merkel, 21. 03. 2018, https：//www. bundesregierung.
de/Content/DE/Regierungserklaerung/2018/2018-03-22-regierungserklaerung-merkel. html, last ac-
cessed on 05. 05. 2018.

② 对此的探讨与分析可参见 Christian Mölling and Daniel Schwarzer（eds. ），*Außenpolitische Heraus-
forderungen für die nächste Bundesregierung*，DGAPkompat Nr. 6/ Sommer 2017。

③ Andreas Rinke, "Neue deutsche Verantwortlichkeit. Der Koalitionsvertrag zugt von außen-und euro-
papolitischem Aufbruchwillen", *Internationale Politik*, März/April 2018, pp. 78 – 82.

对预算进行监督,① 由于联盟党与社民党的意见不一,《联合执政协议》只表示,愿意拿出额外的预算资金,以便长时期设立一个欧元区的投资性预算,此预算应为欧盟内的经济稳固和社会趋同做贡献。② 《联合执政协议》也表示致力于将欧洲稳定机制(European Stability Mechanism,ESM)转化为欧盟法框架里的"欧洲货币基金组织"。此外,联合政府在协议中主张要在欧盟层面实现对互联网巨头如谷歌、苹果、脸书和亚马逊等更为公正的征税;达成一致的还包括增强欧盟内的雇员权利以及订立一份"欧洲社会公约"。而且,欧洲议会的地位要增强,并使欧盟公民能广泛参与有关欧盟改革的讨论。

不过,相较于欧元区改革,德国在欧洲议题上首要关切的是难民问题,为此,《联合执政协议》提出要在难民政策上"团结地在欧盟内分担责任",而且,欧洲必须加强外部边境的保护,事实上,自 2016 年欧洲外部边境管理署(Frontex)改革为欧洲边境与海岸警卫队以来,情况已有较大改观,如今,根据联盟党与社民党的约定,默克尔要求增强警卫队的人员配置③,还要求引入入境与出境登记册。此外,默克尔希望在 6 月的欧洲理事会会议上能就欧洲共同的避难体系达成一致。最后,默克尔要求加强与非洲国家的合作,以便清除逃难的根源。

与外部边境保护紧密相关的是,德国致力于推进欧洲在共同安全与防务领域的合作。在德法两国的联手推动下,在 2017 年 12 月,25 个成员国通过了"'永久结构性合作'防务合作协议"(Permanent Structured Cooperation,PESCO),未签署协议的国家是一向选择不参与欧洲防务决策的丹麦、马耳他和决定退出欧盟的英国,这是欧盟在安全与防务领域的"多速欧洲"实

① 郑春荣:《欧元区改革方案为何难产》,上观新闻,http://www.jfdaily.com/news/detail? id = 68153,最近访问日期为 2017 年 10 月 18 日。

② 2016 年德国向欧盟预算的净缴费额是近 130 亿欧元,为欧盟内最大净缴费国;其后是法国,它向欧盟预算的净缴费额为 82 亿欧元;英国居第三,它向欧盟预算的净缴费额为 56 亿欧元。需要说明的是,英国 2015 年的净缴费额为 117 亿欧元。欧盟委员会测算英国脱欧后的资金缺口为 100 亿欧元至 130 亿欧元。Hendrik Kafsack, "Deutschland zahlt mehr als doppelt so viel an die EU wie Großbritannien", *faz. net*, 26. 11. 2017, http://www. faz. net/aktuell/wirtschaft/deutschland-bleibt-der-groesste-eu-nettozahler-15311451. html,last accessed on 25. 12. 2017.

③ "Kanzlerin vor dem EU-Gipfel: Merkel: Deutschland geht es nur gut, wenn es Europa gut geht", *faz. net*, 25. 02. 2018, http://www. faz. net/aktuell/politik/inland/angela-merkel-europa-im-zentrum-der-grossen-koalition-15462198/betont-die-bedeutung-europas-15462213. html, last accessed on 05. 05. 2018.

践。在《联合执政协议》中，德国新政府表示要通过推动落实 PESCO 框架里提出的具体项目来赋予欧洲防务联盟以活力，并且还表示要朝着建立"欧洲军"的方向采取进一步的措施。

虽然《联合执政协议》未明确提及，但对于德国的欧洲政策而言，重要的还包括如何处理英国脱欧事宜。在英欧双方就欧盟公民在英国的权利以及英国在退出后的财政义务（"分手费"）等争论点达成一致后，英国脱欧谈判终于在 2017 年 12 月进入第二轮，谈判的内容涉及未来英欧双边关系的框架条件以及英国在 2019 年 3 月脱欧后的过渡期的设立问题。到 2018 年 3 月，欧盟与英国的谈判代表宣布就脱欧协定的大部分内容以及脱欧后过渡期到 2020 年 12 月 31 日结束等达成了一致。欧洲理事会在 3 月 23 日的布鲁塞尔春季峰会上通过了英国脱欧第二阶段谈判纲领，强调欧盟致力于同英国建立"尽可能紧密"的、涵盖经贸合作、安全防务及反恐等领域的伙伴关系，但欧盟也会考虑英国离开欧洲共同市场和欧盟关税同盟等诉求，对未来伙伴关系的深度有所限制。[①]在此前的政府声明中，默克尔也表示欧盟与德国致力于与英国在未来建立一种友好和紧密的关系，虽然英表达了退出内部市场与关税同盟的意愿，但"核心是要根据事情的现状，谈判达成一份非常深入和详细的自由贸易协定"。

考虑到德国未来要承担的日益增加的国际责任，联盟党与社民党还达成一致，为防务与发展援助支出更多资金。这里特别值得关注的是，德国强调外交、安全、防务与发展援助政策手段的综合运用，为此，新政府决定，从 2018 年至 2021 年要利用额外的预算上的余地，1∶1 提高防务与发展援助支出。联盟党曾在竞选中要求把德国的国防支出从占国内生产总值的 1.2%，到 2024 年提高到北约所要求的 2%，但是由于社民党反对，因此《联合执政协议》并未写入 2% 的目标。此外，军备出口应通过制定更为严苛的指令而继续加以限制，为此，协议中规定，应停止向参与也门战争的国家输出武器，但是对于现有订单出于"信任保护"原因进行例外处理。在联邦国防军外派方面，驻阿富汗与马里的联邦国防军部队应增加，而与之相反，军事参与打击恐怖组织"伊斯兰国"的行动要加以限制，这主要是考虑到联邦国防军在伊拉克北部的培训行动已经取得了成效，德国有意将联邦国防军参与打

---

① 《欧盟峰会：致力于同英国建立"尽可能紧密"的伙伴关系》，新华网，2018 年 3 月 24 日，http://www.xinhuanet.com/world/2018-03/24/c_1122585090.htm，最近访问日期为 2018 年 5 月 5 日。

击"伊斯兰国"的作战行动转变为当地的"能力建设"（capacity building）行动，也就是培训伊拉克的安全人员，使他们有能力持久打击伊斯兰恐怖主义。

在对美关系方面，特朗普上台以后的一些政策与举措已经损害了德国的战略利益，例如美国国会通过的对俄罗斯的制裁损害了欧洲的经济利益，美国威胁退出伊朗核协议增加了欧洲周边地区的战争危险，而且，美国承认耶路撒冷为以色列首都也给中东和平进程带来了深远的负面影响。有鉴于此，时任看守政府外交部长加布里尔在科尔伯基金会主办的柏林外交政策论坛上的主旨演讲中指出，鉴于"特朗普治下的美国从打上西方烙印的多边主义可靠保证者的角色中后撤"，德国必须重新调整对美政策。具体而言，必须在美国面前表现出更多独立性与自信；美国虽然仍然是德国最重要的全球伙伴，但是未来德国必须力争实现"战略利益均衡"。在加布里尔看来，"只有当欧盟确定自身的利益并投射其实力，它才能续存"①。对于美国总统威胁并实际采取的对钢铝进口产品征收惩罚性关税，默克尔在政府声明中表示，征收此关税是违反国际法的，强调"封锁最后会伤及所有人"，并威胁要采取反制措施，但是，到最后德国及欧盟满足于获得例外地位（详见第八章）。

在对俄罗斯政策方面，在"冷冻的冲突"（frozen conflicts）之外，德俄关系依然紧张，而英国南部小城索尔兹伯里（Salisbury）的间谍毒杀事件使德俄、欧俄关系进一步疏远，多个欧洲国家，包括德国在内都驱逐了一定数量的俄罗斯外交官，而俄罗斯进行了相应的报复。在这件事上，英国做出的判断是俄罗斯有很大嫌疑，德国相信这一判断并站在了英国一边，瞬时形成了一个西方反俄阵线。② 但事实上，德国并不想让欧洲与俄罗斯的对抗关系升级，而是依然致力于制裁与对话的双轨路径。也正因为如此，对于2018年4月美、英、法三国以叙利亚阿萨德政府有使用化学武器的嫌疑而发动精准空中打击，默克尔总理明确表示不会参与军事行动，但在打击行动发生后，又表示美、英、法的行动是"适当且必要的"。德国"口头支持但并不愿实质

---

① "Warum Europa eine neue Außenpolitik braucht-Rede von Außenminister Gabriel beim Forum Außenpolitik"，05.12.2017，https：//www. auswaertiges-amt. de/de/newsroom/berliner-forum-aussenpolitik/746464，last accessed on 10.03.2018.

② 《"反俄阵线"下的裂痕：欧盟领头羊抗压批准俄资天然气项目》，2018年3月30日，http：//www. thepaper. cn/newsDetail_forward_2051153，澎湃新闻，最近访问日期为2018年4月10日。

参与"的立场固然与其一贯坚持的"克制文化"紧密相关，但是，不想因叙利亚行动而与俄罗斯的对抗进一步升级，应该也是其中的考量因素之一。

四　德国政府外交政策的实践

从 2013 年 9 月"默克尔 3.0"政府启动，尤其是"慕尼黑共识"宣告以来，德国迄今已经在外交与安全政策上呈现出了诸多新的动向。例如，德国增强了其在非洲（如马里和中非共和国）的行动。2014 年 2 月 20 日，德国联邦议院就已经批准了把参加欧盟马里训练行动（EUTM Mali）的德国士兵上限从 180 人提高至 250 人的授权。① 鉴于法国一直积极在非洲开展军事行动，德国增强其在非洲的军事行动，可以看作德国对法国的暗示，这意味着德国有意愿在共同外交与安全政策领域与法国加强合作。在法国巴黎 2015 年 11 月 13 日发生暴恐袭击、欧盟应法国请求首次启动《里斯本条约》的互助条款（第 42 条第 7 款）之后，德国再次增强了其在欧盟马里军事训练行动中的军事存在，其目的也是减轻法国在非洲行动的负担，使法国能有更多力量投入打击"伊斯兰国"的行动中。但是，无论在马里还是中非地区，德国都拒绝参加直接的作战行动。

除了上述惯常的"迂回"参与方式以外，德国也以更为直接的方式投入打击"伊斯兰国"的行动中。早在 2014 年 9 月 1 日，德国就决定向伊拉克北部的库尔德民兵提供武器。对于向伊拉克的库尔德人提供武装，默克尔总理给出了两方面的原因：一方面是基于难民问题，这是指，"伊斯兰国"极端主义分子的推进造成很多人被驱逐；另一方面是考虑到"伊斯兰国"对整个近东和中东地区带来不稳定性，从而威胁德国和欧洲的安全，为此提供武器以抵御"伊斯兰国"是不可避免的。② 必须看到，这次武器出口可以看作德国外交与安全政策上的一次调整，因为这是德国多年来首次出口武器到军事冲突地区。在以往的实践中，原则上德国不向冲突地区出口武器，其原因是担心武器出口会加剧冲突。但是，相关的出口"禁令"仅存在于联邦政府

---

① "Bundestag stimmt erweitertem Mandat für EU-Trainingsmission in Mali zu", 20. 02. 2014, http://www. bmvg. de/, last accessed on 10. 03. 2014.

② Florian Gathmann and Annett Meiritz, "Irak-Debatte im Bundestag. Gute Waffen, böse Waffen", *Spiegel Online*, 01. 09. 2014, http://www. spiegel. de/politik/deutschland/kampf-gegen-is-bundestag-debattiert-ueber-waffenlieferungen-a-989279. html, last accessed on 25. 12. 2016.

有关军备出口的指令中，并不具有法律效力。这意味着，联邦政府可以就特例做出决议，向伊拉克的库尔德民兵输出武器就是这样一个特例。① 2015年1月底，德国又做出决定，派兵到伊拉克承担伊拉克民兵的培训任务，这也是德国士兵首次在没有北约、欧盟或联合国授权的情况下被派往海外行动。在巴黎暴恐袭击发生之后，德国更是迅速行动，在取得联邦议院授权后，派出侦察机、一艘护卫舰和1200名官兵参与对叙利亚"伊斯兰国"的空袭行动，为法国军事打击"伊斯兰国"提供后勤、情报和护航等支持。②

鉴于德国联邦国防军参与的海外行动日益增加，2016年5月德国联邦国防部提出了扩军计划，这是德国1990年以来的首次扩军计划。到2023年，联邦国防军最多要增加14300个军人员额，还将雇用最多4400名民事工作人员，这几乎意味着扩军8%，并且取消了18.5万名士兵和5600名民事工作人员的固定员额上限。此外，联邦国防部长冯德莱恩表示，人员需求应每年灵活测定。而且，德国联邦国防军的军费也大幅增加，2000年还为231亿欧元，2015年已达到近330亿欧元（与2000年相比增加约42%以上），2020年进一步提高到392亿欧元。德国的国防支出将从目前的占国内生产总值1.2%，达到2024年的1.5%。联邦国防部长冯德莱恩在2016年1月还宣布，到2030年，投入1300亿欧元用于购置新的作战装备，这是原先计划的两倍。③ 联邦国防部还致力于提高联邦国防军的能力，尤其增强联邦国防军在网络空间实施进攻和进行防御的能力，在《2016白皮书》提出前数周，联邦国防部已经决定建立一个独立的组织领域"网络与信息空间"，事实上就是建立一个专门从事网络战争与防御的军种。

德国谋求在国际范围承担更多责任，也体现在"争常"尚无法实现的背景下，④ 德国总是谋求每隔8年，作为非常任理事国，在国际政治中承担更大的责任。2019~2020年，德国再次担任联合国安理会非常任理事国，此前

---

① "Rüstungsexporte：Waffen aus Deutschland für die Welt", *Zeit Online*, 1. 12. 2014, http：//www. zeit. de/wirtschaft/2014－09/infografik-waffenexporte, last accessed on 25. 12. 2016. 也请参见郑春荣《德国重新测量世界的三重挑战》，载郑春荣、伍慧萍主编《德国发展报告（2015）》，社会科学文献出版社，2015，第1~10页。

② 对德国参与打击"伊斯兰国"行动的详细分析，参见 Rayk Hähnlein, "Die deutsche Militärbeteiligung am Kampf gegen den »Islamischen Staat«（IS）", *SWP-Aktuell* 72, November 2016。

③ Daniel Keohane, "Constrained Leadership：Germany's New Defence Policy", *CSS Analyses in Security Policy*, No. 201, December 2016, pp. 1－4.

④ 郑春荣：《德国联合国"争常"与欧洲一体化》，《国际论坛》2012年第6期，第1~6页。

（联邦）德国分别在 1977 ~ 1978 年、1987 ~ 1988 年、1995 ~ 1996 年、2003 ~ 2004 年和 2011 ~ 2012 年五次担任联合国安理会非常任理事国。

德国外交与安全政策的新动向更显著地体现在德国应对欧盟内外的诸多危机和挑战中。在欧盟内，欧债危机是默克尔政府遭遇的欧盟系列危机中的第一场，这不仅涉及对南欧债务国家的救助以及欧盟内持久的救助机制的建立，还涉及财政纪律的整固，以避免债务危机的复燃；在默克尔推行"门户开放"政策后，2015 年 9 月起爆发了欧洲难民危机，如何抑制难民潮以及在欧盟各国间实现难民负担的合理分摊，是摆在默克尔政府面前的严峻挑战。2016 年英国公投脱欧不仅涉及英国如何实现有序脱欧以及在英国脱欧后英欧之间依然保持紧密关系，还涉及欧盟 27 国如何继续推进欧盟改革，已作为对英国脱欧所反映出的民众对欧洲一体化缺乏信心的反应。在国际层面，德国首先面对的是特朗普领导下的美国所推行的孤立主义和保护主义政策，它使德美、欧美关系日渐疏离。此外，乌克兰危机对欧洲的安全秩序带来严重威胁，而乌克兰危机的应对还涉及如何处理与俄罗斯的关系。这些危机和挑战是德国默克尔政府实现外交转型、推行积极有为外交的试金石，有鉴于此，本书以下章节分别以这些危机与挑战为实例，具体分析德国的表现、背后的动因、产生的影响以及由此反映出的德国外交的特点与趋势。

第三章

欧债危机

英国历史学家蒂莫西·加顿·阿什（Timothy Garton Ash）认为，欧债危机把德国推上了欧盟领导者的位置，这是"始料不及后果定律"（law of unintended consequences）使然，[1] 即正是欧盟经济一体化对德国而言取得了成功，才造就了德国的领导地位。但是，德国默克尔政府对欧债危机的应对引发了人们的困惑。在 2009 年末希腊主权债务危机刚爆发的时候，德国表现出更多的是沉默和犹豫，不愿出手施救。在欧债危机恶化、德国最终不得不于 2010 年 5 月开始纾困后，它又以整肃财政纪律为先决条件，按照德国模式寻求解决危机的路径，这招致了债务国家的嫉恨。乌尔丽克·古尔洛特（Ulrike Guérot）等学者为此称"新德国问题"在欧洲冒头，[2] 而威廉·E. 帕特森（William E. Paterson）却宣称德国只是拥有"不情愿的霸权"[3]。这一两重性也体现在欧元国家和欧盟国家身上：一方面它们怀恨地说要警惕德国的主导乃至霸权；但另一方面又在呼唤德国的领导。波兰外交部长拉多斯瓦夫·西科尔斯基（Radoslaw Sikorski）在 2011 年末甚至直言不讳地表示："与其说我担心德国的强权，不如说我开始担心德国的不作为。"[4]

---

[1] Timothy Garton Ash, "Germany, the Eurozone's Reluctant Driver", *Los Angeles Times*, 09. 02. 2012, http://articles. latimes. com/2012/feb/09/opinion/la-oe-gartonash-germany-20120209, last accessed on 02. 08. 2012.

[2] Ulrike Guérot and Mark Leonard, "The New German Question: How Europe can Get the Germany it Needs", *ECFR Policy Brief*, No. 30, European Council on Foreign Relations, April 2011.

[3] William E. Paterson, "The Reluctant Hegemon? Germany Moves Centre Stage in the European Union", *Journal of Common Market Studies* (*JCMS*), 2011 Volume 49 Annual Review, pp. 57–75.

[4] "Rede von Polens Außenminister: Deutschland soll Euro-Zone retten", http://www. spiegel. de/politik/ausland/0, 1518, 800486, 00. html, last accessed on 05. 02. 2012.

此外，对于德国在欧债危机应对中的行为动因，有学者认为这是德国日益像"正常国家"那样在追逐本国利益，而其"欧洲使命"已经随之衰减；① 与此同时，也有学者认为德国的行为是完全可以理解的，因为这符合德国历史积淀形成的价值观念，即德国行为背后有着秩序自由主义经济治理理念和反通胀文化的影响。②

总体上，德国在应对欧债危机中的表现折射出德国的欧洲政策出现了某些新变化，这些变化事实上从两德统一以来就已经开始显现，只是在欧债危机中表现得尤为明显。

虽然欧债危机肇始于 2009 年的希腊主权债务危机，早于本书考察的 2013 年以来的时间段，但是，鉴于欧债危机对于德国在欧盟内的角色以及德国在后续外交政策，尤其是欧洲政策上的作为有着深远影响，本书以下内容从欧债危机的源头开始解析。

一　德国在欧债危机应对中的表现③

欧债危机从 2009 年末发酵至 2018 年 6 月 22 日理论上的结束，按照危机的严重程度以及德国的应对立场和行动，可以将整个欧债危机发展过程划分为四个阶段：第一阶段从 2009 年底至 2010 年 5 月，是欧债危机初期，德国表现出的态度是犹豫，直到被迫提供救助；第二阶段从 2010 年 6 月至 2012 年 9 月，是欧债危机恶化期，德国在不断提供救助的同时，毫不妥协地坚持紧缩政策；第三阶段从 2012 年 10 月至 2014 年底，是欧债危机缓和期，德国在紧缩立场上有所让步；第四阶段从 2015 年 1 月至危机结束，是欧债危机的复燃与消退期，其间德国再次表现出不妥协的强硬立场。需要说明的是，这些阶段的划分主要出于分析的需要，各个阶段之间事实上存在时间交叉。

---

① William E. Paterson, "The Reluctant Hegemon? Germany Moves Centre Stage in the European Union", *Journal of Common Market Studies* (*JCMS*), 2011 Volume 49 Annual Review, pp. 57 – 75; William E. Paterson, "Does Germany Still have a European Vocation?", *German Politics*, 19: 1, 2010, pp. 41 – 52.

② Sebastian Dullien and Ulrike Guérot, "The Long Shadow of Ordoliberalism: Germany's Approach to The Euro Crisis", *ECFR Policy Brief*, No. 49, European Council on Foreign Relations, February 2012.

③ 关于欧债危机演进大事记，参见 Anne-Sophie Lang and Moritz Kohl, "Zeitleiste. Eine Chronik der Euro-Krise", *Zeit Online*, 11. 06. 2012, http://www. zeit. de/wirtschaft/2011-09/chronologie-eurokrise, last accessed on 31. 07. 2012。

（一）欧债危机初期

2009 年底，希腊主权债务危机爆发。刚开始时，德国政府并未把危机视作欧盟成员国共同的问题，而是依据"罪与罚"逻辑，认为这是希腊人自己的问题，因此，应该由希腊人自行解决。即使在 2010 年 2 月 11 日欧盟非正式峰会通过决议，承诺帮助因债务问题陷入危机的成员国后，德国总理默克尔仍然公开表示，"对希腊，我们不会给一分钱"。但随着来自希腊债务危机对整个欧元区的压力不断增大，德国政府拒绝施救的立场开始有所松动。即使如此，默克尔仍坚持认为，必须向希腊政府施压，迫使其实行财政节约，"没有改革，就别谈救助"。直到 2010 年 3 月 25 日的欧盟峰会，在法德建议的基础上，欧元国就希腊救助紧急计划达成一致，该计划规定，欧元国和国际货币基金组织可自愿提供救助。需要指出的是，国际货币基金组织的参与是德国的要求，而且，同样在德国的倡议下，给予希腊的救助贷款只能是作为最后手段且必须按照市场条件发放，另外，其他成员国必须为财政不守纪接受更为严厉的处罚。但是，总体上德国在 2010 年春并未做出令人信服的、救助希腊的承诺。

（二）欧债危机恶化期

这一阶段的显著特点是，信用评级机构陆续下调其他欧元区成员国的信用评级，危机由点及面，从希腊开始向西班牙、爱尔兰、意大利和葡萄牙等南欧其他国家蔓延，并开始波及法国，总体而言，欧债危机开始呈现全面恶化的趋势。与此同时，多国政府迫于危机的压力出现政权更迭，欧元区成员国之间就危机应对措施的博弈更加激烈、复杂。

在这一阶段中，德国表现出强硬地主张财政紧缩的立场：随着希腊债务危机日益严重，国际货币基金组织、欧洲中央银行与欧盟委员会在 2010 年 5 月初与希腊政府就为期三年的紧急贷款达成一致，在 1100 亿欧元的总额中，欧元区国家承担 800 亿欧元，德国承担其中的 28%（224 亿欧元）。与此相对应，希腊承诺进行改革，削减赤字。紧接着，欧元国财政部长和国际货币基金组织先是在 2010 年 5 月 10 日决定设立临时的欧元救护伞，也就是欧洲金融稳定机制（European Financial Stabilisation Mechanism，EFSF）。它到 2013 年 6 月底总计可发放 7500 亿欧元贷款；后又在 11 月 28 日决定设立永久性的欧洲稳定机制（European Stability Mechanism，ESM），计划中的规模达到 7000 亿欧元，它应在 2013 年取代届时到期的欧洲金融稳定机制（欧洲稳定机制后来提前到 2012 年 7 月 1 日生效）。这期间，爱尔兰、葡萄牙和西班牙先后利用欧元救护伞，德国也不得不一次次接受救助基金的扩容，包括给予希腊的第二份救助计划和为希腊债务减记。

但德国在欧债危机的应对上明显采取的是一种双轨战略，在如上所述展示与重债国家团结的同时，要求所有成员国实施负责任的财政政策①，甚至提议欧盟设专门委员监管希腊。② 为了整肃财政，默克尔希望修改欧盟条约，但是这将在多个成员国触发全民公决程序，因而遭到了其他成员国的反对。最终在 2012 年 3 月 2 日的欧洲理事会会议上，25 个国家和政府首脑签署了《经济和货币联盟稳定、协调与治理条约》③，即《财政契约》④。由于英国和捷克选择不参与，因此这只是一份政府间条约。条约草案是由德国和法国在 2011 年 12 月 8 日和 9 日的欧洲理事会会议上提出的，主要内容是各成员国仿效德国在宪法或等值的法律中引入"债务刹车"，若未符合此规定，可起诉至欧洲法院；另外，倘若某个成员国未来违反结构性赤字不超过国内生产总值 0.5% 的上限，就会启动一个"半自动"的惩罚程序，该程序只有在各成员国特定多数表决同意情况下才能终止。《财政契约》应于 2013 年 1 月 1 日起生效。在德国的要求下，从 2013 年 3 月 1 日起，只有那些批准了《财政契约》并相应实施了"债务刹车"的国家，才有权从未来的欧洲稳定机制中获得财政援助。这个要求此前在欧盟各成员国招致相当大的争议。

需要指出，虽然迄今的危机管理都是基于德法的共同推动，德国总理默克尔和法国总统尼古拉·萨科齐（Nicolas Sarkozy）甚至因为在欧债危机应对中的紧密沟通，获得了"默科齐"（Merkozy）的称号。但是，德法在经济、货币和财政政策方面经常有着不同乃至截然相反的思想。鉴于德国的经济强势、法国的衰弱，德法力量对比朝着有利于德国的方向转移，因此，法

① Guido Westerwelle, Speech of "The Euro and the Future of Europe", Brookings Institution in Washington D. C. , 20. 01. 2012.

② George Friedmann, "Germany's Role in Europe and the European Debt Crisis", *Stratfor Geopolitical Weekly*, January 31 , 2012.

③ "Treaty on Stability, Coordination and Governance in the Economic and Monetary Union", 31. 01. 2012, http://www. european-council. europa. eu/media/579087/treaty. pdf, last accessed on 05. 07. 2012.

④ 有关《财政契约》和欧洲稳定机制内容的详细分析，参见 Anna-Lena Kirch and Daniela Schwarzer, "Die Ratifizierung des Fiskalpakts und des ESM in den Ländern der Eurozone-rechtliche und politische Rahmenbedingungen", *Arbeitspapier der FG* 1, SWP Berlin, 2012/Nr. 02, pp. 3 – 9.

国不得不做出更大的让步。当然德国也有让步，例如放松其在欧洲中央银行大幅购买国债上的立场，以及放弃此前实施过但市场反应消极的、把私人债权人纳入债务规定的要求①；又例如，针对《财政契约》，默克尔总理原本希望引入完全自动的惩罚机制，出于对法国总统萨科齐的妥协——他不想把最终决定权交给欧盟委员会，而是要把决定权保留在成员国手中，默克尔接受了这一在她看来次优却明显优于现有规则的"半自动惩罚机制"。

德国以整肃财政纪律为先的危机应对战略日益遭到了受债务冲击的南欧国家的批评。② 它们认为，一味地紧缩将把欧元区、欧盟和世界经济带入衰退，导致债务问题加剧。它们对德国政府施加了日益增大的压力。在法国新总统、社会党人弗朗索瓦·奥朗德（François Hollande）上台后，虽然默克尔成功坚持了《财政契约》不容重新谈判的立场，但是也不得不接受包含1300亿欧元投资的《增长与就业公约》③，虽然其政治象征意义远大于其对经济的推动作用。而且，在意大利和西班牙的施压下，默克尔最终在2012年6月29日的欧盟峰会上同意欧洲稳定机制可直接救助陷入危机的银行，对此默克尔此前曾坚决反对。④ 最后，对欧洲中央银行于二级市场无限制购买重债国国债的做法，德国却没能成功阻止，虽然德国总理默克尔和财政部长沃尔夫冈·朔伊布勒（Wolfgang Schäuble）都表示强烈反对，认为此举将使重债国怠于贯彻执行财政紧缩和改革政策。

（三）欧债危机缓和期

2012年10月以来，欧债危机进入了缓和期，重债国如希腊、爱尔兰和西班牙等都较为理想地执行了财政紧缩政策，投资者重拾对欧元的信心。在危机暂缓的表象下，仍然潜伏着诸多不确定因素，它们随时可能带来进一步的冲击。这期间，德国开始在取得紧缩成效的时限上做出妥协，这主要体现

---

① Gisela Müller-Brandeck-Bocquet, "Deutschland-Europas einzige Führungsmacht?", *Aus Politik und Zeitgeschichte* 10/2012, pp. 16 – 33, here p. 21.
② 有关欧盟成员国在危机成因、危机应对以及经济治理方案等方面的分歧，参见金玲《债务危机重塑欧盟内部力量关系》，《国际问题研究》2012年第2期，第110~121页。
③ Carten Volkery, "EU-Wachstumsrhetorik. Der Mogelpakt", *Spiegel Online*, 27. 06. 2012, http://www. spiegel. de/wirtschaft/soziales/eu-wachstumspakt-von-merkel-und-hollande-ist-eine-mogelpackung-a-841040. htm, last accessed on 12. 08. 2012.
④ "Euro-Gipfel: Banken dürfen sich beim Rettungsfonds bedienen", *Handelsblatt*, 29. 06. 2012, http://www. handelsblatt. com/politik/international/euro-gipfel-banken-duerfen-sich-beim-rettungs-fonds-bedienen/6813286. html, last accessed on 12. 08. 2012.

在对希腊新一轮危机和塞浦路斯危机的应对中。

2012年10月起，希腊再次面临新一轮债务违约风险。此时，摆在德国面前的选择只有三种：一是为希腊债务减记；二是为希腊提供新一轮救助贷款；三是延长希腊推行改革和紧缩政策的时间。默克尔领导的德国政府再一次陷入犹豫当中，既想避免希腊破产和希腊被迫退出欧元区的风险，又不想为此再支付更多的钱。经过艰难地谈判，德国最终还是同意宽限两年时间以使希腊达到改革和紧缩政策的目标，而且德国并不排除向希腊提供第三轮救助贷款的可能性。

随后，塞浦路斯因为银行问题陷入破产危机。面对塞浦路斯的救助申请，德国坚持要求塞浦路斯全体银行的股东、债权人和储户参与救助方案之中，而塞浦路斯则不愿意其银行客户因危机而蒙受损失。此外，自2012年起，欧盟条约规定，欧洲稳定机制只能救助关乎欧元体系存亡的危机国家。按照此标准，德国认为仅占欧元区经济总量0.2%的塞浦路斯不达标。在与塞浦路斯的谈判过程中，虽然塞浦路斯一度以退出欧元区相要挟，但德国始终认为这是一个原则性问题。尽管对塞浦路斯的救助，欧盟成员国和国际货币基金组织一共只需承担100亿欧元，与向希腊提供的救助相比，数额并不算大，但德国认为，这将对南欧其他危机国家产生示范效应，因此让塞浦路斯更加恪守紧缩原则和进行改革。经过长时间艰难的谈判之后，德国做出让步，通过了塞浦路斯救助方案，只要求最大的两家银行（塞浦路斯银行和大众银行）的债权人和储户参与救助，而且塞浦路斯必须执行严格的财政紧缩政策，并逐步缩小金融业规模。

总体上，在对希腊新一轮危机和塞浦路斯破产危机的应对中，德国政府都表现得犹豫不决。不到最后关头绝不出手援助的态度实质上是因为德国政府始终在寻找最优的方案，以规避本身要承担的利益风险。德国想方设法使国际货币基金组织留在救助阵营之中，以确保这股外部力量能更好地保障其在危机中的利益。在处理希腊和塞浦路斯的危机时，国际货币基金组织都曾表示，若两国不能达到要求的债务水平，将退出救助。德国政府最后做出妥协，有部分原因也是源于此。在应对希腊债务危机时，德国政府坚决反对再次债务减记。因为施行债务减记将不同于以往的以保证金形式的出资，德国将因而第一次——上一次希腊债务减记仅限于私人部门，而这一次扩大到公共部门，会对德国利益造成冲击——在真正意义上蒙受经济损失，这是德国政府无法接受的。而德国政府强烈要求塞浦路斯银行储户参与危机救助，其原因也是德国不愿意用本国纳税人的钱替洗黑钱成风的塞国银行埋单。

（四） 欧债危机的重燃与消退期

正当 2015 年初，人们以为欧债危机已经过去并开始谈论"后危机时期"的时候，希腊由于未能就总统人选达成一致，希腊议会提前进行选举。这次选举之所以引起众人瞩目，是因为这次选举被渲染为关系这个重债国是否继续留在欧元区的方向性选择：时任总理、新民主党领导人安东尼斯·萨马拉斯（Antonis Samaras）坚持延续现有的紧缩路线，而左翼激进联盟候选人阿莱克斯·齐普拉斯（Alexis Tsipras）则坚决反对。

就在希腊议会选举前，德国在"希腊退出"（Grexit）的问题上隐约出现了某种新的论调，《明镜》周刊报道，德国政府圈内人士警告希腊不要脱离紧缩政策，因为和 2012 年的情况不同，2015 年欧元区承受得住希腊退出的后果。[①] 然而，德国明里暗里的施压并未能像 2011 年阻止希腊就紧缩举行全民公投那样，扭转希腊选举的形势。

在 2015 年 1 月 25 日的希腊大选中，和此前民调预测的一样，左翼激进联盟如愿赢得了大选。虽然未能获得单独执政所需的席位（缺 2 席），但是，它在选后以闪电般的速度与同样对欧洲持批评态度的独立党组成了联合政府。

左翼激进联盟领导人齐普拉斯的大优势胜选是因为他迎合了希腊选民对紧缩政策的不满情绪，他们对另一种政策选项抱有幻想。事实上，此前执政的新民主党通过紧缩政策，在维持经济稳定上还是取得了一些成效，例如，希腊的经济增长率在 2011 年为 -8.9%，到 2014 年则已实现 6 年来的首次正增长，达到 0.6%，当时据预测，接下来两年的经济增长率分别为 2.9% 和 3.7%。但是，希腊的债务情况并无改善，2014 年，希腊国家负债占国内生产总值的比例仍然高达 175.5%，而且，年平均失业率也仍然处在 26.8% 的高位。因此，希腊前政府的紧缩政策未能及时显现成效，是受到患有紧缩疲劳症的希腊民众惩罚的原因。

希腊新政府由于受到国内民意的约束，与前两轮救助协议不同，在第三

---

① Nikolaus Blome et al., "Grexit Grumblings. Germany Open to Possible Greek Euro Zone Exit", *Spiegel Online*, 05. 01. 2015, http://www.spiegel.de/international/europe/merkel-and-germany-open-to-possible-greek-euro-zone-exit-a-1011277.html, last accessed on 10. 12. 2015.

轮救助方案上采取了特别对抗的谈判策略，使欧债危机在政治上变得尖锐化。[1] 希腊新政府执政伊始，就宣布不再与"三驾马车"（欧盟委员会、欧洲中央银行和国际货币基金组织）进行合作，并要求就债务进行重新谈判。但是，"三驾马车"在希腊必须履行救助协议义务上未有任何松动。尤其是德国的立场相当强硬，例如联邦财政部长朔伊布勒反复强调必须遵守既有协议义务，不得重新谈判。显然，德国不希望看到，因为希腊"破坏规矩"，德国迄今所坚持的以紧缩为导向的欧债救助路线功败垂成；德国担心，一旦希腊脱离紧缩路线，那么就会产生多米诺骨牌效应，助长西班牙、意大利和法国等国反紧缩的力量。

为了给德国施加压力，希腊方面甚至提出要德国就纳粹罪行进行赔款，并威胁没收德国在希腊的财产，但是德国政府不为所动，严正拒绝了希腊方面的要求。希腊国防部长更是放出狠话，扬言如果德国不提供救助，就给恐怖分子发签证进欧盟。在德国人看来，希腊方面是在想尽一切办法挑衅出资者，尤其把矛头对准了德国。

尽管如此，2015年2月20日，欧元集团还是与希腊达成将救助计划延长4个月的妥协方案，希腊政府承诺履行节约和改革义务，并保证继续与欧盟、欧洲中央银行以及国际货币基金组织进行合作。为此，希腊还必须提交一份具体的改革计划。2月24日，在希腊政府最终提交了改革项目表后，欧元区各国财政部长给救助计划的延长开启绿灯。德国联邦议院也在2月27日以绝对多数票通过了延长计划。必须注意到，欧元集团同意延期4个月，相比希腊先前提出的延期六个月的要求有所缩水，而且在这四个月后，希腊依然面临债务违约风险，因此希腊依然必须寻找出路。其实希腊面前只有两条路可选：一是在基本维持原政府与"三驾马车"达成的改革义务基础上达成新的救助协议；二是退出欧元区，但后一选项无论对希腊还是对包括德国在内的欧元区和欧盟而言，都是更次的选择。

虽然左翼激进联盟领导人齐普拉斯在大选中不惧以退出欧元区相威胁，但这只是赢取选民支持的竞选策略，也是为了让他在选举获胜后拥有更多与国际债权人进行讨价还价的余地。但他实际上并非真正想让希腊退出欧元区，齐普拉斯曾表示，左翼激进联盟领导下的政府会尊重希腊作为欧元区成

---

① Nikolaos Zahariadis, "Bargaining Power and Negotiation Strategy: Examining the Greek Bailouts, 2010 – 2015", *Journal of European Public Policy* 24：2017，pp. 675 – 694.

员的义务，保持均衡的预算。而且，民调也显示，3/4 的希腊民众不想退出欧元区。另外，退出欧元区对希腊来说一点好处都没有。希腊一旦重新启用自己的货币，经济根本就没法复苏，因为市场不会接受这种没有信用的货币，这对希腊老百姓来说就是场灾难。

欧盟国家，尤其是德国，也并不愿意看到希腊退出欧元区。这一方面是因为希腊退出欧元区会带来急剧的市场动荡和无法预计的连锁反应；另一方面，债权人也将遭受巨额损失，据测算，德国因提供贷款和担保产生的损失最高可达 720 亿欧元至 730 亿欧元。

在欧洲经历了巴黎恐怖袭击、欧洲各国反伊斯兰化运动高涨以及乌克兰危机延续的背景下，欧盟不愿意看到希腊的退出给欧盟内部造成又一波冲击。欧债危机以来，欧洲各国的疑欧和反欧势力有所抬头，这也导致在 2014 年 5 月的欧洲议会选举中，极右翼政党赢得的议席数较上届突涨 3 倍，占欧洲议会议席数的 1/5；在德国方面，德国另类选择党也获得了 7% 的选票，首次进入欧洲议会。疑欧和反欧势力往往与反移民、反伊斯兰的势力交织在一起，这也体现在德国另类选择党身上，希腊若退出欧元区，无疑将进一步加剧欧盟的离心力。与此同时，乌克兰危机的持续需要欧盟内部更大的团结，而希腊若退出欧元区乃至欧盟，将会加强希腊与俄罗斯之间的合作。此前，俄罗斯方面已经表示，在希腊退出欧盟的情况下，俄罗斯将终止对希腊在食品禁运方面的制裁，拉拢希腊的意图非常明显。事实上，希腊已经以反对欧盟对俄罗斯的进一步制裁为要挟，从就紧缩政策和债务问题的谈判中捞取好处，例如希腊就曾与欧盟在 2015 年 1 月底做出的威胁俄罗斯将展开新的制裁的声明保持距离。希腊债务危机的延续，无疑会有损德国领导下的欧盟应对乌克兰危机的战略。

正是基于以上原因，希腊最后向国际债权人的要求妥协。2015 年 7 月，希腊与国际债权人签署第三轮救助协议，国际债权人同意在希腊履行一系列改革承诺的基础上向其提供 860 亿欧元救助资金。2018 年 6 月 22 日，欧元区 19 个成员国财政部长就希腊债务危机救助计划最后阶段实施方案达成一致协议，该协议签署时刻被誉为一个"历史性时刻"。欧盟和希腊的与会代表认同希腊主权债务危机至此结束。8 月 21 日，最后一轮希腊救助计划到期，在历时八年，经历了三次紧急救助后，希腊的主权债务危机终于象征性地画下句号。

二 经济治理理念与内政因素的影响

德国在欧债危机应对中的犹豫表现和选择以财政紧缩为中心的路径，主要有两方面的原因：它既受到了德国经济治理理念的影响，也是德国政府的行动能力在国内受到各种制约因素限制的表现。

（一） 反通胀与秩序自由主义经济治理理念的影响

在危机应对的全过程中，德国都受到了其秩序自由主义经济治理理念和稳定文化的影响。梳理整个欧债危机发展过程，可以很清晰地看出"紧缩和改革"是德国自始至终坚持的立场。从希腊救助，到爱尔兰、西班牙和葡萄牙先后进入欧元救护伞，再到后来的塞浦路斯危机应对，都伴随着严格的改革和财政紧缩方案，而且方案的执行程度直接与救助贷款的发放相挂钩。对德国而言，可以谈判的是救助金额的多少，不容谈判的是改革和紧缩的立场。事实证明，德国最后总体上成功地坚持了它的原则。

具体而言，德国认为，解决债务危机的唯一方案只能是德国式的，即财政紧缩高于一切，所有接受救助的重债国都被要求执行严格的财政紧缩政策。《财政契约》也深深打上了德国的烙印。早在欧债危机爆发前，德国就在2009年初的联邦制改革中，把"债务刹车"写入了《基本法》第143d条第（I）款中，目的在于限制德国的国家负债，以及对联邦和各州预算赤字的降低做出强制规定（2009年8月1日起生效）。此外，德国政府拒绝欧元债券，拒绝把欧洲中央银行变成最后借款人。虽然在这些议题上默克尔受到了欧盟机构、欧元集团主席和其他成员国的巨大压力，甚至在部分重债国引发了仇视德国的情绪，但默克尔依然不为所动。即使如上所述，迫于意大利和西班牙的压力，默克尔在银行救助问题上有所松动，允许欧洲稳定机制未来直接向银行提供资金，也不能说默克尔完全偏离了原有立场：仔细研读峰会公报，可以发现，救助的前提条件是，必须在欧洲中央银行的领导下，建立起统一的银行监管机制。先建立监管机制，再引入银行共同担责，这依然符合德国立场的基本原则。而且，默克尔在欧元债券问题上丝毫没有退让的意思。[1]

---

[1] Philip Faigle, "EU-Gipfelbeschlüsse. Madame Non bleibt bei ihren Prinzipien", *Zeit Online*, 29.06.2012, http://www.zeit.de/wirtschaft/2012-06/bruessel-merkel-analyse, last accessed on 02.08.2012.

在 2012 年 6 月 29 日峰会召开前，默克尔断然拒绝了欧盟有关把债务共同体化的建议，因为欧元债券的发行很可能导致之前所做的有关财政紧缩的努力付之东流，欧元区体制上的缺陷在债务共同体化的诱惑下也将引发重债国新一轮的道德风险，这无助于欧盟和欧元区的稳定，同时还可能引发较大的通货膨胀。为此，她明白无误地表示："只要我活着，就不会有欧元债券。"①

默克尔政府这一几乎不容谈判的立场不能仅仅理解为德国追逐本国利益的需要，而是与德国的经济治理理念有着相当大的关系。首先，魏玛共和国时期以及二战后初期的恶性通货膨胀的梦魇依然存在德国人苦涩的集体记忆中，这形成了德国人的稳定文化，或者说反通胀文化；其次，作为德国社会市场经济基础的秩序自由主义理念，拒绝在经济衰退过程中使用扩张型财政与货币政策来应对危机，相反，它认为财政紧缩才是建立可持续经济增长的基础，而且德国战后以来所取得的经济成就更增强了德国人的这一信念②。默克尔的一番话也说明了这一点："我们拥护一种特别的稳定与经济增长文化，但是我们是在欧洲的精神里这样做。"③ 有学者甚至认为，在欧债危机应对中，存在法国强调增长的凯恩斯主义和德国强调价格稳定和财政纪律的秩序自由主义之间的张力，之所以最后德国的观点占据主导地位，是德国经济思想的说服力使然，而不是德国为了本国利益而滥用其强大经济地位的结果。④

在德国，鉴于反通胀和秩序自由主义思想是民众广泛持有的信念，虽然社民党在 2013 年以前曾对引入欧元债券表示赞同⑤，但这种赞同也是有限定

① "EU-Vorschläge. Merkel gegen Eurobonds-'solange ich lebe'", *Welt Online*, 26. 06. 2012, http://www. welt. de/politik/deutschland/article107275831/Merkel-gegen-Euro-Bonds-solange-ich-lebe. html, last accessed on 02. 08. 2012.

② Sebastian Dullien and Ulrike Guérot, "The Long Shadow of Oordoliberalism: Germany's Approach to the Euro Crisis", *ECFR Policy Brief*, No. 49, European Council on Foreign Relations, February 2012.

③ Gisela Müller-Brandeck-Bocquet, "Deutschland-Europas einzige Führungsmacht? ", *Aus Politik und Zeitgeschichte* 10/2012, pp. 16 – 33, here pp. 17 – 19.

④ Matthias M. Matthijs, *Germany's Role in Crafting a Solution to the 2010 EMU Sovereign Debt Crisis: Persuading with Power or the Power of Persuasion*, Paper to be presented at the Twelfth Biennial International Conference of the European Union Studies Association (EUSA), Boston, Massachusetts, 4 March 2011, p. 23.

⑤ 在社民党看来，引入欧元债券是彻底解决欧债危机的唯一途径。作为反对党，它也不用担心因为自己赞成欧元债券的主张而受到选民在民调中的惩罚。更何况它指出，是否最终引入欧元债券，要通过全民公决决定。See Frank-Walter Steinmeier and Peer Steinbrück, "Germany Must Lead Fight Back", *Financial Times*, 14 December, 2010, http://www. ft. com/intl/cms/s/0/effa001c-07ba-11e0-a568-00144feabdc0. html#axzz24l7cNhnb, last accessed on 20. 08. 2012.

范围和先决条件的，它要求欧盟或欧元区联邦化，包括强化议会监督。[①] 而事实上，在社民党 2013 年参与执政后，它也并未要求彻底更改德国的危机应对政策。

总之，德国默克尔政府之所以不愿意过快、过于宽松地救助重债国家，是为了促使欧元区国家建立起一种严厉的稳定文化。默克尔的固执不只是谈判手段，而且默克尔深信德国解决方案的有效性。[②] 换言之，德国认为欧洲只能通过变得更加"德国化"，才能从危机中走出来。这种信念在德国不仅有着广泛的支持，而且也有着深厚的思想基础。

（二）内政因素的影响

德国政治体制中的各个否决玩家（veto player）[③] 明显制约了德国政府的行动余地，这一点在两德统一以来尤为明显。同样，根据西蒙·布尔默（Simon Bulmer）和威廉·E. 帕特森（William E. Paterson）的观察，德国 20 世纪 90 年代以来欧洲政策的一个关键变化就是出现了影响德国政府决策的"强制性要求"（compelling demands）[④]，这些要求具体包括反转的公众舆论、联邦宪法法院的裁决等，它们使德国政府甚至可以向其欧盟伙伴提出不容谈判的要求。

首先，默克尔政府的欧债危机应对措施明显受到了德国国内民意的影响，这突出表现在欧债危机初期德国对希腊主权债务危机的犹豫反应上。当时绝大多数德国人反对救助希腊。德国《图片报》主导的充满敌意的媒体报道，把希腊人描绘成懒惰、腐败和不负责任的典型，这进一步刺激了德国民众的感受，他们不愿用自己在经历了痛苦的"2010 议程"框架里的改革的成果，来为大肆挥霍的希腊人买单。默克尔政府没有更早地给出救助希腊的承诺，不仅迎合了这种民意，而且也考虑到德国最大的联邦州北莱茵 - 威斯特法伦州 2010 年 5 月 9 日的州议会选举：当时，执政联盟的选情告急，基民盟/

① Sebastian Dullien and Ulrike Guérot, "The Long Shadow of Ordoliberalism: Germany's Approach to the Euro Crisis", *ECFR Policy Brief*, No. 49, European Council on Foreign Relations, February 2012; Ulrike Guérot and Thomas Klau, "After Merkozy: How France and Germany Can Make Europe Work", *ECFR Policy Brief*, No. 56, European Council on Foreign Relations, May 2012.

② Ulrike Guérot and Sebastian Dullien, "Why Berlin is Fixed on a German Solution to the Eurozone Crisis", *The Guardian*, 2 March, 2012.

③ George Tsebelis, *Veto Players: How Political Institutions Work*, Princeton, NJ: Princeton University Press, 2002.

④ Simon Bulmer and William E. Paterson, "Germany and the European Union: From 'Tamed Power' to Normalized Power?", *International Affairs* 86: 5, 2010, pp. 1051 - 1073, here p. 1057.

自民党有可能在该州失去执政地位，更何况选举结果还关系执政联盟在联邦参议院的多数席位。后来，德国政府迫于局势的发展和外部压力最终同意救助希腊，这也是造成基民盟在该州选票大幅流失（得票率为 34.6%，与上一次州议会选举结果相比，损失了 10.3% 的选票），并且是社民党与绿党得以组成少数派政府并上台执政的主要原因之一。鉴于在 2011 年这个"超级选举年"有 7 个联邦州举行州议会选举，正如北莱茵 - 威斯特法伦州选举所暗示的，债务救助问题会损害默克尔所在的基民盟的选情。[①] 由于民调显示民众对不断扩大的救助行动的抵触在持续增强，默克尔优先考虑国内关切也就不足为奇。

这期间德国人已经在担忧，德国自身最终也会受到债务危机救助的拖累，毕竟德国的力量也不是无限的，德国不少政界和经济界精英也公开发表了德国的承受力已经到达极限的言论。德国慕尼黑伊福研究所（ifo-Institut）甚至已经测算好德国担保的金额可能会给德国带来怎样大的损失，其结论是：若欧元崩溃，德国最多要支付 7710 亿欧元。德国人对此的担心不无道理，例如美国信用评级机构穆迪已经开始质疑德国的最优评级[②]。所有这一切都加重了德国民众对不断扩大救助的反感，却又反过来增强了他们对默克尔的强硬谈判立场的支持，这也体现在民调中大多数民众对默克尔的欧债危机应对举措表示满意，并相信欧元拯救依然处在她的掌控之中。[③]

其次，德国联邦宪法法院在欧债危机应对中所扮演的角色也越来越重要。自从其 1993 年对《马斯特里赫特条约》的裁决以来，联邦宪法法院就在它的裁决中一再限制德国向欧盟进一步让渡主权的可能性，同时增强了联邦议院和联邦参议院在欧盟事务中的地位，[④] 这也反映在其对《里斯本条

① 伍慧萍：《2011 德国超级选举年州选结果与政党格局的演变》，载李乐曾、郑春荣主编《德国发展报告（2012）》，社会科学文献出版社，2012，第 10~24 页。

② Johannes Pennekamp, "Schuldenkrise: Wann kippt Deutschland?", *Frankfurter Allgemeine Zeitung*, 29. 07. 2012, http://www.faz.net/aktuell/wirtschaft/europas-schuldenkrise/schuldenkrise-wann-kippt-deutschland-11835599.html, last accessed 02. 08. 2012.

③ See "Umfrage in Eurokrise. Spitzenwerte für Merkel", *Spiegel Online*, 02. 08. 2012, http://www.spiegel.de/politik/deutschland/ard-deutschlandtrend-merkel-laut-umfrage-beliebteste-politikerin-a-847798.html, last accessed 20. 08. 2012.

④ See Peter Becker and Andreas Maurer, "Deutsche Integratiosbremsen", *SWP-Aktuell*, Nr. 41, 2009. 联邦宪法法院（包括在欧债危机中）这样做的目的，也是出于其机构自身利益，即它不希望自身权限随着欧洲一体化的深化而被侵蚀。这是德国波恩大学欧洲一体化研究中心主任鲁德格·库恩哈特（Ludger Kühnhardt）教授 2012 年 8 月 21 日在波恩与笔者交流时所表达的观点。

约》的裁决①中。德国政府之所以未及早地对希腊做出救助承诺，正是基于联邦宪法法院对《里斯本条约》的裁决内容：在德国决策者看来，《里斯本条约》（《欧盟运作方式条约》第 125 条）包含"互不纾困条款"（no-bail-out clause），他们担心向希腊提供救助，会引发宪诉，而一旦救助被判不合宪，无疑会给金融市场带来实质性的不稳定因素。所幸的是，在联邦议院和联邦参议院 2010 年 5 月 7 日批准救助希腊的相关法案后，虽然有多位学者向联邦宪法法院提出了阻止给予希腊救助的紧急申请，但都被联邦宪法法院驳回。② 2011 年 9 月 7 日，联邦宪法法院最终驳回了针对希腊救助的宪诉，法官们证实，德国参与至今的希腊救助措施是合宪的。但是，他们列出救助的先决条件是，联邦议院的预算委员会必须同意所有的救助措施。换言之，联邦政府在所有欧洲金融稳定机制方面的决议都要征得联邦议院的同意。③最后，在《财政契约》与欧洲稳定机制艰难取得联邦议院和联邦参议院的多数同意票后，联邦宪法法院即刻就收到了要求采取临时命令加以终止的紧急申请和相应宪诉。尽管联邦政府一再敦促，联邦宪法法院依然决定留出更多时间进行审查，这使欧洲稳定机制无法如期在 2012 年 7 月 1 日生效。④ 2012年 9 月 12 日，联邦宪法法院裁决放行了欧洲稳定机制，不过，提出的附加条件之一是必须在国际法上确保德国的担保责任限定在约定的 1900 亿欧元之内。需要指出的是，这一裁决是暂时的，而且，在主审程序中，联邦宪法法院还审查欧洲中央银行此前做出的无限制购买重债国家国债的决定是否逾

---

① BVerfG，2 BvE 2/08 vom 30. 6. 2009，Absatz-Nr.（1 – 421），http：//www. bverfg. de/entscheidungen/es20090630_2bve000208. html，last accessed on 01. 08. 2012.

② BVerfG，2 BvR 987/10 vom 7. 5. 2010，Absatz-Nr.（1 – 28），http：//www. bverfg. de/entscheidungen/rs20100507_2bvr098710. html，last accessed on 01. 08. 2012.

③ BVerfG，2 BvR 987/10 vom 7. 9. 2011，Absatz-Nr.（1 – 142），http：//www. bverfg. de/entscheidungen/rs20110907_2bvr098710. html，last accessed on 01. 08. 2012. 2011 年 10 月 27 日，联邦宪法法院通过临时命令，宣布新的《欧洲稳定机制框架里的担保承担法》中的有关条款暂不适用，因为该条款把有关欧洲金融稳定机制的决定权"在特别紧急和机密情况下"放到了一个所谓 9 人委员会（这 9 人从联邦议院预算委员会的 41 名成员中选出）的手中。在联邦宪法法院看来，为确保决策的民主合法性和联邦议会的预算决定权，相关决议应由预算委员会全体成员乃至联邦议院整体通过。BVerfG，2 BvE 8/11 vom 28. 2. 2012，Absatz-Nr.（1 – 162），http：//www. bverfg. de/entscheidungen/es20120228_2bve000811. html，last accessed on 01. 08. 2012.

④ "Eilanträge gegen Fiskalpakt und ESM"，*tagesschau. de*，30. 06. 2012，http：//www. tagesschau. de/inland/verfassungsklagen100. html，last accessed on 01. 08. 2012.

越了其自身权限。① 由此可见，联邦议院每一次通过救助法案，联邦宪法法院都会收到相关紧急申请和宪诉，这不仅拖长了德国政治决策过程，而且增加了潜在的结果不可测性。

最后，德国执政联盟乃至各执政党内部的分歧，以及反对党的阻挠削弱了默克尔政府的行动余地，在联邦宪法法院裁决提高了联邦议院和联邦参议院在欧债救助中的地位后，这一点更加凸显。因此，在德国，欧债救助措施取决于联邦政府以及联邦议院和联邦参议院之间的赢集（win-set）有多大。从2010年5月起，执政联盟内部就出现了反对救助的声音，以至于执政联盟数次艰难地在联邦议院中谋求"总理多数票"（Kanzlermehrheit）。此外，联合执政的自民党由于在州议会选举中一再失利，并由此陷入生存危机，其新任党主席菲利普·勒斯勒尔（Philipp Rösler）意欲借助欧洲政策突出本党形象，曾经率先并一再脱离联合政府的路线，公开主张让希腊有序破产；甚至少数反对欧元救助措施的自民党党员，在自民党内发动了意在阻止欧洲稳定机制的公决，所幸的是，反对者在党内公决中未能取得成功。② 基社盟也通过相关决议，在欧元救助上画出红线，其中包括反对进一步扩大欧元救护伞，反对建立担保共同体，以及反对引入欧元债券。③ 在反对党当中，除了左翼党反对所有救助措施外，社民党和绿党虽然对默克尔政府的危机应对政策提出批评，但总体上对相关的议会表决案投了赞成票。④但是，在《财政契约》和欧洲稳定机制的表决上，由于需要在联邦议院和联邦参议院取得2/3多数，执政联盟依赖反对党，经过艰难博弈，在默克尔向社民党和绿党承诺在未来引入金融交易税和经济增长计划后，《财政契约》和欧洲稳定机制才最终于欧洲稳定机制原定生效日，即2012年7

---

① BVerfG, 2 BvR 1390/12 vom 12. 9. 2012, Absatz-Nr. (1–319), http：//www. bverfg. de/entschei-dungen/rs20120912_2bvr139012. html, last accessed 13. 09. 2012.

② "Mitgliederentscheid gescheitert, Rösler erleichtert", *Focus*, 16. 12. 2011, http：//www. focus. de/politik/weitere-meldungen/fdp-mitgliederentscheid-gescheitert-roesler-erleichtert-_ aid _ 694794. html, last accessed 02. 09. 2012.

③ CSU, *Die Europäische Einigung und der Euro*, *Beschluss des Parteitags der Christlich-Sozialen Union*, Nürnberg, 7. /8. Oktober 2011.

④ 唯一的例外是，在2010年5月对希腊第一份救助方案的表决中，社民党投了弃权票。有学者认为，这是德国50年来主要政党间在欧洲政策上的共识首次遭遇重大挫折。Simon Bulmer and William E. Paterson, "Germany and the European Union：From 'Tamed Power' to Normalized Power?", *International Affairs* 86：5 (2010), pp. 1051 – 1073, here p. 1062.

月 1 日前获得通过。①

以上这些因素也反映出德国在欧债危机应对中，越发以本国利益为导向。保证本国自身利益始终是德国在欧债危机应对中追求的一个目标，同时德国也在危机救助过程中不断增加自己在欧盟内部的话语权和影响力。例如，自从德国在危机爆发初期要求国际货币基金组织参与救助之后，凡涉及重债国紧急救助计划，如在欧洲金融稳定基金、欧洲稳定机制及其多次扩容，以及希腊第二次紧急救助计划中，国际货币基金组织无一例外地承担一定的角色。德国之所以坚持这样做，正如前述，也是因为欧盟内部用以阻止道德风险的两大支柱已经崩塌：作为第一大支柱的《稳定与增长公约》的约束力在 2005 年就（已经）因德法两国带头违约而削弱殆尽；而作为第二大支柱的"互不纾困条款"在当时的危机情况下，也已失去了意义。② 德国需要保证其为危机救助提供的资金不至于"打水漂"。即使在强大的外部压力之下，德国政府反对欧元债券的立场始终不变，其中的原因之一是德国需要为这种债务共同体支付比联邦国债高得多的利率，而且会因此成为债务共同体的"提款机"。而且，德国救市本身归根到底也是为其本国利益服务的。德国是欧盟内从欧洲一体化，尤其是经济一体化过程中获益最多的国家，在危机爆发后，它的经济仍然一枝独秀，这也得益于估值过低的欧元。德国要保障自身利益，就必须保证欧元区的完整和稳定。默克尔曾多次表示"欧元亡，欧洲亡"。言下之意便是，欧元一旦崩溃，德国必将受到重大损失。

三　欧债危机折射出德国欧洲政策的新变化

如前所述，德国在欧债危机中的应对表现既与德国的经济治理理念紧密相连，又是德国国内各个否决玩家钳制的结果。对欧债危机的分析表明，德国的欧洲政策并非简单地遵循一个逻辑，相反，可以说是"推论逻辑"和"适当性逻辑"共同作用的结果，换言之，价值和利益在德国的欧债危机应对表现中都是影响因素。虽然人们难以比较这两种解读范式哪个更具说服

---

① "Karlsruhe prüft Klagen", *Frankfurter Allgemeine Zeitung*, 30. 06. 2012, http://www. faz. net/aktuell/politik/karlsruhe-prueft-klagen-bundestag-und-bundesrat-billigen-fiskalpakt-und-esm-11805001. html, last accessed 02. 08. 2012.

② Jürgen Mattes, "Why the IMF Should be Involved in Imminent Fiscal Debt Crisis in Eurozone Countries?", *VoxEU*, February 7, 2010.

力，但是，如果与德国以往的欧洲政策相比较，仍然可以看到德国欧洲政策的若干相互关联的"新"变化。事实上，如下文所述，这些变化在两德统一以来已初见端倪，之所以冠以"新"意，是因为它们在欧债危机中表现得尤为突出。

（一）德国欧洲政策日益为内政所驱动

毋庸置疑，冷战后，德国所处的多边框架发生了本质变化。北约与欧盟的扩大，连同美国奉行单边主义政策，这一切势必影响德国的外交政策，甚至使统一后的德国面临着许多"单边主义者的诱惑"（unilateralist temptation）[①]。

但是，正如本书对欧债危机的分析所指出的，这种"诱惑"也是来自德国内政的需要以及国内制度的约束，这既包括公众舆论及其民调和选举政治的影响，也包括来自联邦政府内部、联邦议院各个政党以及联邦宪法法院等的阻力。以往，德国政治家出于欧洲一体化的长远利益，敢于违背国内民意做出决策，而在欧债危机中，默克尔政府始终出于选举政治考虑紧跟民意，害怕做出有违民意的决定，会有损其所在政党的选情以及执政联盟的团结。这一点也体现在欧元债券的问题上，虽然默克尔发表了"只要我活着，就不会有欧元债券"的言论，但事实上她并不是永久地反对欧元债券；她首先要求的是建立共同的预算政策。她不能像反对党那样公开提出哪怕是有条件地引入欧元债券的主张，因为执政联盟内部的另外两个政党在这个问题上画了红线，默克尔不想因为这个议题而使执政联盟破裂。而且，在两德统一前，欧洲政策基本上不是各个政党在竞选中的争议议题，但是，两德统一后，传统的"默认共识"（permissive consensus）变成了"有限分歧"（constraining dissensus）[②]，欧洲政策成为各党突出自身形象、争取选票的议题领域，这一点清晰地反映在欧债危机中各党之间及其内部不同的立场上。

总之，德国欧洲政策的这种内顾（inward-looking）从两德统一以来就已经开始。统一前，联邦德国的德国政策与其欧洲政策是一枚硬币的两面；统

---

① Anne-Marie Le Gloannec，"The Unilateralist Temptation：Germany's Foreign Policy after the Cold War"，*Internationale Politik und Gesellschaft* 1/2004，pp. 27 – 39.

② Liesbet Hooghe and Gary Marks，"A Postfunctionalist Theory of European Integration：From Permissive Consensus to Constraining Dissensus"，*British Journal of Political Science*，39（1），2009，pp. 1 – 23.

一后，这一情况发生了改变，德国开始把精力和注意力放在本国内部问题上。[①] 海尔加·哈夫滕多恩（Helga Haftendorn）把从波恩共和国的（国际框架条件）外部驱动型外交政策到柏林共和国的（国内社会要求）内部驱动型外交政策的转变，非常贴切地表述为"内政回归了外交政策"[②]。他这里所讲的外交政策也包含了德国的欧洲政策，这意味着，欧洲政策被日益内政工具化了。由此，德国的欧洲政策失去了聚合性、连贯性，尤其是建构力。鉴于统一后的德国对狭隘的国家利益的捍卫常常优先于其长期的欧洲与全球关切，德国不再是一个"驯服的强权"（tamed power）[③]，而是已经成为欧盟内的一个"正常化的国家"（normalized power）[④]。

正是由于内政因素的影响，在欧债危机的应对之中，德国从一开始就形成了国际层面和德国自身对领导角色的显著的期望落差。一方面，鉴于德国的经济强势，国际社会呼唤德国的领导[⑤]；但另一方面，德国受困于各种内政因素，拒绝承担财政成本与风险。[⑥] 如前所述，德国政府一开始非常犹豫，而且很长时间里拒绝救助希腊，[⑦] 这在国际上招致了批评，人们认为德国使危机加剧，没有承担它作为欧盟内主导经济体应有的责任。[⑧] 随着欧债危机的发酵、升级，德国才不情愿地承担起领导角色。[⑨] 但是，

---

① 这是德国波恩大学欧洲一体化研究中心主任鲁德格·库恩哈特教授于 2012 年 8 月 21 日在波恩与笔者交流时所表达的观点。

② Helga Haftendorn, *Deutsche Außenpolitik zwischen Selbstbeschränkung und Selbstbehauptung* 1945 – 2000, Stuttgart und München: Dva, 2001, p. 445.

③ Peter J. Katzenstein, *Tamed Power: Germany in Europe*, Ithaca, NY: Cornell University Press, 1996.

④ Simon Bulmer and William E. Paterson, "Germany and the European Union: From 'Tamed Power' to Normalized Power?", *International Affairs* 86: 5 (2010), pp. 1051 – 1073.

⑤ William E. Paterson, "The Reluctant Hegemon? Germany Moves Centre Stage in the European Union", *Journal of Common Market Studies* (*JCMS*), 2011 Volume 49 Annual Review, pp. 57 – 75, here pp. 72 – 73.

⑥ Kai Oppermann, "National Role Conceptions, Domestic Constraints and the New 'Normalcy' in German Foreign Policy: The Eurozone Crisis, Libya and Beyond", *German Politics* 21: 4, 2012, pp. 502 – 519, here pp. 510 – 513.

⑦ Magnus G. Schoeller, "Providing Political Leadership? Three Case Studies on Germany's Ambiguous Role in the Eurozone Crisis", *Journal of European Public Policy*, 24: 2017, pp. 1 – 20, here pp. 7ff.

⑧ Eric Jones, "Merkel's Folly", *Survival* 52: 2010, pp. 21 – 38, here pp. 21 – 22.

⑨ Simon Bulmer and William E. Paterson, "Deutschlands Rolle bei der Bewältigung der europäischen Währungs-und Migrationskrisen", in Werner Weidenfeld and Wolfgang Wessels (eds.), *Jahrbuch der europäischen Integration*, Baden-Baden: Nomos, 2016, pp. 43 – 54, here pp. 47 – 48.

在这个过程中德国的政策仍然受制于内政上的偏见和约束。例如，德国政府主要将欧债危机归因于欧债国家的过度负债，并因此主张，走出危机的唯一出路是这些国家实现预算纪律、紧缩政策和结构改革。① 这一路线遭到南欧国家的激烈批评。德国政府的强硬立场在德国国内在很大程度上受到好评，但是，在国际上遭到批评。② 因此，德国政府需要平衡外部期待与国内约束之间的张力。虽然德国政府从一开始的犹豫很快转向了明确的领导角色，但是，德国的领导角色仍然在很大程度上以内政优先，因此，在一些观察家看来，德国在欧债危机中的领导角色常常未被欧洲其他国家理解为承担责任的受欢迎之举，而是引发了对德国在欧洲"霸权"的仇恨。③

（二）德国的"欧洲使命"在日益衰减

过去，德国愿意为欧洲的团结慷慨买单，不计较本国在经济上的短期得失；而如今德国在对待希腊以及其他成员国的主权债务危机中的反应，表明德国在欧洲经济政策上独断专行，日益以成本收益核算为导向。德国反对欧盟变成任何形式的转移支付联盟，只是出于自身被绑架而非欧盟范围内的团结原因而最终同意救助希腊以及其他债务国家。

与上述内政驱动因素影响的增加相呼应的是，默克尔在欧债危机的应对中偏向于"联盟方法"，而不是"共同体方法"④。例如，德国要求希腊主权

① Alister Miskimmon and Herther Isabelle, "Germany's Strategic Narrative of the Eurozone Crisis", *German Politics and Society*, 33：2015, pp. 42 – 57, here pp. 48 – 54.

② Gunther Hellmann, "Germany's World：Power and Followership in a Crisis-Ridden Europe", *Global Affairs*, 2：2016, pp. 3 – 20.

③ Simon Bulmer and William E. Paterson, "Deutschlands Rolle bei der Bewältigung der europäischen Währungs-und Migrationskrisen", in Werner Weidenfeld and Wolfgang Wessels（eds.）, *Jahrbuch der europäischen Integration*, Baden-Baden：Nomos, 2016, pp. 43 – 54, here pp. 49 – 50.

④ 参见默克尔的演讲："Rede von Bundeskanzlerin Merkel anlässlich der Eröffnung des 61. akademischen Jahres des Europakollegs Brügge", Bruges, 2. 11. 2010, http：//www. bundesre-gierung. de/ Content/DE/Rede/2010/11/2010-11-02-merkel-bruegge. html, last accessed on 20. 02. 2011；"Rede von Bundeskanzlerin Merkel bei der Veranstaltung 'Die Europa-Rede'", Berlin, 9. 11. 2010, http：//www. bundeskanzlerin. de. /Content/DE/Rede/2010/11/2010-11-09-merkel-europerede. html, last accessed on 02. 08. 2012。Alan Mayhew, Kai Oppermann and Dan Hough, "German Foreign Policy and Leadership of the EU- 'You Can't Always Get What You Want…But You Sometimes Get What You Need'", *SEI Sussex European Institute Working Paper*, No. 119, University of Sussex, pp. 6 – 7.

债务危机由国际货币基金组织参与解决，而不是像法国所要求的局限在经济和货币联盟内部，这预示着德国政府认为，经济和货币联盟的制度安排无法服务和确保德国的利益。又例如，虽然迫于危机的压力，德国接受了欧洲金融稳定机制和欧洲稳定机制的设立，并提供了相应的贷款和担保，但与它所承担的超大比例的财政负担相对应，德国要求获得对应更多的正式参与决定权。另外，这些救助机制在很大程度上是在欧盟条约以外，在政府间机制的框架里设计的，且表决权视财政贡献而定，这事实上赋予了德国更多的话语权，换言之，德国是用金钱买话语权。

鉴于德国日益从内政需要和本国的经济利益出发制定其欧洲政策，德国对欧洲一体化的反射性或本能的支持被更为工具性的、冷静的和（公开）以利益为基础的欧洲方案所取代。换句话说，德国追求欧洲一体化不是目的，而是将其作为追求德国国家利益的工具。尤其是德国政府在追求德国的国家利益的过程中，更少趋向于避免与其欧盟伙伴发生公开冲突，更多的是利用自己不对称的经济强权，输出自己的社会与经济模式[1]。

事实上，两德统一以来，德国的"欧洲使命"（European vocation）已经历了一个逐渐衰减的过程，变得更加因情势而异，更加有争议和更加受限制。[2] 这种衰减在欧债危机中表现得特别明显，这是和德国国内对欧洲一体化的支持度下降相关的。[3] 这一变化限制了政治精英为了欧洲的团结而做出（更多）"转移支付"（side payments）的可能性，而与此同时，德国决策者也不愿或也不敢违背这种变化的民意，而是在欧债危机中出于选举政治考

① Alan Mayhew, Kai Oppermann and Dan Hough, "German Foreign Policy and Leadership of the EU-'You Can't Always Get What You Want…But You Sometimes Get What You Need'", *SEI Sussex European Institute Working Paper*, No. 119, University of Sussex, pp. 6 – 7.

② William E. Paterson, "Does Germany Still have a European Vocation?", *German Politics*, 19：1, 2010, pp. 41 – 52；William E. Paterson, "The Reluctant Hegemon? Germany Moves Centre Stage in the European Union", *Journal of Common Market Studies* (*JCMS*), 2011 Volume 49 Annual Review, pp. 57 – 75, here p. 60. 对于德国把本国利益优先于欧洲利益，贡特·海尔曼提出了"默认去欧洲化"的概念，参见 Gunther Hellmann (ed.), *Germany's EU Policy on Asylum and Defence: De-europeanisation by Default*, Basingstoke：Palgrave, 2006。

③ 例如，这也反映在"欧洲晴雨表"的数据上。European Commission, *Eurobarometer 72, öffentliche Meinung in der Europäischen Union*, *Nationaler Bericht Deutschland*, Autumn 2009, http：//ec. europa. eu/public_ opinion/archives/eb/eb72/eb72 _ de _ nat. pdf, last accessed on 02. 08. 2012. 需要指出的是，这里是指德国历史的纵向比较。但是，从横向比较看，德国在许多指标上仍然高于欧盟 27 国的平均水平。

虑，奉行"受民调驱动的机会主义"①。

如今，欧洲日益被视作德国的问题所在，而不是德国问题的解决方案。德国政治精英和民众普遍对欧洲一体化日益缺乏信心。一份调查问卷表明，对欧洲信心少乃至没有的德国民众占 63%；对于 53% 的德国人而言，欧洲不再是其未来。② 这种"新德国疑欧主义"也反映在，正如欧洲对外关系委员会（European Council on Foreign Relations, ECFR）柏林办事处公布的一份讨论文件所表示的，德国似乎相信，和在欧洲联合体框架内行动相比，它"自己能更快、更远和更好地前进"③。

与德国的"欧洲使命"衰减相呼应的是，德国日益将目光转向欧洲以外地区，例如在联邦政府最近通过的一份新方案中，它表示要与新兴国家（所谓新的建构力量）建立新的伙伴关系，以应对全球化挑战。④ 虽然该新方案重申了德国与欧盟、北约等现有伙伴的关系是基础，但这依然促使个别学者提出："德国是否还是一支欧盟/欧洲的力量?"⑤

（三）德国呈现出成为地缘经济强权的端倪

在欧债危机背景下，德国在欧盟中的经济实力日益增长，这主要是因为德国是弱势欧元和欧债危机的获利者，例如，德国国债在欧债危机中成为投资者的避风港，德国甚至可以以零利率发行国债。⑥ 而其他国家，尤其是法国的衰弱则进一步突出了德国的领导地位。如前所述，虽然在欧债危机中，每一项救助措施都是基于德法的建议，这表明传统的法德轴心依然在发挥作

---

① Jürgen Habermas, "Europapolitik: Merkels von Demoskopie geleiteter Opportunismus", *Süddeutsche Zeitung*, 07. 04. 2011, http://www. sueddeutsche. de/politik/europapolitik-merkels-von-demoskopie-geleiteter-opportunismus-1. 1082536, last accessed on 02. 08. 2012.

② Thomas Petersen, "Allensbach-Umfrage Gemeinsames Interesse an Europa in Gefahr", *Frankfurter Allgemeine Zeitung*, 17. 08. 2011, http://www. faz. net/aktuell/politik/europaeische-union/allensbach-umfrage-gemeinsames-interesse-an-europa-in-gefahr-1579998. html, last accessed on 02. 08. 2012.

③ Ulrike Guérot, "How European is the New Germany? Reflections on Germany's Role in Today's Europe. An Essay", *MEMO*, ECFR Berlin Office, November 2010.

④ Deutscher Bundestag, *Unterrichtung durch die Bundesregierung, Globalisierung gestalten —Partnerschaften ausbauen — Verantwortung teilen*, Drucksache 17/8600, 08. 02. 2012.

⑤ Susanne Gratius, "Is Germany still a EU-ropean Power?", *FRIDE Policy Brief*, No. 115, February 2012.

⑥ "Krisengewinner Deutschland. Darum klingeln trotz Schuldenkrise die Kassen", *Focus*, 23. 08. 2012, http://www. focus. de/finanzen/news/staatsverschuldung/krisengewinner-deutschland-darum-klingeln-trotz-schuldenkrise-die-kassen_ aid_ 805527. html, last accessed 26. 08. 2012.

用，但是重心无疑已经向德国转移，正如欧盟委员会前主席罗马诺·普罗迪（Romano Prodi）曾形象表述的：如今是默克尔做出决定，然后由萨科齐负责举行新闻发布会解释她的决定。[①] 在告别"默科齐"时光，法国新总统奥朗德上台后，虽然法国、意大利和西班牙之间的联盟迫使德国做出某些让步，但是在欧元债券等根本性问题上，它们依然无法撼动德国政府的立场。

但是，德国在欧债危机中凸显的经济实力当时并未转化为其在欧洲共同外交与安全政策上的领导地位。也就是说，德国外交政策和欧洲政策的重点在经济政策上，而不是在安全政策上。这一点比较一下德国在利比亚危机上的表现就非常明显：2011 年 3 月 17 日，在联合国安理会关于在利比亚设立禁飞区的 1973 号决议的表决中，德国与"金砖四国"中国、俄罗斯、印度和巴西一起投了弃权票。这是德国在其战后历史上第一次在联合国安理会投票中不支持其所有的欧盟与北约盟友。[②] 德国在经济上的强势地位与其在安全政策上的克制立场形成了鲜明反差。为此，在西方盟国看来，德国越发是一个安全的消费者，而非提供者，这被视作德国外交政策的自我矮化和"搭便车"。[③]

有鉴于此，德国呈现出日益成为一个地缘经济强权（geo-economic power）[④] 的端倪，具体是指，德国日益运用经济手段去追逐其外交政策以及欧洲政策目标，而这种目标本身更多的是经济性的，而不是政治性的。[⑤] 这使

---

① Paul Hockenos, "The Merkelization of Europe. A European Germany has Become a German Europe—and It's All Downhill From Here", *Foreign Policy*, 09.12.2011, http://www.foreignpolicy.com/articles/2011/12/09/_merkelization_of_europe? page = full, last accessed 02.08.2012.

② 参见闫瑾《德国利比亚危机政策分析》，《欧洲研究》2011 年第 3 期，第 10~13 页。

③ 这一两重性也反映在欧洲对外关系委员会的 2012 年欧洲外交政策记分卡中：在总计作为调查样本的 30 个外交政策议题中，德国在 19 个议题（包括欧债危机应对）上被视为"领导"，由此德国被列为领导者的领域多于其他任何国家，但与此同时，德国在 4 个议题（包括利比亚问题）上被视为逃避责任的"懒鬼"。European Council on Foreign Relations (ECFR), *European Foreign Policy Scorecard* 2012, London: ECFR, 2012.

④ Hans Kundnani, "Germany as a Geo-economic Power", *The Washington Quarterly*, Summer 2011, pp. 31 – 45, here pp. 39 – 41.

⑤ 需要说明的是，这里并不是说德国没有任何政治雄心，一个典型的例子是德国积极谋求联合国安理会常任理事国席位，但是德国"争常"的主要理由之一恰恰是其对联合国的财政贡献，而且从历史发展来看，德国统一以来在联合国安理会改革问题上的立场发生了明显转变：从最初的矜持，乃至优先考虑欧洲共同代表，转向谋求单独的常任理事国席位。这也与德国统一后日益走向"正常化"，以及其外交政策日益以本国的利益为导向紧密相关。但是，德国"争常"与欧洲一体化的理念、欧洲共同外交与安全政策的深化形成了冲突。详细分析参见郑春荣《德国"争常"的过程、障碍与前景》，载顾俊礼主编、杨解朴副主编《回顾与展望——纪念中德建交 40 周年》，社会科学文献出版社，2012，第 193~207 页。

人们有理由笃信，德国只有非常适度的外交与欧洲政策雄心；德国在欧洲的新影响力仅限于它在当前欧债危机解决中的"默认领导地位"（leadership by default），但并未反映出德国在欧洲的实力有了更为全面的提升。例如，至少利比亚危机表明，德国无法胜任领导欧洲共同外交与安全政策发展的角色。因此，德国至少在当时还不愿意，也没有能力领导欧盟并使它成为一个更有效的全球力量。[1]

当然，正如毛尔所指出的，地缘经济强权所包含的"贸易国家"概念一直包含在德国总体角色观念里。他认为，只是在 2009 年至 2013 年这届黑黄联合政府外交政策里，经济利益导向尤为显著，特别是在应对欧债危机中。但他认为应该把这届政府执政时期理解为德国外交政策上的例外时期，对后续政府的外交政策不具有预示性。[2] 但是，本书的分析表明，在欧债危机的重燃与消退期里，德国黑红大联合政府在应对欧债危机上并未改弦更张，唯一的变化是，正如本书的其他实例所表明的，德国政府在外交政策的其他领域，包括非经济性领域，较之以往也更加积极作为。因此，德国未来在何种程度上能真正被称为一个地缘经济强权，还需要就个案展开具体分析。至少我们不能笼统地认为，作为地缘经济强权，德国不会以经济实力追求政治上的领导力。

---

[1] Ulrich Speck, "Why Germany is not Becoming Europe's Hegemon", *FRIDE Policy Brief*, No. 126, April 2012.

[2] 参见 Hanns W. Maull, "Reflective, Hegemonic, Geo-economic, Civilian …? The Puzzle of German Power", *German Politics*, 27：4，2018, pp. 460 – 478, here pp. 469 – 472。

第四章

难民危机

　　随着难民问题的泛起，地中海难民沉船事件频频发生，仅 2015 年 4 月，就先后在意大利、利比亚、希腊海域发生 3 起重大难民沉船事故，造成26000 多名难民命丧地中海。正是这一周内 3 起严重的海难事故，拉开了欧洲难民危机的序幕。随后，欧洲难民危机一再发酵，而德国由于是难民的首选目的国[①]，受到的挑战最为严峻。

　　相当长时间以来，德国一直在接纳难民，但是由于数量并不多，因此并未引起各方的关注。当时，从难民来源国及地区来看，在德国提出避难申请的人主要来自科索沃等西巴尔干国家、厄立特里亚等非洲国家以及伊拉克和叙利亚等中东国家。2014 年以来，随着"伊斯兰国"的异军突起，来自叙利亚的避难者人数急剧上升，所占避难者的比例也迅速上升到第一位。[②] 从数量上看，2014 年，德国接受的避难申请总数已经位于工业国家之首，人均接纳数位列第二，仅排在瑞典之后。[③] 2015 年上半年，与欧盟其他国家相

---

① 关于难民选择德国为目的国的影响因素分析，参见 Antonia Scholz, *Warum Deutschland? Einflussfaktoren bei der Zielstaatssuche von Asylbewerbern-Ergebnisse einer Expertenbefragung*, Forschungsbericht 19, Nürnberg: Bundesamt für Migration und Flüchtlinge, 2013。

② Michael Griesbeck, "Europa als Ziel-Die Entwicklung der Flucht und Asylmigration", *Schwerpunkt* Nr. 529, November/Dezember 2014, 59. Jahrgang.

③ Anna Reimann, "Asyl und Einwanderung: Fakten zur Flüchtlingskrise-endlich verständlich", *Spiegel Online*, 22. 03. 2017, https://www.spiegel.de/politik/deutschland/fluechtlinge-und-einwander-er-die-wichtigsten-fakten-a-1030320.html, last accessed 08. 08. 2015.

比，德国接受的避难申请总数更是以 15 万的绝对数遥遥"领先"①。欧洲难民危机的分水岭出现在 2015 年 8 月底 9 月初。首先，德国总理默克尔在 2015 年 8 月底的一次政府声明中，说出了她标志性的那句话："我们能够做到！"其后，9 月初，德国就对叙利亚难民敞开怀抱，单方面中止了《都柏林公约》。德国对难民的欢迎姿态被许多欧盟成员国视作难民其后蜂拥而至的原因。

相比欧盟遭遇的其他危机，难民危机给欧盟所带来的冲击是最为持久和显著的。因为与其他危机以及欧盟以往遭受的历次危机不同，它产生的根源并不在欧盟内部，而是由中东、北非等地区的动荡造成的，因此，这是一场输入性危机，但欧盟必须为这场外源性危机找到解决方案。② 也正是这个原因，此次欧洲难民危机对德国而言，是其两德统一以来遇到的最大挑战，也是默克尔执政以来所面临的最大挑战，此次危机考验了默克尔政府的智慧和谋略，也考验了德国社会以及欧盟的团结和凝聚力。面对这场严峻的欧洲难民危机，德国有否以及如何领导欧盟应对危机，引起了人们的密切关注。德国在危机不同时期的不同表现及其变化原因以及德国危机应对政策所产生的影响是本章探究的主要内容。

一　德国政府在欧洲难民危机中的表现及其应对政策的变化

在笔者看来，德国应对此次欧洲难民危机的表现可大致分为三个阶段：犹豫阶段、欢迎阶段以及重新收紧阶段。起初，由于欧盟成员国在共同难民政策上的步伐并不一致，德国要求引入"难民配额"也并未得到其他成员国的响应，导致德国在欧洲难民危机爆发的最初阶段犹豫不决。尽管如此，涌入欧洲的避难人数不断上升是不争的事实，2015 年 8 月底在奥地利货车内的 70 多具难民尸体以及 9 月初小艾兰在土耳其海滩上溺死的照片引起公众舆论的巨大关注，有鉴于此，默克尔政府毅然做出了开放边境的决定：9 月 5 日，

---

① Eurostat Press Office, "Asyl in der EU. Über 210 000 erstmalige Asylbewerber in der EU im zweiten Quartal 2015. Ein Drittel aus Syrien oder Afghanistan", http://ec. europa. eu/eurostat/documents/ 2995521/6996930/3-18092015-BP-DE. pdf/, last accessed 18. 09. 2015.

② 这一点是德国波恩大学欧洲一体化研究中心主任库恩哈特教授在 2016 年 3 月同济大学所做演讲时特别强调的。

第一辆运送叙利亚难民的火车从奥地利维也纳驶向慕尼黑。然而一周后，形势急转直下，以慕尼黑为首的德国许多大城市不堪重负，在基社盟的施压下，德国大联合政府赶在欧盟难民危机特别峰会召开的前夜，重新进行了边境控制，同时，德国国内针对默克尔难民政策的攻击也逐渐增多。10 月，德国议会表决通过"避难一揽子法案"，收紧了相关的避难政策。其后，尤其是 2016 年除夕科隆性侵案发生以来，德国的难民政策处在不断收紧的过程中。与此同时，德国也在积极通过欧盟共同行动化解难民危机，但迄今成果有限。

（一）犹豫阶段

如前所述，2015 年 4 月，地中海接连发生的沉船事故使有关难民问题的讨论呈现白热化状态。对此，欧盟委员会提出了防御方案，包括以增加欧盟边境管理局的人力与资金和扩大搜救范围为主的"十点计划"①；5 月，欧盟委员会提出各成员国应承担相应责任，接受有约束力的"难民配额"，这涉及已经到达意大利和希腊的 4 万名避难者和那些主要来自叙利亚、居留在叙利亚边境国家的 2 万名难民。② 各成员国就此展开激烈争辩。在 6 月的欧盟首脑峰会上，各国在防御问题方面达成一致意见，但在"难民配额"问题上争执不下，只是勉强通过接纳已被认可的、尚未进入欧盟境内的 2 万名难民。③ 德国政府对欧盟委员会的这两项决议总体都表示支持，但由于各成员国无法就"难民配额"达成一致，德国也未做出更为积极的努力。

在这一阶段，德国表现冷静，这也反映在默克尔"弄哭"巴勒斯坦小女孩这一事件上。在某次录制电视节目时，默克尔对这位即将举家被驱逐出境的小女孩表示："我理解你，但是我必须说……政治有时是残酷的……你要知道，黎巴嫩的巴勒斯坦难民营里可有成千上万的人，要是我们说声'你们都过来吧'，到时候我们可控制不了局面。"默克尔虽然内心想要安慰对方，却又同

---

① "Zehn-Punkte-Plan zur Flüchtlingspolitik. EU will Schlepper-Boote zerstören", *tagesschau. de*, 21. 04. 2015, http：//www. tagesschau. de/ausland/fluechtlingspolitik-105. html, last accessed on 21. 05. 2015.

② "EU-Kommission zu Flüchtlingen. Die Quote soll kommen", *tagesschau. de*, 13. 05. 2015, http：// www. tagesschau. de/ausland/eu-fluechtlinge-111. html, last accessed on 21. 05. 2015.

③ "Scheitern der EU-Flüchtlingsquote 'Ein politisches Armutszeugnis'", *tagesschau. de*, 26. 06. 2015, http：//www. tagesschau. de/ausland/eu-fluechtlingsquote-interview-101. html, last accessed on 28. 07. 2015.

时不得不表现得如此"冷血"。① 德国的犹豫及无能为力可见一斑。不过，此时默克尔已经逐步意识到了难民问题的严重性，她极其坦白地表示，为难民危机找到一个欧盟共同的解决方案，是她执政以来欧洲所面临的最大危机。②

（二）欢迎阶段

虽然欧盟各国无法就"难民配额"达成一致，但避难者涌入欧洲，而且涌向德国的势头并未停止。为加快避难申请的处理速度，德国政府双管齐下。对于来自塞尔维亚、科索沃等西巴尔干地区的避难申请者，德国政府多次表示，他们无法在德国获得难民身份。在 8 月底的西巴尔干国家峰会上，德国更是表示，愿意加强与该地区各国的合作，但作为回报，这些国家的领导人必须管控好本国的人口流动，且作为中东难民逃往欧洲内陆的重要关口，须起到一定的"缓冲作用"，减少进入欧洲的难民人数。③

与此形成鲜明对比的是德国政府对待叙利亚避难者的态度。根据《都柏林公约》，难民必须在他们抵达的第一个欧盟国家提出避难申请，不过，早在 8 月 21 日，德国联邦移民和难民局就表示，凡是来自叙利亚的避难申请者，将不必再遵守《都柏林公约》，也就是说，德国不再根据公约的要求，审核他们此前是否从另一个成员国进入欧盟，并因此将他们遣返回该成员国。④ 8 月 23 日的海德瑙（Haidenau）事件、8 月 27 日在奥地利一辆货车上发现的 70 多具难民尸体以及 9 月 3 日在土耳其边境发现的小艾兰尸体，这一个个触目惊心的事件促使德国总理默克尔在难民政策上的立场发生了彻底转变。9 月 5 日，经过艰难的谈判，默克尔与奥地利、匈牙利领导人达成一致意见，允许滞留在匈牙利的难民进入德国。然而，这一决定并没有消除匈牙利总理维克多·欧尔班（Viktor Orban）的不满，他指责欧洲难民危机是

---

① "Weinendes Flüchtlingsmädchen: Merkel verteidigt ihren Streichel-Auftritt", *Spiegel Online*, 19. 07. 2015, http://www. spiegel. de/politik/deutschland/fluechtlingsmaedchen-merkel-verteidigt-streichel-auftritt-a-1044394. html, last accessed on 26. 08. 2015.

② European Parliament, "Outcome of the European Council of 25/26 June 2015", *Post-European Council Briefing*, July 2015, http://www. europarl. europa. eu/EPRS/EPRS_ BRIE _ 558757 _ outcome_ june_ european_ council. pdf, last accessed on 10. 10. 2015.

③ "Umgang mit Flüchtlingen. Suche nach gemeinsamer Linie", *tagesschau. de*, 27. Aug. 2015, http://www. tagesschau. de/ausland/westbalkan-konferenz-101. html, last accessed on 28. 08. 2015.

④ Andrea Dernbach, "Germany Suspends Dublin Agreement for Syrian Refugees", *Euractiv*, 26. 08. 2015, http://www. euractiv. com/sections/global-europe/Germany-suspends-dublin-agreement-syrian-refugees-317065, last accessed on 26. 08. 2015.

德国一手造成的，难民因为德国较高的社会福利本来就不愿意留在匈牙利，而匈牙利却不得不按照《都柏林公约》履行自己守护边界的职责。①在德国国内，多数民众对默克尔的决定表示支持，也主动为难民提供各种帮助，德国国内洋溢着"欢迎文化"。

总体而言，默克尔对难民的欢迎态度得到好评，德国也一改此前在应对希腊主权债务危机中强硬和僵化的形象，在国际社会上赢得了负责任的美誉。默克尔也一改其惯有的沉默和有所保留的态度，在很多场合坚定地表示，应对难民危机"我们能够做到！"

（三）重新收紧阶段

默克尔政府很可能未曾充分估计到的是，德国展现的欢迎叙利亚难民的姿态产生了某种激励效应，难民争相涌向德国。2015 年 9 月 13 日，欧盟内政部长理事会召开特别会议的前夜，德国突然宣布再次引入德奥边界控制，标志着德国欢迎态度的转变。与此同时，德国境内针对难民接纳营的袭击事件迅速上升，难民的安置场所几近耗尽，不同宗教间的避难申请者发生暴力冲突也逐渐上演。在此背景下，德国国内有关难民政策的争论也越来越激烈。除了以保守排外著称的基社盟主席泽霍费尔对默克尔进行连环攻击，甚至表示宁愿和匈牙利总理欧尔班共同商议应对难民的政策外，默克尔所在的基民盟内也有 34 名地方政府官员联名"上书"默克尔，以表达对难民政策的不满,②甚至从不和默克尔唱反调的联邦内政部长托马斯·德迈齐埃（Thomas de Maizière）也公开指责难民的行为，警告他们德国社会的忍耐度是有限的；社民党领导人加布里埃尔③和联邦总统高克也表达了对德国接纳能力的担忧。④

---

① "Asylanträge in Deutschland bearbeitet. Dublin-Verfahren für Syrer ausgesetzt", *tagesschau. de*, 25. 08. 2015, http:∥www. tagesschau. de/inland/syrer-dublin-verfahren-ausgesetzt-101. html, last accessed on 28. 08. 2015.

② Melanie Amann, "Flüchtlingspolitik：CDU-Funktionäre rebellieren gegen Merkel", *Spiegel Online*, 07. 10. 2015, http:∥www. spiegel. de/politik/deutschland/fluechtlinge-cdu-parteibasis-rebelliert-ge-gen-merkel-a-1056504. html, last accessed on 07. 10. 2015.

③ "Flüchtlingspolitik in Deutschland. Rütteln am Grundrecht auf Asyl", *tagesschau. de*, 03. 10. 2015, http:∥www. tagesschau. de/inland/fluechtlingspolitik-asylrecht-debatte-101. html, last accessed on 20. 10. 2015.

④ Dietmar Riemer, "Deutsche Flüchtlingspolitik. Es geht nicht ohne Obergrenzen", *tagesschau. de*, 05. 10. 2015, http:∥www. tagesschau. de/kommentar/fluechtlingspolitik-137. html, last accessed on 20. 10. 2015.

各方争论的焦点在于，是否能为避难人数设置上限，也就是对基本权利"避难权"加以约束。不过，对此，默克尔的回应非常坚定。10 月 8 日，默克尔在参加德国电视一台的政治脱口秀节目《安娜·威尔》（Anne Will）的录制时，再次明确表示，"避难权"是基本权利，不会对此做任何限制，并依然释放出"我们能够做到"的坚定信念。①

与此同时，德国加大了对蛇头的打击力度：10 月初，联邦国防军被允许在没有人员伤亡的情况下，直接销毁地中海区域蛇头的船只。此前，他们只被允许搜救难民及探查蛇头信息。② 10 月中旬，联邦议院和联邦参议院先后通过了"避难一揽子法案"，包括进一步区别对待有无避难权的难民：西巴尔干国家被评级为"安全国家"，来自这些地区的避难者不会在德国得到难民身份，对于这些难民，将压缩其社会福利给付，并将其直接驱逐出境；对有希望获得难民身份的申请者，则将为其提供语言、教育和劳动技能的培训，帮助其尽快融入德国社会。③ 然而，"避难一揽子法案"的通过并未能平息德国国内各州在难民分配和处置上的争吵，联合政府内部在通过设立所谓过境区（Transitzonen）以控制难民涌入的问题上争论不休，④ 最后的妥协方案是在全德国设立 3 至 5 个针对滞留机会很小的难民的登记中心，并加快避难申请审核程序，包括引入在登记中心的居住义务，这一避难权的进一步收紧再次遭到反对党的批评。⑤ 然而一波未平，一波又起，联盟党在联邦内政部长德迈齐埃倡议下提出的仅给予叙利亚难民"辅助性保护"的建议——在德国的居留权限定在一年，并禁止家庭团聚——在联合政府内又引发了新一轮争吵。⑥ 而事实上，联邦内政部在 10 月 21 日就已经决定对叙利亚难民

① Wenke Börnsen, "Merkel bei 'Anne Will' 'Ich habe einen Plan'", *tagesschau. de*, 08. 10. 2015, http://www. tagesschau. de/inland/merkel-anne-will-103. html, last accessed on 28. 10. 2015.

② "Kampf gegen Schlepper: Bundestag weitet Bundeswehr-Einsatz im Mittelmeer aus", *Spiegel Online*, 01. 10. 2015, http://www. spiegel. de/politik/deutschland/gegen-schleuser-bundestag-weitet-bundeswehr-einsatz-aus-a-1055777. html, last accessed on 28. 10. 2015.

③ "Asylrecht wird verschärft. Bundesrat stimmt für Asylpaket", *tagesschau. de*, 16. 10. 2015, http://www. tagesschau. de/inland/bundestag-asylgesetze-107. html, last accessed on 28. 10. 2015.

④ "Transitzonen für Flüchtlinge Union einig-SPD skeptisch", *tagesschau. de*, 12. 10. 2015, http://www. tagesschau. de/inland/seehofer-transitzonen-101. html, last accessed on 28. 10. 2015.

⑤ "Koalition einigt sich in Flüchtlingspolitik. Asyl-Schnellverfahren in Registrierzentren", *tagesschau. de*, 05. 11. 2015, http://www. tagesschau. de/inland/fluechtlinge-1219. html, last accessed on 28. 11. 2015.

⑥ "Union stellt sich hinter de Maizière. Der nächste Koalitionsstreit ist da", *tagesschau. de*, 09. 11. 2015, http://www. tagesschau. de/inland/bab-fluechtinge-109. html, last accessed on 28. 11. 2015.

重新适用《都柏林公约》中规定的程序，由此结束了"欢迎阶段"对叙利亚难民的特例做法。[①]

2015 年 12 月 31 日除夕跨年，科隆等若干大城市发生上千人参与的偷窃、抢劫和性侵案件，这些案件被证明与难民及移民密切相关，这一事件极大地震动了德国社会。科隆事件促使德国政府进一步收紧难民政策，包括着手简化和加速外国人法中对于有犯罪行为的难民的遣返规定，严厉刑法的量刑标准，并考虑对已经获得庇护权的难民的住处进行严格规定等。[②]

除了在本国层面收紧难民政策，德国还谋求欧盟层面的共同解决方案。首先，德国大力推动在欧盟内部引入类似德国国内"柯尼希斯坦法则"的分摊机制。[③] 欧盟在 2015 年 9 月 22 日的确曾罕见地通过特定多数表决制做出了在两年时间里分配 12 万名主要来自叙利亚的难民的决议，加上此前一周自愿达成的 4 万名难民的再分配，达成的再分配总计涉及 16 万名难民。此决议遭到了维谢格拉德集团四国，尤其是匈牙利欧尔班政府的抵制，[④] 对于欧尔班而言，难民问题不是"欧洲的问题"，而是"德国的问题"，是德国的"道义帝国主义"造成的。于是，虽有欧盟分摊决议，但响应难民分摊的国家有限，实际成功分摊的难民数寥寥无几，匈牙利和斯洛伐克甚至将难民强制分摊决议起诉至欧洲法院。在欧洲法院 2017 年 9 月宣判欧盟的难民分摊决议合法之后，匈牙利、捷克和波兰仍拒不执行分摊难民的决议，最终促使欧盟委员会于 2017 年 12 月将这三国起诉至欧洲法院。虽然默克尔一再尝

---

① "Entscheidung des Innenministeriums Für Syrer gilt wieder das Dublin-Verfahren", *tagesschau. de*, 10. 11. 2015, http://www. tagesschau. de/inland/fluechtlinge-syrien-dublin-verfahren-101. html, last accessed on 28. 11. 2015.

② 伍慧萍：《难民危机背景下的欧洲避难体系：政策框架、现实困境与发展前景》，《德国研究》2015 年第 4 期，第 4~21 页；伍慧萍：《欧洲难民危机中德国的应对与政策调整》，《山东大学学报（哲学社会科学版）》2016 年第 2 期，第 1~8 页；伍慧萍：《德国难民和移民政策调整趋势和影响》，《当代世界》2018 年第 9 期，第 23~27 页。

③ 德国从 1949 年以来就有所谓的"柯尼希斯坦法则"（Königsteiner Schlüssel），这个法则一开始是用于跨州研究机构（如德国科学基金会）的融资，后来被转用到避难程序。这个法则考察的是各州的人口数（占 1/3 权重）和税收收入（占 2/3 权重）。德国在 2015 年接受的 89 万名难民就是按照这个法则在德国各州进行分配的。

④ 捷克、罗马尼亚、斯洛伐克和匈牙利反对（芬兰弃权），另外，英国、丹麦和爱尔兰在这个政策领域享有"退出权"，可以选择不参与分配计划。需注意的是，捷克、罗马尼亚、斯洛伐克和匈牙利这四个维谢格拉德集团国家（V4）此前在 2015 年 9 月 4 日在布拉格发表了一份共同声明，反对任何会导致强制性永久配额的动议。参见 "Joint Statement of the Heads of Government of the Visegrad Group Countries", Prague, 04. 09. 2015, http://www. viseg-radgroup. eu/calendar/2015/joint-statement-of-the-150904, last accessed on 15. 10. 2015。

试在欧盟层面落实强制的难民分摊机制，并得到了容克领导下的欧盟委员会的支持——欧盟委员会提出的分摊比例和标准是，按照成员国的居民数、经济实力、失业率和已经接纳的难民数进行欧盟内难民的再分配，但迄今无果，只能寄希望于一些国家自愿承担。

其次，在欧洲难民危机应对的后续阶段，土耳其越来越被默克尔视为缓解危机的出路所在。在没有其他可行办法的情况下，默克尔不得不放下身段，放弃对土耳其内政的批评，搁置原本不同意土耳其入盟、只愿意与之建立优先伙伴关系的立场，和土耳其做一个"金钱换难民"的交易。在2016年3月17—18日的欧盟峰会上，在默克尔的强力坚持下，土耳其与欧盟达成了相关妥协方案。据此，土耳其同意收回所有从土耳其出去的非法移民。但土耳其要求，土耳其每从希腊岛屿上收回一名难民，欧盟就要从土耳其接纳另一名合法的叙利亚难民。在峰会上，欧盟各国的代表当时对土耳其的全新建议感到措手不及，他们有的甚至对默克尔表达了不满，因为这个新建议是默克尔与土耳其总理达武特奥卢（Ahmet Davutoglu）在预先谈判中商定的，虽然当时还有荷兰首相马克·吕特（Mark Rutte）在场。在欧盟－土耳其协定达成后，没有明确的是协定中所写的，欧盟最多从土耳其对等接收的72000名难民如何在欧盟内分派。当时欧盟各国只表示将自愿参与这个体系。德国方面希望对此适用其实在欧盟内并未被接受的分配比例，毕竟按照这个比例德国大致只要承担1/4的难民。默克尔在难民峰会结束后表示，除了已经明确表示不参加分摊难民的斯洛伐克和匈牙利以外，希望所有余下的成员国能参与其中。但是，在德国也有人担心这只是一厢情愿，德国到头来又承担主要负担。①

最后，德国还积极推动在欧盟层面就"二次移动"（secondary movement）做出规制。"二次移动"是指一个在欧盟外部边境国家已经登记的移民或难民，到另一个欧盟成员国如德国申请避难。2018年6月1日，意大利在经历了组阁困境，最终由五星运动和联盟党组成西欧第一个民粹主义政府后，情况发生了急剧转变。意大利副总理兼内政部长、联盟党党首马泰奥·萨尔维尼（Matteo Salvini）采取严厉的难民政策，禁止难民救援船进入意大利港口，由此使难民成为"皮球"，在多个欧盟港口国家辗转，难民问题再次发

---

① 郑春荣：《欧洲难民危机背景下德国在欧盟中的领导角色》，载郑春荣主编《德国发展报告（2016）：欧洲难民危机背景下的德国》，社会科学文献出版社，2016，第1~13页。

酵。与此同时，德国在同样经历组阁困境，最终于 3 月 14 日组成新政府之后，德国内政部长、基社盟主席泽霍费尔提出，不容许在其他欧盟成员国登记过的难民入境德国，以控制难民人数，由此造成与默克尔所在基民盟的立场分裂，一度使德国新政府面临崩塌。2018 年 6 月 28 日至 29 日的欧盟布鲁塞尔峰会就成了解决愈演愈烈的难民纷争的"一根救命稻草"。为了使峰会取得成功，以化解德国内部的执政危机，在默克尔的强烈要求下，欧盟委员会主席容克在峰会前数日还召集了所谓"感兴趣国家"参加"小型峰会"，虽然比预想的仅有 8 个国家参与要好，最终有 16 个国家参加，但"预热"并未取得实质性突破。6 月底的欧盟峰会最终达成的、抑制来欧难民和移民的方法①，也包括欧盟将采取必要的行政与法律上的预防措施，以阻止"二次移动"。这可以视作欧盟峰会向德国总理默克尔释放的"善意信号"，以便她能缓解其政府在避难问题上的纷争。虽然峰会结论并未将相关国家之间签订的双边或三边协定写入其中，不过，在欧盟峰会后，德国总理默克尔表示，已经有 14 个国家表达了与德国签订双边协议并加快做出收回难民的承诺，其中包括迄今严厉批评默克尔难民政策的匈牙利和波兰。但是，默克尔的话音刚落，一些国家就跳出来否认有过这样的承诺。由此可见，峰会期间给予口惠固然容易，但真的要落到行动上，固有的分歧就会再次变得凸显。②欧盟各国在难民问题上的分歧，导致欧盟无法实现其现有难民法律法规的改革。

二　德国在欧洲难民危机中表现的原因

德国在欧洲难民危机中先后经历了从犹豫不决，到表示欢迎再到重新收紧避难政策并努力寻求欧盟层面共同解决方案的变化，这是德国处在道义驱动与利益考量的挤压之中的真实写照。具体而言，在笔者看来，造成德国立场变化主要有以下几个因素。

（一）欧盟现有制度缺陷下的利益因素

德国之所以一开始在难民政策上表现得如此犹豫，根本原因还是在于欧

---

① European Council, *European Council conclusions*（*EUCO* 9/18），Brussels, 28 June 2018（OR. en）.

② 郑春荣：《欧盟难民问题难解的原因与影响》，《当代世界》2018 年第 9 期，第 18～22 页。

盟长期以来的外部边界问题。有效的外部边界保护是内部边界取消的前提，也是人员自由迁徙的保障。然而，欧盟"人权高于主权"的基本理念在理论上限制了它公开为自己设定清晰边界的可能性；而且成立至今，欧盟一直在不断扩大自己的疆域，号称吸纳更多与自己拥有相同价值观的成员国，使外部边界不断变化，加剧了外部边界保护的难度。

就难民问题而言，《都柏林公约》明确规定，避难申请者踏进欧盟范围内的第一个国家要为其负责。很明显，随着欧盟的扩大，这个公约对处于欧盟外部边境、拥有较长海岸线的希腊、意大利等国很不利，而被其他欧盟国家包围的内陆中心国家如德国，由于其地理位置的优势，按照规定是不需要为任何避难申请者负责的。[①] 正是由于这个规定本身存在不合理性，边境国家承受了沉重的"一次移动"（primary movement）负担，难民营环境趋于恶劣，避难者不愿意待在这些边境国家，边境国家也不再承担为避难者登记注册的义务，让他们随意进入欧盟内陆，造成难民在欧盟内的"二次移动"，从源头上动摇了《都柏林公约》的实施基础，比如 2011 年，意大利就曾违反相关规定，为难民分发旅游签证，使难民"合法"地继续北上。其实，德国当时就有社民党内政专家提议，要在欧盟层面制定更加公平的难民分摊机制，但此时德国的避难者人数不高，引入这个机制非但不会为德国减负，反而会加大德国的负担，因此遭到德国政府的坚决抵制。而自 2014 年起，面对数量递增的避难者，德国又开始呼吁欧盟各国之间的团结，以期为自己减轻负担，但遭到中东欧国家和英国的反对。[②] 这一阶段，德国无法在欧盟层面获得其他成员国的帮助，从源头分流上解决问题。

由此可见，正是《都柏林公约》的制度缺陷造成了外部边境国家和内陆中心国家之间的上述分歧：意大利、希腊等欧盟外部边境国家承受了沉重的"一次移动"压力，它们本指望内陆中心国家施以援手，一起分摊难民，而现实中，外部边境国家处于孤立无援的困境，难民分摊难以落实。内陆中心国家长时间以来看到了《都柏林公约》给外部边境国家带来的超负荷压力，但是，它们内心并不想改变这个对它们有利的规定。相反，它们要求将"二

① Bernd Kasparek, "Von Schengen nach Lampedusa, Ceuta und Piräus: Grenzpolitiken der Euro-päischen Union", *Aus Politik und Zeitgeschichte* 47/2013, pp. 39 – 43.

② Andreas Rinke, "Das Schiefe Haus Europa-Euro und Flüchtlinge sind nur zwei Seiten desselben Problems", *Internationale Politik Online*, 24. 09. 2015, https://zeitschrift-ip. dgap. org/de/ip-die-zeitschrift/themen/das-schiefe-haus-europa, last accessed on 28. 10. 2015.

次移动"的难民送回其首次登记的外部边境国家，目的在于不让蛇头与难民自由选择由哪一个国家来处理其避难申请，换言之，要消除避难"博彩"的可能性。根据《都柏林公约》，原则上避难程序要在登记国进行，但难民真的移动后，往往无法遣返至原登记国。这是因为"二次移动"后的国家必须向真正负责避难申请的国家提出收回的请求；如果该国同意，才可下令送回申请避难的难民。不仅如此，申请避难的难民还可以提出各种阻挠这种送回的理由，例如核心家属生活在刚入境的国家，或负责避难申请的国家不能保证人道主义的条件。法律上的审核持续很长时间，导致入境国的法院也不堪重负。与此相关的困境在于，意大利等外部边境国家只有在"一次移动"问题解决后，才会与德国等内陆中心国家商谈本应由它们负责的避难申请者遣返的问题，换言之，外部边境国家只有无须再单方面接纳进一步的难民，才会与内陆中心国家谈判如何管控"二次移动"问题。① 由于以维谢格拉德集团四国为主的一些欧盟国家拒绝难民分摊，因此，德国想要推动的《都柏林公约》的改革举步维艰。

总体上，德国在欧洲难民危机中的表现鲜明地反映了其作为内陆中心国家的利益，当难民问题集中在外部边境国家时，德国并不急于推动《都柏林公约》的改革；当难民通过"二次移动"大量涌入德国之后，德国则产生了在欧盟内合理分摊难民的急迫需求。

（二）道义及历史因素

如前所述，很长时间以来，德国忽视了意大利和希腊等申根区外部边境国家对难民负担的忧虑，甚至一度反对通过欧盟共同的避难政策。但是，也必须看到，随着难民危机的升级，默克尔比其他欧盟国家首脑更早认识到，欧洲难民危机把欧洲推到了比欧债危机更严重的挑战面前，因为难民危机不仅关涉人道主义灾难，还关系到申根区的存续。

与此相关，有学者认为，德国之所以在2015年9月初能够做出开放边境、接纳聚集在匈牙利的难民的决定，是因为默克尔与其联合执政伙伴社民党认识到，只有德国才愿意且有能力通过接纳大量的难民来解除困境，换言之，正因为德国是欧盟内唯一的领导力量，所以它才能够这样做。德国具体

---

① Hans-Jürgen Schlamp, "EU-Flüchtlingspolitik. Irrfahrt auf dem Mittelmeer", *Spiegel Online*, 24. 07. 2018, http://www.spiegel.de/politik/ausland/eu-fluechtlingspolitik-italien-setzt-alle-regeln-ausser-kraft-a-1219680.html, last accessed on 28.09.2018.

拥有三个有利于其做此决定的因素：一是德国经济状况稳定，这也有了后来认为德国劳动力市场能够吸纳这些难民的说法；二是德国国内一开始对难民友好的公共舆论；三是当时德国国内不存在强大的右翼民粹主义政党的羁绊①（详见下文）。笔者认为，默克尔政府这样做还有更深层次的原因，包括德国人特殊的战争和逃亡的历史体验、默克尔在民主德国长大的个人经历，以及德国历史上曾经有过的成功融入移民的经验。②

在难民危机的第二阶段，德国率先打破《都柏林公约》、去除烦琐的行政手续，对难民张开欢迎的怀抱，除了70具难民尸体及小艾兰事件等外部因素的影响外，主要还是出于道义和历史因素。③ 叙利亚内战导致大量民众流离失所，站在道义的角度，人们有义务去帮助那些生活在危险中的人们。欧美国家主张人权高于主权，尤其是有过二战经历的德国，其历史背景更加要求它承担更多救助难民的责任。一方面，因为德国人能感同身受，知道被驱逐的滋味不好受，毕竟所有战争的发动者是政府，而牺牲者多数是平民百姓；另一方面，纳粹德国对犹太人的屠杀导致犹太人逃难到世界各地，纳粹与"伊斯兰国"的暴行同样无法被饶恕。当时，西方列强不愿意对犹太人伸出援助之手，也间接地助长了希特勒的威风。因此，德国人觉得自己有义务不再重蹈覆辙，不再允许他国以及本国的不作为助长"伊斯兰国"的威风。

但是，批评者认为德国人之所以热情地接纳难民，是因为他们这样做可以抵偿祖辈的罪责，修补二战给德国带来的不光彩形象。④ 也许正因为如此，德国人有着某种"自恋"情结。例如在牛津大学任教的英国经济学家、移民问题研究专家保尔·科利尔（Paul Collier）在接受《世界报》专访时表示，

① Thorsten Benner, "Europas einsamer Hegemon. Selbstverliebtheit ist nicht der Grund für Deutschlands Flüchtlingspolitik", *Internationale Politik und Gesellschaft*, 08. 02. 2016, http://www. ipg-journal. de/ipg/unsere-autoren/autor/ipg-author/detail/Author/thorsten-benner/, last accessed on 09. 02. 2016.

② 参见郑春荣、周玲玲《德国在欧洲难民危机中的表现、原因及其影响》，《同济大学学报（社会科学版）》2015年第6期，第36~46页。

③ 也有学者认为，德国的立场转变是一种政治战略，目的是倒逼形成欧洲的应对方案，以使其他国家至少能分担德国的一部分负担。参见 Ferruccio Pastore, "The Next Big European Project? The Migration and Asylum Crisis: A Vital Challenge for the EU", *Policy Brief*, Norwegian Institute of International Affairs, 25/2015。

④ Dirk Schümer, "Der IS gehört in den untersten Kreis der Hölle", *Die Welt*, 13. 12. 2015, http://www. welt. de/kultur/article149916657/Der-IS-gehoert-in-den-untersten-Kreis-der-Hoelle. html, last accessed on 29. 05. 2018.

德国人明显沉迷于自己的拯救者角色，但问题是许多难民把默克尔的话理解为邀请，纷纷踏上逃亡欧洲的道路，默克尔要单独为难民危机负责。①

另外，默克尔总理的开放边境的决定也是由其个人经历和人生信念所决定的。默克尔出生在民主德国，目睹过民主德国人民逃往联邦德国的场景，因此，她坚信，一味竖立围墙和隔离栏是无法防止难民潮的。她的父亲是一名联邦德国牧师，于 20 世纪 50 年代移居民主德国，这样的家庭背景也塑造了默克尔"关爱、救助、仁慈"等人生信念。应该说，默克尔在做出欢迎难民决定的一刹那，是非常情绪化的。② 当然，默克尔在做出欢迎难民决定时，也很清楚德国民众是支持其立场的（详见下文）。

无论是何种原因促使默克尔对难民开放边境，至少她并未与欧洲的其他伙伴进行过事先的紧密磋商。因此，在难民危机之中，德国采取了单边行动。显然，德国想树立榜样，希望其他国家纷纷效仿并分担德国的负担。但是，正如后面事件的发展所呈现的，欧盟其他国家并未跟进，而是更多地收缩本国的难民危机解决政策。匈牙利总理欧尔班甚至指责德国政府在奉行"道义帝国主义"，意即德国在占据了道德制高点、做了好人之后，又想强行把负担摊派给其他国家。

在其后的难民危机应对中，默克尔承受了来自国内外越来越大的压力。联盟党内抵制默克尔总理的难民政策的声音越来越响亮，包括基民盟议员集体给默克尔写抗议信，基民盟州议会选举候选人提出替代方案，乃至基社盟主席泽霍费尔威胁将默克尔的难民政策诉诸联邦宪法法院。在欧盟层面，其他成员国也越来越与默克尔唱对台戏，不仅维谢格拉德集团四国组成了反对阵营，而且连德国一开始在难民危机应对上的盟友（如奥地利）也与不支持默克尔的难民政策。但是，在如此巨大的内外压力下，默克尔并未改变立场。问题在于，默克尔一向被认为很务实，甚至被某些观察家批评为见风使舵，避免进行原则性讨论。例如在当年退出核电的问题上，默克尔就曾经表

① Anja Ettel and Holger Zschäpitz, "Oxford-Ökonom. Ist Merkel schuld an Flüchtlingskrise? Wer sonst?", 25. 02. 2016, http：//www. welt. de/wirtschaft/article151603912/Ist-Merkel-schuld-an-Flue chtlingskrise-Wer-sonst. html, last accessed on 29. 05. 2018.

② 类似的情绪化决定还有一次，那就是福岛核泄漏之后，默克尔在既未与欧盟其他国家商议，也未在联合政府内充分沟通的情况下做出了放弃核电项目的决定。这是德国杜塞尔多夫政党和政党法研究所所长托马斯·波古特克（Thomas Poguntke）教授、博士于 2015 年 9 月 23 日在同济大学做主题为"德国默克尔总理：总统式总理的执政特点"的报告时所表达的观点。

演过从"延核"到"再弃核"的转变。[①] 在难民政策上,她虽然也有机会像退出核电那样,顺应民意、转变立场,但是她并未这样做。相反,默克尔始终坚持其难民政策,虽然在其领导下,德国国内以及欧盟的避难政策都有所收紧,但默克尔的难民政策在其本质上并无改变:她始终反对各国各自为政、关闭边境的做法,认为一个欧洲整体的方案才是唯一以目标为导向的,这是因为欧洲的未来维系在它身上,而欧洲的未来也是德国的利益所在。

综上,除了前述外部边境国家与内陆中心国家之间存在的、更多的地理位置因素造成的难民问题上的分歧外,还存在更多的文化因素驱动的主张"闭关"者与主张"开放"者之间的分歧:一方是以维谢格拉德集团四国为主的"闭关"派,它们要求关闭欧盟外部边境,由此欧盟内部边境的自由流动才是可能的;另一方是以德国总理默克尔以及法国总统马克龙为代表的"开放"派,认为欧盟具有接受避难者的法律义务和人道主义责任。在这两条交叉的分歧线的共同作用下,欧盟内形成了两种解决问题的不同思路:一种是各国按自己的方式"自行其是",事实上就是纷纷关闭边境;另一种是正如默克尔所主张的,在欧盟层面寻求共同的解决方案。但是,欧盟各国在解决难民问题上所能达成的最小共识只是尽可能把没有避难资格的难民挡在欧盟边境外,以及在欧盟边境外集中设点,以对难民的避难资格进行甄别和审查。

(三) 劳动力市场因素

目前,德国的经济实力在欧盟范围内最强,失业率在欧盟范围内也处于较低水平,因此,客观而言,德国相比其他欧盟国家,更有能力接受大量难民。与此同时,德国面临着人口老化和由此导致的劳动力短缺的问题。由于来自叙利亚的避难者多为年轻人,因此,有不少观点认为,德国之所以欢迎叙利亚难民是因为这么做有助于缓解德国社会老龄化的危机和劳动力短缺的问题。不过,如果德国真的将叙利亚难民看作劳动力补给来源,默克尔政府就不会一开始在接纳难民问题上犹豫不决。而且,如前所述,默克尔后来做出欢迎姿态另有原因。只是这些难民进入德国之后,人们才把难民对劳动力市场的积极因素作为德国接纳(已经到来的)难民的一个理由。不过,难民想要真正发挥对劳动力市场的积极作用,还面临着诸多障碍:这些来自叙利

---

① 郑春荣:《德国弃核、延核、再弃核评述》,《德国研究》2011 年第 2 期,卷首语。

亚以及其他国家的难民，大多数其实并没有受过任何专业训练，有估计表明，拥有足够专业人员资历的人不到 10%，甚至新来者中有 15%~20% 的人是文盲。若需要进入劳动力市场，德国方面也得对其进行语言和技术培训。时任德国内政部长德迈齐埃也提醒，不应把对难民的人道主义和德国经济发展及人口结构调整所需要的劳动力混淆。① 即使在耗时耗资培训使其达到一定客观标准之后，这些新进的劳动力能否很好地融入德国并不灵活的劳动力市场，达到与退出市场的劳动力相当的劳动生产率，这点也是值得怀疑的。

最后，德国在移民招募和融入上的积极经验也使它在对待难民问题上更加坦然。例如，德国在战后曾经从越南、土耳其以及东欧、南欧招募了许多客籍劳工，他们为德国战后经济的恢复与振兴做出了积极贡献。而且，德国国内的外国人中，土耳其人占了绝大多数，虽然穆斯林在德国的融入也时常成为社会讨论的热点之一，但是，外来移民在德国的融入情况总体好于其他国家，如法国，在那里，二代青年移民的骚乱问题尤为突出。中东欧国家，尤其是维谢格拉德集团四国，由于缺乏接纳移民的历史经验，对接纳难民所表现出的拒绝态度非常明显。

（四）民意因素

民意始终是影响德国政府决策的重要因素之一。起初，德国主流社会对外来者还是持开放态度的，即使在 2014 年末爆发 "爱国欧洲人反对欧洲伊斯兰化"（简称 "Pegida"）示威游行期间，也有不少反对 "Pegida" 的人走上街头表示抗议，以示自己的宽容和对外来者的欢迎。2015 年 4 月地中海沉船事件爆发，主流民意针对是否能派兵击毁偷渡者船只的问题，更多的是持怀疑态度。② 即使在默克尔决定接纳所有滞留在匈牙利的叙利亚难民时，主流民意依然持积极态度，各州都自发展开了积极的难民援助措施。

---

① "De Maizière sieht in Asyl keine Lösung demografischer Probleme", *Süddeutsche Zeitung*, 22. 09. 2015, http://www. sueddeutsche. de/politik/fluechtlingsdebatte-de-maizire-warnt-vor-vermischung-von-asyl-und-einwanderung-1. 2658943, last accessed on 20. 02. 2016. 为了解决德国劳动力市场专业人才短缺问题，德国政府在 2019 年 3 月提出了《专业人才移民法（草案）》，该草案继续坚持了难民与工作移民分离的原则。

② "DeutschlandTrend im ARD-Morgenmagazin: Jeder Zweite für mehr Flüchtlinge", *tagesschau. de*, 24. 04. 2015, http://www. tagesschau. de/inland/deutschlandtrend-309. html, last accessed on 20. 05. 2018.

　　然而，仅仅一周内，默克尔的这项决定使以慕尼黑为首的德国各大城市逐渐逼近难民接纳的极限，德国民众对难民以及对默克尔难民政策的态度也发生了逆转，从一开始的"我们能够做到"逐渐转变为"也许我们并不能做到"。朝野上下的舆论似乎都站在了默克尔的对立面，甚至一度有人揣测，默克尔会因此改变自己的方针，为难民接纳人数设置限额。鉴于基民盟内部、基民盟与基社盟之间的纷争，德国甚至一度有如此议论：默克尔会不会因难民危机而辞职？2016 年 2 月初的《德国趋势》调查显示，已经有 81% 的德国人认为默克尔政府无法掌控难民危机，多数民众与默克尔的观点相反，要求引入难民接收的上限，默克尔的个人民意支持率也跌至 2011 年 8 月以来的最低值①。最终，为防止国内民众对难民态度发生逆转进而产生强烈反弹，默克尔政府决定重新引入边境控制。

　　同样的情况也在民意调查中得到反映：尽管德国政府决定在 2015 年 9 月 13 日重新引入边界控制以限制难民潮，但这项政策似乎并没有消除民众对难民到来的消极态度。另外，德国政府的这一决定还影响了民众对难民的整体态度。10 月的调查表明，受访者持积极态度、赞同"难民的到来是对本土文化的丰富"的人数与 9 月初相比下降了 5%；而持消极态度、赞同"难民的到来对本土经济产生破坏"的人数有所上升。就应对措施而言，持积极态度、赞同"引入更多合法的进入欧洲的渠道"的受访者下降了 9%。此外，民众对难民的整体印象也发生了逆转：近 44% 的受访者认为难民对德国弊大于利，与 9 月相比上升 11%；反之，对难民持乐观态度下降了 10%，降至 35%。同样，民众对默克尔政府的整体满意度也受到影响：9 月初的调查显示，53% 受访者对政府总体表示满意；到 10 月初，不满意的人数已超过半数，达到 51%。②

　　在科隆性侵案发生后，德国民众对默克尔难民政策的不满情绪以及对难民的负面印象显著上升。这直接导致了在 2017 年 9 月 24 日联邦议院选举中默克尔领导下的联盟党的选票大幅下降。对决定选举的议题的民调分析显

① "Zustimmung sackt abUmfrage-Schock für Merkel-Bundesregierung für Asyl-Politik abgewatscht", *Focus Online*, 04.02.2016, http://www.focus.de/politik/videos/erschreckender-rekordwert-afd-setzt-hoehenflug-fort-bundesregierung-fuer-asyl-politik-abgewatscht_id_5259857.html, last accessed on 12.06.2018.

② "ARD-DeutschlandTrend November 2015", *tagesschau.de*, 08.11.2015, http://www.tagesschau.de/inland/deutschlandtrend-435.pdf, last accessed on 15.12.2015.

示，难民、外国人和融入议题是决定选民选举行为的主要议题。虽然绝大多数选民对德国的经济形势评价积极，但是，对于联邦政府工作的满意度呈现两极分化，这主要是默克尔的难民政策所造成的。① 随着民意的转向，德国执政各党之间以及内部有关难民政策的争论持续发酵。如前所述，2018 年夏季德国新政府差点因为默克尔与基社盟主席、联邦内政部长泽霍费尔在这个问题上的冲突而提前解体。

三　德国在难民危机中表现的影响

如前所述，在德国国内，自 2015 年 10 月中旬起，联邦议院和联邦参议院先后通过了"避难一揽子法案"，收紧了各项避难政策。在国际层面，对如何解决叙利亚问题、如何与土耳其总统雷杰普·塔伊普·埃尔多安（Recep Tayyip Erdogan）交涉等问题，德国的态度也发生了比较显著的变化。无论如何，德国率先打破陈规，接纳滞留在匈牙利的叙利亚难民，在赢得广泛尊敬的同时，已经给德国及欧盟的社会带来了深远的影响。

（一）国内层面

德国主动接纳大量难民，给国内社会带来了巨大的影响，概括起来，主要包括价值观受到侵蚀、难民的社会融入问题突出以及疑欧的右翼民粹主义势力上升等方面。

1. 价值观受到侵蚀

正如德国国防部长冯德莱恩所表示的，难民危机之所以是德国及欧盟面临的诸多危机中最大的一场危机，是因为它是道义性质的，欧盟成员国之间的团结面临侵蚀；欧洲作为自由与价值的榜样，面临沉沦在排外心理与民族主义之中。②

外来者的到来会在一定程度上侵蚀德国社会原有的自由、民主、开放等价值观，若外来者本身的价值观被认为与原有社会的价值观相背离，问题则更严重。以信仰伊斯兰教为主的叙利亚难民的到来，就反映了这种情况。一

---

① Sebastian Bukow, "Bundestagswahl 2017. Ergebnisse und Analysen", *böll. brief-Demokratie & Gesell-schaft* #5, September 2017, p. 12.

② Rede der Bundesministerin der Verteidigung Dr. Ursula von der Leyen anlässlich der Eröffnung der 52. Münchner Sicherheitskonferenz, München, 12. 02. 2016.

方面，来自中东地区的难民拥有宗教冲突的背景，长期遭受战争痛苦的难民也有一定的暴力倾向，在外部因素的激发下，较容易产生极端情绪，比如2015年，汉堡就已经发生了叙利亚难民和阿富汗难民的肢体冲突，警方出动了40名警力才制止了这次暴力冲突，而冲突原因是争抢洗澡设施；① 卡塞尔的难民营也有人因为食物而发生肢体冲突；② 图林根州的苏尔则发生了难民的性犯罪。③ 另一方面，这些暴力行为又助长了"以暴制暴"的极右势力的发展，从而稀释了德国社会的原有价值观。时任德国内政部长德迈齐埃表示，2015年，德国国内针对难民房屋的纵火等暴力事件已超过490起，与2014年的153起相比，翻了约3倍！④此类"以暴制暴"事件此后一再上演，最近的例子有2018年8月26日在德国东部城市开姆尼茨发生的一起恶性群殴事件：在该市的875周年建城庆典上，多名男子发生肢体冲突并引发大规模斗殴，一名35岁德国男子被刺五刀身亡，另有两名德国人受重伤，犯罪嫌疑人为两名来自伊拉克和叙利亚的难民。此后，右翼分子反难民、反移民的示威游行、抗议纳粹行为的对抗游行以及两种力量之间的冲突不断，带来了持续影响。⑤

在这一背景下，就连原本写在《基本法》中的"避难权"也遭到了一些政要的质疑。例如，在2018年11月围绕基民盟党首之位的竞争中，竞选人之一的弗里德里希·默茨（Friedrich Merz）一度就对个体的"避难权"是否需要存续提出要进行公开讨论，在德国国内引发一片哗然。因此，对于德国和欧盟而言，一个最大的挑战就在于它们能否在难民危机持续发酵的过程中，坚守其一直以来标榜的人权高于主权的价值观。

① Marcel Müller, "Flüchtlingsunterbringung in Hamburg, Ausnahmezustand als Normalfall", *tagesschau. de*, 01. 10. 2015, http://www.tagesschau.de/inland/fluechtlinge-bergedorf-103.html, last accessed on 15. 12. 2015.

② "Flüchtlingsgewalt alarmiert Berlin 'Wir sehen das mit erheblicher Sorge'", *tagesschau. de*, 28. 09. 2015, http://www.tagesschau.de/polizeigewerkschaft-105.html, 28. 09. 2015.

③ "Asylbewerber und Flüchtlinge: Polizei nimmt 15 mutmaßliche Suhl-Gewalttäter fest", *Mdr. de*, 29. 09. 2015, http://www.mdr.de/nachrichten/suhl-polizeieinsatz100_zc-e9a9d57e_zs-6c4417e7.html, last accessed on 20. 10. 2015.

④ "490 Angriffe auf Asylunterkünfte. De Maizière spricht von Schande für Deutschland", *tagesschau. de*, 09. 10. 2015, http://www.tagesschau.de/inland/gewalt-gegen-fluechtlinge-101.html, last accessed on 28. 10. 2015.

⑤ 陈英：《开姆尼茨"群殴"事件：处置难民问题，德国政府力不从心》，《界面新闻》，2018年9月10日，https://www.jiemian.com/article/2457623.html，最近访问日期为2019年3月12日。

2. 难民的社会融入问题突出

在难民危机高潮时，许多难民事实上未经登记就进入了德国，成为德国社会的一个安全隐患。迄今已经爆发的由难民引起的性侵、暴恐等案件，已经给德国社会敲响了警钟。在此背景下，难民的融入问题更为迫切和严峻。只有当难民成功融入德国社会和劳动力市场之后，他们才能发挥其积极效应，但是这种效应中短期内是无法预期的。

难民潮中的大多数难民来自叙利亚、伊拉克等受到战争或政治迫害威胁的国家。这些国家国内由于师资缺乏，无法开设德语课程，因此，这些难民往往不会说德语。在德国，只有避难申请审核程序结束后，政府才会向难民提供德语课程。然而，德语技能的缺乏进一步影响难民在德国获得职业培训以及工作的机会，而良好的教育和工作机会又是难民成功融入德国社会的关键。

教育方面，如前所述，根据联邦移民和难民局的数据，2016 年上半年避难申请人数中，18 岁以下未成年人占到总数的 34.7%，30 岁以下的占73.3%。因此，无论是基础教育、高等教育还是职业教育方面难民都存在巨大需求。虽然目前针对整体难民的受教育和受职业培训情况尚无代表性数据，但是根据部分难民自愿提供的信息，联邦劳动力市场与职业研究所做出统计，认为难民的受教育水平呈现两极分化：具有良好居留机会的难民中有46% 接受过大学或高级中学教育，这些人未来将很有可能在德国的高等学校继续接受进一步的高等教育；[1] 25% 的难民未受过教育或只受过小学教育（6年），这部分人将对德国的基础教育设施提出更高的要求。[2]

职业资格培训方面，根据联邦劳动事务所的统计数据，来自欧洲以外的难民来源国的就业者和正式登记的避难申请者中，有 70% 未完成相关职业培训。无需接受后续职业资格培训可以直接进入劳动力市场的劳动力数量相当低。[3] 这意味着，难民若要真正实现劳动力市场融入尚需要时间。

---

[1] Herbert Brücker, Institut für Arbeitsmarkt-und Berufsforschung, Typisierung von Flüchtlingsgruppen nach Alter und Bildungsstand, *Aktuelle Berichte*, 6/ 2016, p. 1, http://doku. iab. de/aktuell/2016/aktueller_ bericht_1606. pdf, last accessed on 25. 06. 2016.

[2] Barbara Schmickler, " Was Flüchtlinge für den Arbeitsmarkt bedeuten ", *tagesschau. de*, 09. 06. 2016, http://www. tagesschau. de/wirtschaft/fluechtlinge-arbeitsmarkt-111. html, last accessed on 18. 08. 2016.

[3] Herbert Brücker, Institut für Arbeitsmarkt-und Berufsforschung, Typisierung von Flüchtlingsgruppen nach Alter und Bildungsstand, *Aktuelle Berichte*, 6/ 2016, pp. 3 – 5, http://doku. iab. de/aktuell/2016/aktueller_ bericht_1606. pdf, last accessed on 25. 06. 2016.

劳动力市场方面，根据联邦劳动力市场与职业研究所的一项抽样调查，从历史长期来看，在德国的难民和避难申请者的平均就业率为 55%。而 2015 年 9 月该研究所估计，此次难民潮中难民的平均就业率将下滑至 30%。[1] 难民就业率受到不同因素的影响。首先难民的职业资格水平较低，不仅明显低于德国人的平均水平，而且低于来自其他国家的移民。[2] 由于语言能力未达到劳动力市场的要求，职业经验不足和申请审批程序漫长等原因，难民无法直接进入就业市场。另外，调查表明，即使难民能够进入劳动力市场，低薪职业预计成为在德难民最重要的就业方式。[3] 此外，难民危机可能对德国的整体失业率造成影响，联邦经济部预测难民危机将使德国失业率再次攀升，2020 年德国失业人口将超过 300 万人。[4]

更为严峻的是，2015 年以来，数百万来自叙利亚、伊拉克、阿富汗以及北非国家的穆斯林难民涌入德国，德国面临着比普通的穆斯林移民更为艰巨的融入任务和恐怖主义袭击的严峻形势。纵观历史，穆斯林移民的失败通常由于没有掌握客居国语言、在接受教育或就业方面受到歧视或陷入困境、交流习惯与风俗等文化的差异，这些与伊斯兰教混合在一起就加剧了移民融入的难度。[5] 此次难民潮也有类似的问题，这些在德国社会中被边缘化的群体，很可能将暴力作为一种对话方式，通过这种极端方式强迫主流社会正视现实中被忽略或被默认的不公平。但由此造成的恶性循环是，主流社会和民众进一步将该群体视为"破坏性力量"，这更加深了政府和民众对穆斯林族群的成见和排斥。联邦政府需要制定出更加有效的难民融入政策，实现穆斯林族群在德国身份认同的合理建构，促进难民融入德国主流社会，才能真正实现德国的经济与社会发展的和谐与繁荣。如何增大社会参与权，推广德国自身的价值观和法治国家理念，解决不同宗教和文化之间的和平共处问题，对德

---

① "Massenmigration führt immer zu Problemen", *tagesschau. de*, 18. 10. 2015, https://www.tagesschau. de/inland/fluechtlinge-integration-101. html, last accessed on 18. 07. 2016.

② Institut für Arbeitsmarkt-und Berufsforschung, Flüchtlinge und andere Migranten am deutschen Arbeitsmarkt: Der Stand im September 2015, *Aktuelle Berichte*, 14/ 2015, pp. 3 – 5.

③ Marcel Fratzscher and Simon Junker, "Integration von Flüchtlingen-eine langfristig lohnende Investition", *DIW Wochenbericht* Nr. 45, 2015, pp. 1083 – 1088, hier p. 1085.

④ "Arbeitslosigkeit steigt wegen Flüchtlingen wieder an", *Die Welt*, 16. Aug. 2016, http://www. welt. de/wirtschaft/article157692415/Arbeitslosigkeit-steigt-wegen-Fluechtlingen-wieder-an. html, last accessed on 17 August, 2016.

⑤ Mathias Rohe, "Islam und säkularer Rechtsstaat: Grundlagen und gesellschaftlicher Diskur", *Aus Politik und Zeitgeschichte*, No. 13 – 14, 2011, pp. 21 – 27, here p. 22.

国社会提出了严峻挑战。[1] 一方面，伊斯兰世界的难民带来了新的文化特质。如何与德国现有文化共处、相融，如何在新的形势下维护社会安定团结，是德国面临的非常棘手的问题。[2] 另一方面，德国主流社会对于穆斯林难民群体的认知会由于缺乏接触和了解而走入误区，容易将少数现象推而广之，产生畏惧感和防御心理。极右翼排外势力借题发挥煽动排外情绪，一度沉寂的"Pegida"运动再次兴起，信奉右翼民粹主义的德国另类选择党趁机扩大自身的影响力。[3] 欧洲"伊斯兰恐惧症"的蔓延，事实上暴露的是穆斯林移民和难民在社会融入方面的困境。[4]

为了应对难民的融入问题，德国通过了新的《融入法》，该法于 2016 年 8 月生效，其核心原则是"促压结合"。《融入法》增加了所有难民参与融入课程和融入劳动力市场的可能性，并优先对待有良好逗留德国前景的难民，而对于那些拒绝融入者，则以削减其给付等措施给予惩罚。新的《融入法》体现了德国政府在解决移民和难民融入问题上的决心，其实际效果尚需要时间来检验。[5]

需要注意的是，在难民的融入上还存在这样一个悖论，如果说这些难民只应短期内待在德国，在叙利亚国内局势缓和之后，应回到母国，毕竟这些难民是叙利亚将来战后重建最为需要的，那么，融入德国社会并不应成为主要目的。换言之，融入德国社会越成功，这些难民将来返回母国的可能性就

---

① 伍慧萍：《避难者危机对于德国政治、经济与社会的影响》，载郑春荣主编《德国发展报告（2016）：欧洲难民危机背景下的德国》，社会科学文献出版社，2016，第 14～40 页，这里第 32～33 页。

② Rainer Woratschka, "Rede zum Tag der Deutschen Einheit. Joachim Gauck：Flüchtlingskrise noch größere Aufgabe als Einheit", *tagesspiegel. de*, 04. 10. 2015, http：//www. tagesspiegel. de/politik/rede-zum-tag-der-deutschen-einheit-joachim-gauck-fluechtlingskrise-noch-groessere-aufgabe-als-einheit/12403780. html, last accessed on 26. 06. 2016.

③ 伍慧萍：《避难者危机对于德国政治、经济与社会的影响》，载郑春荣主编《德国发展报告（2016）：欧洲难民危机背景下的德国》，社会科学文献出版社，2016，第 14～40 页，这里第 27 页。

④ 1997 年英国研究种族问题的智库"Runnymed Trust"的一份报告首次将"伊斯兰恐惧症"（Islamophobia）这一概念引入学术讨论范围，将该概念定义为对伊斯兰教的恐惧或仇恨，并进而推广到对所有穆斯林的恐惧和厌恶，同时也意指歧视穆斯林的做法，如将其排斥在国家的经济、社会和公共生活以外，并认为伊斯兰教是一种暴力的政治意识形态，与其他文化没有共同价值观。参见 Jürgen Leibold, Steffen Kühnel and Wilhelm Heitmeyer, "Abschottung von Muslimen durch generalisierte Islamkritik", *Aus Politik und Zeitgeschichte*, No. 1 - 3, 2006, pp. 3 - 10, here p. 4。

⑤ 郑春荣、倪晓姗：《难民危机背景下德国难民融入的挑战及应对》，《国外社会科学》2016 年第 6 期，第 75～83 页。

越小。德国社会对这个问题并未进行认真思考，显然，倘若难民能够成功融入德国社会，那么德国方面肯定希望他们将来留在德国，缓解德国劳动力短缺的问题；反之，那些无法或不愿融入的难民，德国方面会希望他们将来回到母国去。这或许是德国在难民融入问题上的"隐蔽"方案。

3. 疑欧的右翼民粹主义势力上升

默克尔将滞留在匈牙利的难民接到德国的这一决定也给其国内的政治光谱带来显著影响。和欧盟内其他国家出现右翼民粹主义政党得势乃至上台执政一样，德国国内的疑欧势力也有所上升。德国民调机构福尔萨（Forsa）的民调显示，2015 年 9 月底 10 月初，德国另类选择党的支持率上升到 7%，这对这个始终徘徊在"5% 门槛"之下的政党来说，意义不同凡响。① 此后的各次民调显示，右翼民粹主义政党德国另类选择党利用民众的担心与恐惧，其支持率在显著攀升。面对这一严峻挑战，主流政党显得不知所措，无论是想办法排斥或孤立德国另类选择党，还是和德国另类选择党一样提出拒绝接受难民的主张，都未能抑制德国另类选择党的上升势头。例如，虽然主流政党通过右倾可以在某种程度上回应民众的忧虑，阻止右翼民粹主义政党势力的不断扩大，但是，右倾会使主流政党内部产生意见分歧，这种分歧一旦公开化，就如基民盟内部、基民盟与基社盟之间的争论，却又反而会进一步削弱主流政党在民众中的可信度。而且，过于右倾也有可能把选票拱向右翼民粹主义政党手中，因为民众会认为右翼民粹主义政党的立场观点得到了证实。因此，主流政党处于左右为难之中。

例如，这种情况明显反映在 2016 年 3 月 13 日举行的三个州（巴登 - 符腾堡州、莱茵兰 - 普法尔茨州和萨克森 - 安哈尔特州）的州议会选举中。这三个州的州议会选举涉及的并非州层面的政治议题，而是有关默克尔政府的难民政策的对决。因此，这三个州的议会选举也被视作"小联邦议院选举"，对于 2017 年联邦议院选举有着某种预警的作用。选举结果显示，德国另类选择党在萨克森 - 安哈尔特州跃升为第二大党（得票率为 24.3%），在巴登 - 符腾堡州、莱茵兰 - 普法尔茨州，德国另类选择党也成为第三大党（得票率分别为 15.1%、12.6%）。凭借州选获胜的余威，德国另类选择党在联邦层面也进一步扩大自己的地盘：在 2017 年 9 月大选后，德国另类选择党如期进入了联邦

---

① "Umfrage: AfD legt auf sieben Prozent zu", *Spiegel Online*, 07.10.2015, http://www.spiegel.de/politik/deutschland/afd-alternative-fuer-deutschland-laut-umfrage-bei-7-prozent-a-1056561.html, last accessed on 28.10.2015.

议院，并成为议会内第三大党，而且，在基民盟/基社盟与社民党 2018 年 3 月再次组成大联合政府后，它成为议会内的最大反对党。德国另类选择党进入联邦议院，还使德国政府组阁一度难产：德国另类选择党进入联邦议院后，德国进入联邦议院的政党数达到 6 个，由于社民党在大选结束后当日就因糟糕的选举结果一度宣布成为反对党，唯一的组阁可能性就是基民盟/基社盟、自民党和绿党组成跨政党阵营的三党联盟，而经过四个多星期的试探性会谈，三党联盟的尝试失败，默克尔陷入了组阁困境，甚至一度不排除需要进行重新选举的可能性。好在德国社民党领导层"回心转意"，在联邦总统施泰因迈尔斡旋下，与基民盟/基社盟重启组阁谈判，并最终在 2018 年 3 月 14 日艰难完成组阁，这距离选举已经过去了 171 天，成为德国历史上时间最长的一次组阁。由于执政联盟的总得票率大幅下降，最终组成的"默克尔 4.0"政府注入了脆弱性和不稳定性。[①] 而且，在接下来的每一次选举，尤其是德国东部的州议会选举中，主流政党都担心得票率被德国另类选择党超过或是远远甩开。

正因为难民危机久拖不决，人们对欧盟的信任度显著降低；在欧盟各国，可以明显感受到再国家化的倾向，这也为各国民粹主义乃至极端主义力量的壮大提供了温床。如今，欧盟诸多国家政治生态右倾非常明显，连德国这个较长时间以来没受到右翼民粹主义政党困扰的欧盟内的领导国家，右翼民粹主义势力也在不断壮大，这将限制德国在欧盟内进一步发挥领导力，从而也将给欧洲一体化的未来带来更大的不确定性。

（二）欧盟层面

德国给叙利亚难民"开绿灯"的行为，是对欧盟现有共同难民政策《都柏林公约》的侵蚀，引起了匈牙利等东欧国家的强烈反弹，无疑加剧了欧洲难民政策一体化的难度。然而，难民问题的解决始终需要欧盟各国的团结一致。不过，无论是各国先前对意大利政府呼吁更加公平的"难民配额"置之不理，还是现在对德国呼吁欧盟团结性的要求置若罔闻，都体现了欧盟的伟大理想在残酷现实中的无力。[②] 某些欧盟成员国指责德国开门欢迎难民，

① 郑春荣：《欧洲民粹主义政党崛起的影响》，《山东大学学报（哲学社会科学版）》2018 年第 5 期，第 99 ~ 108 页，这里第 102 页。
② "Vorgaben aus Brüssel：EU ermahnt Deutschland，Asylrichtlinien umzusetzen"，*Spiegel Online*，23. 09. 2015，http：//www. spiegel. de/politik/ausland/eu-ermahnt-deutschland-asyl-richtlinien-umz-usetzen-a-1054409. html，last accessed on 28. 10. 2015.

占据了道德制高点，为自己赢得了美誉，现在又反过来给其他欧盟国家强制摊派难民配额。对此，匈牙利总理欧尔班称之为"道义帝国主义"。然而，没有一个国家愿意效仿德国的"欢迎文化"。在某些东欧国家看来，德国在难民政策上的单边决定堪比"德国特殊道路"的回潮。

总体来看，一方面欧洲难民危机迄今非常有限地推进了欧盟各国在应对难民危机问题上的临时或自愿的协调与合作；但另一方面，也必须清醒地看到目前欧盟所处的困境，现有的《都柏林公约》的规定不具可操作性且未被遵守，但欧盟各国至今又无法达成共同的避难与难民政策。

无论如何，难民问题已经给欧盟带来了一系列严重的负面影响。首先，可以预见，难民和移民问题仍将在欧盟内延续较长时间，这是因为难民来源地区的稳定与生活条件的改善并非中短期内能够实现的。鉴于难民和移民流动的推动因素继续存在，只要欧盟不能达成完备的共同避难与移民政策，那么，欧盟各国围绕难民与移民问题的争吵还将继续，这无疑将削弱欧盟内的团结，破坏欧盟的稳定，包括耽搁欧盟其他急迫的改革计划，例如在 2018 年 6 月底的欧盟峰会上原本要就欧元区改革做出决定，但是，因为峰会几乎完全被难民问题缠绕，有关欧元区改革的决定被推迟。其次，欧盟致力于改革 2013 年 6 月达成的欧洲共同避难制度（Common European Asylum System，CEAS）的目的是确保申根区的迁徙自由，但是难民在各国间的分摊未能从根本上解决，就会使个别国家恢复边境检查乃至封闭边境，因此申根协定区的人员流动自由就会遭到破坏，申根区会变得有名无实。而且，围绕避难问题的争论的结果将进一步助涨欧盟各国国内右翼民粹主义势力，例如德国基民盟与其姐妹党基社盟之间围绕避难问题的内斗，使两者都成为输家，从中渔翁得利的是信奉右翼民粹主义的德国另类选择党，如上所述，其在民调中的得票率稳中有升。而且，个别的，尤其受右翼民粹主义政党裹挟或控制的成员国，拒绝执行欧盟的特定多数决定，这破坏了欧盟的团结乃至行动能力；由于欧盟不能提供解决方案，这又是疑欧乃至反欧的右翼民粹主义政党所乐见的，它们可以进一步宣扬"欧盟不是问题的解决者，而是问题的制造者"，把欧盟加以工具化利用，把它作为不受欢迎的政策措施以及自身执政失误的替罪羊，因此，欧盟内的妥协与集体行动的空间会进一步遭到挤压。最后，一个更为根本性的问题在于，至少在批评人士看来，如果 2018 年 6 月欧盟峰会的决定得到实施，这将意味着个体避难权在欧盟内的终结，尤其是将海难中获救难民也直接遣返到第三国的接纳营，存在违反国际法上遣返禁令的嫌疑，而且也会削弱欧盟作为遵从国际法的"文明力量"的形象，使欧盟的可信度和价值基础遭到侵蚀。

因此，难民问题并不只是其问题本身，还是一个涉及欧洲一体化未来的问题。在寻找难民问题应对方案的过程中，一体化的拥护者提出难民的接纳是一项公共物品，因此，其管辖权应交给欧盟层面；而反对扩大欧盟权限者认为，是否以及接纳多少难民的决定权必须保留为欧盟各国的主权。这也反映在欧盟边境与海岸警卫队的授权上，欧盟委员会早在 2015 年 12 月就曾提出过建议，要求欧盟边境与海岸警卫队可以在未受相关成员国同意的情况下，自行在成员国领土上开展行动，但这一建议未能在欧盟内通过。鉴于"民族国家至上者"坚决抵制进一步让渡主权，欧盟只能满足于基于"意愿者联盟"的灵活一体化形式，"多速欧洲"成为欧盟虽然无奈，但目前情况下唯一可行的选项。

（三）国际层面

难民问题是全球问题，考验着国际社会的危机及冲突管理能力，德国对难民的宽容态度在全世界赢得了敬意，也间接地增大了难民问题解决所需的国际社会的舆论压力。终于，在舆论压力下，美国政府表示，将再接受 1 万名难民；时任国务卿约翰·克里（John Kerry）表示，已下令建立一个专门负责欧洲难民问题以及其他人道主义危机的工作组。[①] 时任德国总统高克也于 2015 年 10 月初访问美国，在白宫与时任美国总统贝拉克·奥巴马（Barack Obama）就有关难民问题进行对话，并表达了希望美方共同承担为叙利亚难民提供庇护的责任，这距德国总统上一次访美已有 18 年之久。[②] 难民与移民问题的日益严峻化，也促使了国际社会加强了全球移民治理的协调，最终，2018 年 12 月 10 日，摩洛哥马拉喀什举行的联合国移民问题政府间大会通过了《移民问题全球契约》。但是，唐纳德·特朗普（Donald Trump）当选美国总统后，推行"美国优先"政策，不断收紧移民与难民政策，颁布移民限制令，建造边境隔离墙，甚至于 2017 年 12 月退出了《移民

---

① 《欧洲对难民涌入吃不消：美国表态让世界震惊》，搜狐网，2015 年 9 月 8 日，http://mt.so-hu.com/20150908/n420661087.shtml，最近访问日期为 2015 年 10 月 28 日。
② Ina Ruck，"Besuch im Weißen Haus. Gauck kritisiert bei Obama die NSA"，*tagesschau.de*，07.10.2015，http://www.tagesschau.de/ausland/gauck-usa-107.html，last accessed on 28.10.2015.

问题全球契约》的制定进程。最后，大多数联合国会员国赞成并通过了《移民问题全球契约》，但包括美国、澳大利亚、奥地利、智利、波兰等在内的 10 个国家表示反对并退出契约，而瑞士、意大利、以色列等 6 个国家则表示将在国内进行更多探讨后再决定是否加入该契约。①

　　与直接救助难民相比，解决叙利亚问题是从源头上解决难民潮问题的根本性措施。长期以来，被视作独裁者的巴沙尔·阿萨德（Bashar al-Assad）不是德国和欧盟合作的对象。然而，在 2015 年 9 月底的欧盟难民危机特别峰会上，默克尔表示，或许是时候同阿萨德政府展开对话，共同对抗"伊斯兰国"。② 德国的对叙利亚政策发生了转变，此后，德国对叙利亚政策的重点在于让叙利亚和欧盟以及国际社会加强协调，致力于稳定叙利亚的局势，消除欧洲难民危机的根源。③

　　同样的转变也表现在欧盟对土耳其的态度上，在 2015 年 10 月中旬的欧盟难民危机特别峰会上，欧盟表示可以考虑将土耳其升级为"安全国家"，愿意资助其安置难民的费用，甚至放宽土耳其公民进入欧盟的标准。其实，土耳其在 20 世纪 90 年代就递交了入盟申请，然而至今都从未被欧盟成员国严肃对待过。默克尔所在的基民盟一直以来反对土耳其入盟，只愿给予土耳其优先伙伴地位。近年来，鉴于土耳其总统埃尔多安的"专制"倾向，默克尔和埃尔多安中断了联络。但是，为了得到土耳其的支持，控制住难民，默克尔不得不放下身段，就共同应对难民危机问题与土耳其总统埃尔多安展开对话。为了解决叙利亚难民危机，欧盟和德国急需已经接纳了大量叙利亚难民的土耳其的配合。④ 尽管土耳其的要价很高，包括总计 60 亿欧元的援助、重启入盟谈判以及给土耳其公民免签待遇等，但是，在默克尔的强力推动下，欧盟与土耳其之间的协议还是达成了。据此，土耳其承诺将收回所有非

---

① 《联合国通过〈移民问题全球契约〉美等十国退出》，新浪网，2018 年 12 月 11 日，https：//news. sina. com. cn/w/2018 - 12 - 11/doc - ihmutuec8094251. shtml，最终访问日期为 2019 年 3 月 1 日。

② Andrea Müller, "Mögliche Kehrtwende in Syrienpolitik. Merkel erwägt Gespräche mit Assad", *tagesschau. de*，24. 09. 2015，http：//www. tagesschau. de/inland/syrien-assad-merkel-101. html，28. 10. 2015.

③ 李文红：《德国对叙利亚危机政策的演变及其原因》，《德国研究》2016 年第 3 期，第 22 ~ 30 页。

④ Andreas Meyer-Feist, "EU-Gelder für Flüchtlinge. Viel versprochen, wenig gehalten", *tagesschau. de*，14. 10. 2015，http：//www. tagesschau. de/ausland/fluechtlingsfonds-101. html，last accessed on 28. 10. 2015.

法入境欧盟的难民，但与此同时，欧盟要从土耳其换回最多 7.2 万名合法难民。欧盟与土耳其之间的协议在欧盟内有许多反对者，这些反对者主要认为土耳其利用难民在"敲诈"欧盟以及欧盟由此被土耳其"绑架"。

而且，鉴于非洲的潜在难民，德国及欧盟认识到也需要与非洲国家建立伙伴关系，目的是基于非洲国家在其"2063 议程"中确定的原则和目标，促进它们在社会经济方面的实质性转型。对此，欧盟在 2017 年 5 月发布文件，表示要给予欧非伙伴关系新的动力，其中的战略目标之一就是实现非洲经济的可持续和包容式发展，创造非洲大陆需要的就业机会，并抓住非洲为欧洲提供的机遇①；其后，德国在担任 2017 年 G20 峰会主席国期间，在推动 7 月汉堡峰会 G20 非洲伙伴关系倡议及其"非洲契约"（Compact with Africa）达成方面发挥了引领性和决定性作用，并成功地将其对非洲的政策理念转化为全球性的政策框架，突出对非合作应建立在非洲国家自己提出的优先发展领域之上，并强调与非洲现有倡议和合作机制保持政策一致性。② 由此可见，德国及欧盟的对非政策出现了调整，从以非洲转型为目标，转向以促进非洲国家的可持续发展为目标。但是，也必须看到，"非洲契约"的实施过程中存在着一列挑战，包括理想与现实之间的巨大落差，以及 G20 只是一个协调平台而非落实平台等制约因素。

---

① European Commission, *Joint Communication to the European Parliament and the Council for a Renewed Impetus of the Africa-EU Partnership*, JOIN（2017）17 final, Brussels, 4. 5. 2017.

② 张海冰：《从"非洲契约"看德国对非政策的转型》，《西亚非洲》2019 年第 2 期，第 68 ~ 83 页。

第五章

英国脱欧危机与欧盟改革

随着 2016 年 6 月 23 日 51.9% 的英国选民在公投中支持脱欧，英国踏上脱欧历程，而这在欧洲一体化历史上是没有先例的。英国脱欧无疑将带来一系列深远影响，其中包括欧盟内力量格局的变化，总体上德国降低在欧盟内的领导地位有可能会更加凸显，其他成员国会越发期待德国能够将欧盟 27 国团结在一起。[①] 在这个过程中，德国需要摆脱两个困境：在应对英国脱欧方面，德国需要在强硬与务实之间找到平衡点，一方面需要让英国为脱欧付出代价，震慑其他成员国不去效仿；另一方面，欧盟各国（包括德国）仍然希望和需要与脱欧后的英国保持一种紧密而又友好的合作关系。在作为对英国脱欧公投的回应而实施的欧盟未来改革方面，德国需要在主张"更多欧洲"（More Europe）和"更少欧洲"（Less Europe）的力量之间，以及在不同的优先行动领域乃至方向的诉求之间进行协调。[②] 为此，我们有必要分析和考察德国迄今在摆脱这两个困境方面的立场、在其中扮演的角色及其背后的原因。

一　德国应对英国脱欧进程的立场

英国脱欧将给欧盟带来显著的政治、经济和地缘政治影响。英国的人口

[①] Claire Demesmay et al., "Der Brexit und das EU-Machtgefüge. Wie wirkt sich das britische Votum auf die EU und ihr Gewicht in der Welt aus?", DGAP, https://dgap.org/de/think-tank/publika-tionen/fuenf-fragen/der-brexit-und-das-eu-machtgefuege, last accessed on 22.07.2016.

[②] Jana Puglierin and Julian Rappold, "The European Union Grapples with Brexit. Keep Calm and Carry On-But How?", *DGAPstandpunkt* 5 (June 2016), https://dgap.org/en/think-tank/publications/dgapviewpoint/european-union-grapples-brexit, last accessed on 25.07.2016.

数量在欧盟内居第三位，它是欧盟的第二大国民经济体，而且，和法国一样，是欧盟内拥有核武器和联合国安理会常任理事国席位的国家，具备丰富的外交与军事资源以及全球行动能力。因此，英国退出欧盟将削弱欧盟的对外行动能力。对于德国而言，单是从经济角度看，英国脱欧会给德国的经济增长带来负面影响，当然，具体的影响程度取决于未来英国与欧盟或者英国与德国之间建立的贸易关系。英国是德国第五大贸易伙伴，双边贸易额中的大部分（70%）源于德国对英国的出口，从数量上看，英国是德国的第三大出口市场。①

（一）德国在英国脱欧公投后的对英立场

鉴于上述背景，在公投前设法让英国留在欧盟内，是德国的重要关切，为此，当时德国在欧盟与英国首相戴维·卡梅伦（David Cameron）有关英国留欧条件的谈判中进行了积极斡旋，② 最终使卡梅伦能以"谈判胜利者"的姿态宣布2016年6月23日举行公投。之所以这么说，是因为在欧盟与英国最后达成的妥协中，有一些内容是德国总理默克尔很难接受的，③ 包括英国彻底告别建立一个"日益紧密联盟"的一体化目标，以及引入针对社会福利倾销的"紧急刹车"。据此，当英国的福利体制承受特殊压力的时候，英国政府可以在未来7年里削减来自欧盟其他成员国的劳动力（主要是来自东欧的工作移民）的社会给付。④ 但是，令默克尔感到欣慰的是，欧洲一体化的基本原则尤其是人员的自由迁徙未受到质疑。

原以为基本满足了英国的特殊要求，就能避免英国脱欧，但英国最终的公投结果出乎很多人的预料。德国总理默克尔在英国公投结束后在联邦议院发表的政府声明中表示：英国脱欧公投的结果是"欧洲一体化进程的一个重大裂口（Einschnitt）"，但她同时警告人们不要从英国脱欧中得出迅速而又简

---

① Anke Mönnig, "Der Fall Brexit. Was bedeutet er für Deutschland?", *GWS Kurzmitteilung* 2016/01, Juli 2016, p. 4.

② Klaus C. Engelen, "Merkel's Brexit Problem. For Germany, the Stakes are High", *International Economy*, Spring 2016, pp. 36 – 73.

③ "Merkel wünscht ihm das 'Allerbeste' nach 'Brexit'-Poker: David Cameron wirbt für britischen Verbleib in der EU", *Focus*, 20. 02. 2016, http://www.focus.de/politik/ausland/eu/brexit-poker-beendet-david-cameron-wirbt-fuer-britischen-verbleib-in-der-eu_id_5300948.html, last accessed on 25. 04. 2016.

④ European Council, European Council meeting (18 and 19 February 2016) -Conclusions, EUCO 1/16, Brussels, 19 February 2016, Annex 1. 在英国公投选择脱欧后，这些规定相应失效。

单的结论①。而德国时任财政部长朔伊布勒则认为，英国脱欧公投的结果是
欧洲的"唤醒铃"。

为了尽快消除英国脱欧公投结果所带来的不确定性，无论是默克尔、法
国总统奥朗德，还是欧盟的主要领导人，都敦促英国尽快启动脱欧程序。欧
洲议会也在 2016 年 6 月 28 日的一次特别会议上通过了一份决议，敦促迅速
与英国展开脱欧谈判。至于与英国进行谈判的条件，默克尔 28 日在联邦议
院所做的政府声明中明确指出：在英国按照《欧盟条约》第 50 条——值得
一提的是，这个退出条款当年恰恰是在英国的强烈要求下，才首次引入《里
斯本条约》的——提出脱欧申请前，不会与英国进行任何正式或非正式的谈
判或预先会谈。而且，默克尔警告说，脱欧谈判不能按照"挑拣"（cherry
picking）原则进行；谁若是退出欧盟大家庭，不能指望所有义务取消，而特
权却继续保留。例如，如果谁想获准进入欧洲内部市场，那么也必须相应地
接受欧盟的四项基本自由和其他规则与义务。② 此前一天，即 6 月 27 日，默
克尔邀请欧洲理事会主席唐纳德·图斯克（Donald Tusk）、法国总统奥朗德
和意大利总理马泰奥·伦齐（Matteo Renzi）到柏林进行磋商，并就欧盟在
应对英国脱欧问题上所应采取的上述立场达成了一致。

在 28 日举行的欧盟 28 国峰会上，英国首相卡梅伦通报了英国脱欧公投的结
果。次日，欧盟 27 国举行非正式会议，这次会议有着显著的象征意义，因为这
是欧盟 27 国首次举行"内部会议"③。在会议声明中，27 国领导人要求英国脱
欧有序进行，并敦促英国尽快根据《欧盟条约》第 50 条启动脱欧程序。④

---

① "Reaktionen aus europäischen Hauptstädten. Merkel spricht von 'Einschnitt für Europa'", *tagesschau. de*, 24. 06. 2016, https://www. tagesschau. de/ausland/brexit-269. html, last accessed on 25. 06. 2016.

② "Regierungserklärung von Bundeskanzlerin Dr. Angela Merkel zum Ausgang des Referendums über den Verbleib des Vereinigten Königreichs in der EU mit Blick auf den Europäischen Rat am 28. /29. Juni 2016 in Brüssel vor dem Deutschen Bundestag am 28. Juni 2016 in Berlin", https://www. bundesregierung. de/Content/DE/Bulletin/2016/06/78-1-bk-regerkl-bt. html, last accessed on 25. 07. 2016.

③ Informal meeting at 27, Brussels, 29 June 2016, Statement.

④ 根据《欧盟条约》第 50 条，英国必须首先正式告知欧洲理事会，它想终结其欧盟成员关系。在英国提出申请后，欧洲理事会确定脱欧谈判的指导方针。欧盟委员会负责在谈判中落实这些指导方针。脱欧谈判最长为期两年，经欧盟 27 国一致同意，这个期限还可延长。只要谈判还在进行，英国就还是欧盟成员国，拥有完全的权利与义务。在脱欧谈判中，英国与欧盟会最后达成包含具体退出细节的脱欧协定，还将做出有关欧盟与英国未来关系的程序及内容上的规定。关于脱欧程序的详细分析，参见 Barbara Lippert and Nicolai Ondarza, "Der Brexit als Neuland", *SWP-Aktuell* 42, Juli 2016。

他们重申，在英国正式提交脱欧声明前，不会与它进行任何正式或非正式的谈判。另外，他们明确指出，与英国未来签订的脱欧协定必须基于权利与义务之间的均衡，尤其是英国若想进入欧洲内部市场，就必须接受欧盟的四项基本自由，包括人员的自由迁徙。这些表态与默克尔此前在联邦议院声明中的立场是完全一致的。

然而，和欧盟 27 国的立场不同，英国方面显然并不急于启动正式的脱欧程序，在 7 月 13 日特蕾莎·梅（Theresa May）担任英国首相后，这一立场变得更为明确。7 月 20 日，与她的前任卡梅伦 2010 年首次当选首相时国外访问第一站选择法国不同，梅的外交首秀有意选择了德国。在柏林期间，她强调，由于英国必须首先明确自己通过脱欧想要实现的目标，因此，脱欧会谈不会在 2017 年前开始。默克尔也认识到，催促英国迅速做出脱欧声明并不现实，因此，在脱欧时间表上有所松动。但她表示，不希望英国与欧盟之间的关系无限期处于这种悬浮状态，并再次明确，只有在英国做出正式脱离欧盟声明后，才会启动关于未来欧盟与英国的关系的谈判。

但恰恰在未来欧盟与英国关系的构建上，欧盟与英国有着不同的利益考量。虽然英国新首相梅原属留欧派，但她在就任前就强调，"脱欧就是脱欧"，她要将脱欧变成一项"成就"，换言之，梅想为英国谈判获得最佳条件。她本人在担任内政部长期间，就以移民政策上的强硬路线而令人瞩目，主张对欧盟公民的迁徙自由加以限制。梅在柏林访问期间也再次表示，英国将会限制移民，因为这也是英国脱欧公投中选民传递出的一个信息，但英国仍然想不受阻碍地进入欧洲内部市场。由此可见，所谓的"挪威模式"或"瑞士模式"，在英国看来并没有吸引力，因为在这两种模式下，英国都将被要求接受欧盟的相关立法，包括人员的迁徙自由，却又不能参与欧盟的有关决定。因此，英国将会致力于与欧盟谈判达成某种崭新的合作形式。①

英国的这种"挑拣"企图是默克尔以及欧盟其他成员国无法接受的。德国非常清楚，与英国的脱欧谈判处理不好，会导致欧盟进一步碎片化乃至分裂。默克尔在德国电视二台的夏季采访中表示，欧盟的四项基本自由包括人

---

① 有关英国脱欧后欧盟与英国关系的可能情形，参见 Vaughne Miller（ed.），*Leaving the EU*，House of Commons Library research Paper 13/42，01. 07. 2013，http://researchbriefings. files. parliament. uk/documents/RP13-42/RP13-42. pdf，last accessed on 25. 03. 2016。

员流动的自由很重要，这是欧盟的优势，所以她在这一问题上不会妥协。①
在英国脱欧公投后，德国主要政治人物和欧盟担心其产生多米诺骨牌效应，
导致欧盟其他国家也举行脱欧公投。事实上，荷兰自由党领袖基尔特·维尔
德斯（Geert Wilders）、法国国民阵线主席玛丽娜·勒庞（Marine Le Pen）都
已经分别提出未来要在荷兰与法国举行像英国这样的脱欧全民公投；而匈牙
利总理欧尔班则宣布要就欧盟的难民配额举行全民公投，其目的显然是以国
内民意来抵制欧盟层面的决定。② 有鉴于此，默克尔认识到，必须在英国的
特权要求上表现出强硬立场，如果她轻易让步或让步过多，不仅会在欧盟其
他国家引发传染风险，而且也会使她在德国国内面临更大的反对声音。如何
不让英国"挑拣"，着实考验默克尔的智慧③，毕竟，德国和欧盟仍然希望
与英国保持友好而又紧密的关系。因此，正如默克尔在她与梅共同举行的记
者招待会上所表示的：英国与欧盟之间将会有"谈判策略之间的竞争"④。
换言之，德国已经为英国与欧盟之间将要开展的艰苦谈判做好了心理准备。⑤

（二）德国在英国启动脱欧程序后的对英立场

2017 年 3 月 29 日英国与欧盟启动《欧盟条约》第 50 条，正式开始英国
脱欧谈判。⑥ 按计划，英国将在 2019 年 3 月 30 日进入脱欧过渡期，直至

---

① Merkel im ZDF-Sommerinterview. "Entscheidung zum Brexit ist gefallen", https://www.bundes-kanzlerin. de/Content/DE/Artikel/2016/07/2016-07-10-merkel-sommerinterview. html, last accessed on 25. 07. 2016.

② Steven Blockmans and Michael Emerson, *Brexit's Consequences For the UK-and the EU*, Centre for European Policy Studies, June 2016.

③ Jürgen Klöckner, "Brexit: Merkel macht den Deutschenein Versprechen, das sie nur schwer halten kann", *The Huffington Post*, 28. 06. 2016.

④ "Pressekonferenz von Bundeskanzlerin Merkel und der britischen Premierministerin May", 20. 07. 2016, https://www.bundesregierung. de/Content/DE/Mitschrift/Pressekonferenzen/2016/07/2016-07-20-merkel-may. html, last accessed on 25. 07. 2016.

⑤ 某些德国媒体认为，在谈判中应给予英国糟糕的、难以接受的脱欧条件，以此希望英国政府将脱欧协定再次付诸全民公投，而英国选民在公投中选择拒绝该协定，由此，英国最终未能退出欧盟。这无论如何是那些希望扭转英国脱欧决定的人士的算计，但这一可能性并不能完全被排除。Katharin Tai, "Brexit: Gibt es einen Exit vom Brexit?", *Zeit Online*, 30. 06. 2016, http://www.zeit. de/politik/ausland/2016-06/grossbritannien-brexit-verhindern, last accessed on 25. 07. 2016.

⑥ Erklärung des Europäischen Rates (Artikel 50) zur Mitteilung des Vereinigten Königreichs, https://www.consilium. europa. eu/de/press/press-releases/2017/03/29/euco-50-statement-uk-notification/, last accessed on 10. 08. 2018.

2020 年 12 月 31 日正式解除其欧盟成员国身份。脱欧谈判分为两轮。2017
年 6 月 19 日开始的首轮谈判主要处理英国脱欧过程中的法律事务。在首轮
谈判中欧盟与英国成立三个谈判工作组，分别覆盖脱欧的三个主要方面：财
务结算、公民权利和北爱尔兰与欧盟的边界问题。第二轮谈判旨在规划未来
英国与欧盟的双边关系。

在英国脱欧公投到首轮谈判开始的准备期，德国依然坚持此前的对英立
场。在 2017 年 1 月 16 日的德国工商大会新年招待会和 1 月 18 日的德国 – 意
大利经济会议上，默克尔再次强调既要避免英国在谈判中"挑拣"，同时，
释放出愿意与英国保持密切伙伴关系的积极信号。默克尔表示，前者是为了
防止其他成员国效仿英国做出退出欧盟的决定，后者是鉴于英国与欧盟在经
贸、安全与防务等问题上依然彼此利益攸关。①

除此之外，德国追求欧盟在谈判过程中保持团结统一的同时，强调成员
国在其中的参与。欧洲议会认为，英国脱欧涉及 20833 份欧盟条约，如果要
在 18 个月内完成谈判则平均每天需要通过 50 份条约。由于这些条约属于欧
盟管辖权限，因此无须各成员国批准。而德国联邦议院的顾问人员则对此表
示质疑，认为谈判结果应充分征得成员国的认可。鉴于谈判任务之艰巨，德
国担心脱欧谈判时间表可能会成为一纸空文，认为应就长期谈判做好准备。②

为了获得英国选民"更强的授权"，以便未来在与欧盟就脱欧议题举行
谈判时拥有更广泛的民意基础，首相梅于 2017 年 6 月 8 日提前举行选举，
这场豪赌最终以梅的失算告终：梅领导的保守党丧失了选前议会绝对多数的
优势，而不得不与北爱尔兰民主统一党（Democratic Unionist Party，DUP）
联合，组成少数派政府。这一变故使英国脱欧进程也多了一份变数。

2018 年 11 月 26 日的英国脱欧特别峰会上，梅与欧盟其他成员国领导人
共同批准了解除欧盟 – 英国关系的条约草案。这份 585 页的历史性协议包括
公民权利保护、一份 400 亿欧元至 450 亿欧元的英国脱欧账单，以及避免北
爱尔兰与爱尔兰之间出现一条硬边界线而达成的后备方案（backstop）。根据
这一方案，如果英国与欧盟在 2019 年 3 月 29 日无法达成脱欧协议，英伦三

---

① "Brexit-Referendum war Weckruf für die EU", https：//www. bundesregierung. de/breg-de/suche/
brexit-referendum-war-weckruf-fuer-die-eu-411360, last accessed on 17. 02. 2019.

② Markus Becker, Peter Müller, Christoph Pauly, "EU will sich den Brexit vergolden lassen", *Spiegel
Online*, 24. 03. 2017, https：//www. spiegel. de/politik/ausland/brexit-eu-will-sich-den-eu-austritt-
grossbritanniens-vergolden-lassen-a-1139578. html, last accessed on 27. 05. 2019.

岛单独脱离欧盟，而北爱尔兰则仍留在欧盟单一市场及关税同盟内。这一方案虽然符合欧盟和爱尔兰的共同立场，即以"全岛"的方式解决北爱尔兰边境问题，从而避免爱尔兰岛上出现一条硬边界线。然而，这实际上等于在英国脱欧后沿爱尔兰海划出一条贸易边界，因此这一主张遭到保守党合作伙伴北爱尔兰民主统一党的明确反对。该党作为英国脱欧和英国统一的支持者，要求北爱尔兰与英国的其他地区"以相同的条款"离开欧盟。英国国内对于后备方案成为永久方案的担忧并非没有道理。为了平息国内的批评者，2018年12月14日梅在欧洲理事会提出了包括就爱尔兰边境后备方案设定一年期限、赋予英国－欧盟未来关系的政治宣言作为脱欧协议附件的法律地位的建议。但是，梅的提议并没有得到欧盟方面的支持。

事实上，北爱边境问题是德国践行维护欧盟成员国内部团结目标的首要抓手，德国在谈判中致力于避免爱尔兰在与英国北爱尔兰地区边境问题上处于孤立地位，而且从谈判伊始，德国就是爱尔兰首要寻求帮助的对象。2017年4月6日爱尔兰总理恩达·肯尼（Enda Kenny）在访德期间表示愿意接收叙利亚难民作为交换条件，以获得德国在脱欧谈判中在边境和经贸问题上的支持。默克尔表示，德国愿在谈判中发挥"建设性"作用。① 而在德国联邦议院辩论中，反对党绿党议员弗兰茨斯卡·布兰特纳（Franziska Brantner）也强调，后备方案的重要性在于可以保持爱尔兰边境的持久和平，而不是限期的长短，这才符合《贝尔法斯特协议》的宗旨。②

在脱欧谈判紧张进行的同时，德国积极寻求与英国的双边合作，其中安全与防务领域的合作尤为值得关注。在脱欧白皮书中，英国强调，虽然英国和欧盟的安全合作的法律基础发生了变化，但是双方仍面临共同的安全威胁。英国愿与欧盟在打击犯罪与司法领域进行信息交换、边界管控等方面的合作，在外交与防务领域以磋商、制裁、能力建设等多种形式展开合作。③德国对于与英国建立"安全伙伴关系"也怀有较高期待。2018年10月8日德国国防部长冯德莱恩与英国防务大臣加文·威廉姆森（Gavin Williamson）签署联合声明，表示将在未来开展密切、互信的合作，具体合作领域包括优

---

① "Pressestatement von Bundeskanzlerin Merkel und dem irischen Premierminister Kenny", https://www.bundesregierung.de/breg-de/suche/pressestatement-von-bundeskanzlerin-merkel-und-dem-irischen-premierminister-kenny-842672, last accessed on 17.02.2019.

② Deutscher Bundestag Stenografischer Bericht, 77. Sitzung, Berlin, den 31. Januar 2019.

③ "The Future Relationship between the United Kingdom and the European Union", July 2018,

化双方部队的联合行动能力、提高训练水平、深化网络安全活动。冯德莱恩同时欢迎英国以第三国的形式加入 2017 年末启动的欧盟 "永久结构性合作" 倡议。①

2019 年 1 月 16 日，梅与布鲁塞尔艰苦谈判两年多达成的脱欧草案在英国下议院遭到了 432 票对 202 票的高票否决。德国似乎预料到了梅可能遭遇到的投票失败。德国外交部长海科·马斯（Heiko Maas）在英国下议院投票前表示，"如果投票出现问题，可能会有进一步谈判，欧盟准备就有争议的爱尔兰边界后备计划向英国提供更多保证"②。但默克尔总理也亮出了底线："欧盟不会修改脱欧草案，且德国为无协议脱欧做好了完全的准备。"③ 投票结果再次证明，英国下议院完全没有办法对脱欧草案的细节达成一致，无协议脱欧的可能性越来越大。对此，德国和欧盟都一致表示：一方面，现行脱欧草案是最优且唯一方案、不容再次谈判；另一方面，英国内部应尽快对脱欧方案达成一致，告诉欧盟 "英国到底想要什么"④。德国对英国迟迟无法在内部达成一致的混乱状态十分失望，德国外交部长马斯再次表示，"在后备方案问题上，德国和欧盟将坚定地与爱尔兰站在一起，不会使其处于孤立的位置"⑤。他同时敦促英国确定本国可以接受的行动方案，因为 "可以游戏的时间已经过去了"。⑥

2019 年 1 月 17 日，德国联邦议院通过了有关规定脱欧过渡期英国与欧盟成员国法律身份的法案。过渡期法案将随英国脱欧协议生效而生效，它包

---

① "Ministerin zeichnet mit britischem Amtskollegen Joint Vision Statement, Bundesministerium der Verteidigung", 08. 10. 2018, https://www. bmvg. de/de/aktuelles/ministerin-zeichnet-mit-britisch-em-amtskollegen-joint-vision-statement-28180, last accessed on 15. 02. 2019.

② 乔治·帕克、劳拉·休斯和吉姆·皮卡德：《英国议会否决首相达成的退欧协议》，FT 中文网，2019 年 1 月 16 日，http://www. ftchinese. com/story/001081097? archive#adchannelID = 5000，最近访问日期为 2019 年 2 月 10 日。

③ "Angela Merkel sieht Deutschland auch auf Brexit ohne Deal vorbereitet", *Zeit Online*, 11. 01. 2019, https://www. zeit. de/politik/ausland/2019-01/eu-austritt-grossbritannien-angela-merkel-wirt-schaft-deutschland, last accessed on 17. 02. 2019.

④ 任珂、张远：《默克尔：英国'脱欧'协议不容重新谈判》，新华网，2017 年 1 月 17 日，http://www. xinhuanet. com/world/2019-01/17/c_1124003224. htm，最近访问日期为 2019 年 2 月 17 日。

⑤ "Im Wortlaut: Außenminister Maas zu aktuellen Entwicklungen beim Brexit, Auswärtiges Amt", https://www. auswaertiges-amt. de/de/newsroom/maas-brexit/2184176, last accessed on 10. 02. 2019.

⑥ "Bundestag beschließt Gesetz für Brexit-Übergang", *Spiegel Online*, 17. 01. 2019, http://www. spiegel. de/politik/deutschland/brexit-bundestag-beschliesst-gesetz-fuer-ungeordneten-ueber-gang-a-1248571. html, last accessed on 17. 02. 2019.

括，在英国脱欧过渡期内英国人申请德国国籍和德国人申请英国国籍在法律上依然可行，英国的有限责任公司如何转轨为德国公司形式，以及一系列避免在退休金、养老保险和教育资助方面消极后果的规定。① 在英国脱欧陷入僵局的过程中，德国国内也在反思，德国是否应在谈判中扮演更有建设性的调解角色。基社盟在联邦议院的州小组主席亚历山大·杜布林德（Alexander Dobrindt）认为，德国应该在与英国双边沟通中做出更大让步，而不是刻意和欧盟保持一致。而来自基民盟的欧洲议会议员埃尔玛·布洛克（Elmar Brok）对此反驳道，德国在谈判中的实际活动空间有限，因为很多决议是在谈判最后时刻才达成的，默克尔本人对英国难以做出承诺。② 根据英国《金融时报》的报道，在 2018 年下半年，由于德国对无协议脱欧的担忧和默克尔自身政治生涯接近尾声，德国在脱欧谈判中的表现不同于以往强调欧盟内部团结一致的刻板印象，而是对英国释放出了更多理解和善意。例如，在捕鱼权问题上，德国劝说法国缓和态度。③ 而且，通过联邦议院的辩论可以看出，德国主流党派认为脱欧谈判陷入僵局是因为英国国内意见不统一，德国在最后关头可以做到的，是在无协议脱欧一旦出现的情况下保护好本国企业和公民的利益。

2019 年 3 月 12 日，英国下议院第二次否决脱欧草案，3 月 13 日投票反对英国在任何条件下无协议脱欧。在英国下议院三次投票无果后，德国相比法国，对延期脱欧展现出更大耐心。2019 年 4 月 9 日，在欧盟英国脱欧特别峰会举办之前，梅分别出访德国和法国寻求支持。马克龙表示"欧盟不能继续充当英国内部政治危机的'人质'"，而默克尔认为英国可以在有条件的情况下延迟脱欧。④ 在 4 月 10 日的欧盟紧急峰会上，欧盟同意将英国脱欧期限延至 10 月底，英国仍会参加 5 月 23 日举行的欧洲议会选举。默克尔表示，"事已至此，欧盟将为避免无协议脱欧奋斗到最后一刻"，并强调英国在

---

① "Rede von Außenminister Heiko Maas bei der 2. /3. Lesung des Brexit-Übergangsgesetzes im Deutschen Bundestag", Auswärtiges Amt, 17. Januar 2019, https://www.auswaertiges-amt.de/de/newsroom/maas-bundestag-brexit/2178256, last accessed on 17.02.2019.

② "Welche Rolle spielt Berlin im Brexit-Chaos?", Deutsche Welle, 22.01.2019, https://www.dw.com/de/welche-rolle-spielt-berlin-im-brexit-chaos/a-47179433, last accessed on 19.02.2019.

③ "May Looks to Merkel to Save the Day on Brexit", Financial Times, 12.12.2018, https://www.ft.com/content/6650dc0e-fd62-11e8-aebf-99e208d3e521, last accessed on 17.02.2019.

④ "Schwache May auf Betteltour", Spiegel Online, 09.04.2019, https://www.spiegel.de/politik/ausland/brexit-theresa-may-sucht-bei-angela-merkel-und-emmanuel-macron-unterstuetzung-a-1261927.html, last accessed on 24.05.2019.

脱欧延长期内应参加 5 月的欧洲议会选举，以保证欧盟职能部门的正常运转。与德国相比，法国认为英国脱欧所带来的混乱局面已经无法避免，且英国继续留在欧盟意味着它对欧盟事务仍享有话语权。[①]

在脱欧方案多次闯关失败后，英国脱欧最终演变为"拖欧"，梅被迫在 5 月底宣布辞职。7 月 24 日，主张"硬脱欧"的鲍里斯·约翰逊接任首相。虽然他在竞选期间宣称，哪怕无协议脱欧，英国在 10 月 31 日前也必须脱欧，但是，他最终不得不在英国议会下院的要求下，申请将脱欧日期延长至 2020 年 1 月 31 日，并得到欧盟 27 国的同意。德国对于英国延迟脱欧始终持开放立场，因为德国想尽可能避免无协议脱欧情况的出现。

（三）德国在英国脱欧进程中表现的原因

在英国与欧盟的脱欧协议谈判过程中，德国的首要目标是保证欧盟整体在谈判过程中的团结一致，避免其他成员国与英国达成特殊双边协议或被英国吸引加入欧盟"去一体化"的阵营中。对于德国而言，英国脱欧使欧洲一体化进程遭遇前所未有的危机，解决这一危机不仅是一项"技术活"，即优化欧盟在货币、安全、防务等方面的内部治理水平，提升民众在一体化进程中的获得感；而且是一件增强民众对欧洲一体化认同感的"信心工程"。[②]基于这一认知，对于德国而言，在脱欧谈判的过程中欧盟能否体现出较强的凝聚力，甚至比最终达成怎样的脱欧协议更值得关注。因为后者是欧盟不能把握的，即使是欧盟认为的"最优方案"也可能不被英国接受。正是在这个意义上，虽然脱欧谈判最终陷入了一场"囚徒困境"，即在让步可以避免无协议脱欧的情况下双方仍都不愿做出妥协，[③]但英国无序地脱离欧洲总要好于欧盟在谈判后变成一盘散沙，尤其在欧洲议会举行大选的 2019 年，这一点对于德国对抗右翼民粹主义尤为重要。

---

① Alexander Mühlauer, "Die Sphinx soll endlich reden", *Süddeutsche Zeitung*, 01. 04. 2019, https：//www. sueddeutsche. de/politik/brexit-eu-deutschland-frankreich-1. 4391719, last accessed on 23. 05. 2019.

② "Pressestatements von Bundeskanzlerin Merkel, Präsident Hollande, Ministerpräsident Rajoy und Ministerpräsident Gentiloni in Versailles", 6. März 2017, https：//www. bundesregierung. de/breg-de/suche/pressestatements-von-bundeskanzlerin-merkel-praesident-hollande-ministerpraesident-rajoy-un-d-ministerpraesident-gentiloni-843628, last accessed on 09. 02. 2019.

③ "Wenn keener ausweicht, sind beide tot", *Zeit Online*, 07. 02. 2019, https：//www. zeit. de/wirtschaft/2019-02/brexit-grossbritannien-eu-ausstieg-andreas-diekmann-spieltheorie/komplettansicht, last accessed on 09. 02. 2019.

　　在保持欧盟内部团结的目标下，德国更加青睐于有协议脱欧，希望避免无协议脱欧。首先，脱欧谈判的艰难历程证明英国离开欧盟并不是一蹴而就的事，这对曾经叫嚣也要"脱欧"的各国右翼民粹主义政党起到规训作用。正如英国历史学家阿什在接受意大利《共和报》采访时所分析的："毫无疑问，英国这个曾经的强国因为'脱欧'闹剧颜面尽失，这番景象大大削弱了匈牙利、波兰和意大利脱欧的希望。"① 其次，延长脱欧谈判期也是在为德国企业争取缓冲期。在欧盟内部市场高度一体化的情况下，德国有大量企业的生产链布局在英国。英国退出欧盟后，海关与边检将极大地阻碍产品链流通。因此，德国企业需要足够的时间调整生产布局，降低英国脱欧给企业生产成本和物流带来的负面后果。② 虽然德国国内对于脱欧谈判迟迟没有取得结果也存在抱怨的声音，认为默克尔政府在整个谈判过程中没有积极作为，例如，德国自民党党主席克里斯蒂安·林德纳（Christian Lindner）认为"德国政客去雅典十分积极，以避免希腊脱离欧元区，但他们很少去伦敦"。事实上，德国国内虽然有人批评德国政府的做法，但两方总体目标是一致的，即降低英国脱欧对欧洲一体化进程的冲击。③ 这从一个侧面表明，德国主流政党对于保持欧盟内部团结、挽救一体化危机的一致态度。

　　德国虽然对脱欧之后英国与欧盟的双边关系给予较高期望，但是这并不代表德国愿意为维系日后关系而在谈判中做出让步，英国对脱欧方案的"挑拣"是无论如何不被允许的。这一立场得以贯彻，在很大程度上也是因为得到了德国国内广泛民意和经济界的支持。德国电视二台 2016 年 7 月的调查显示，有 86% 的受访者并不希望欧盟在谈判中对英国做出很多让步。④ 因为大多数德国人将英国视作欧盟的"异类"，认为英国退出欧盟反而是欧洲一

① 《欧洲议会选举变数与挑战》，澎湃新闻，2019 年 5 月 20 日，https://www.thepaper.cn/news-Detail_forward_3484730，最近访问日期为 2019 年 5 月 23 日。

② Andreas Albert and Stefan Schultz, "Doppelschlag gegen Deutschlands Firmen", *Spiegel Online*, 21. 01. 2019, https://www.spiegel.de/wirtschaft/unternehmen/brexit-das-fuerchten-deutschlands-firmen-a-1248501.html, last accessed on 23. 05. 2019.

③ "FDP-Chef Lindner sieht bei Brexit Versäumnis der deutschen Politik", *Spiegel Online*, 27. 01. 2019, https://www.spiegel.de/politik/deutschland/brexit-fdp-chef-christian-lindner-sieht-versaeumnis-der-deutschen-politik-a-1250199.html, last accessed on 27. 05. 2019.

④ "EU-Bürger für harte Haltung gegenüber London", *Die Welt*, 08. 07. 2016, https://www.welt.de/politik/deutschland/article156919439/EU-Buerger-fuer-harte-Haltung-gegenueber-London.html, last accessed on 09. 02. 2019.

体化重获新生的好机会。德国经济界也认为，保持在脱欧进程中的领导地位和维护欧洲一体化成果的政治目标优先于减轻经济损失。① 德国经济界的信心主要来自英国脱欧对双方经济损失的对比：仅次于美国，英国是德国在世界市场上第二大贸易逆差国，在脱欧公投前的 2015 年英国对德贸易逆差高达 4000 亿欧元。退出欧盟后，重新横亘在英国和欧盟之间的贸易壁垒会使德国和英国的对外贸易两败俱伤。但是，贸易壁垒并不意味着英国得到的相对收益会大于德国。这是因为英国对欧盟内部市场的依赖程度远大于欧盟和德国对英国市场的依赖程度：英国对欧盟出口的产品附加值超过其出口总额的 12%，而德国对英国出口产品的附加值不到其出口总额的 2%。这意味着，德国通过扩大内部市场或开辟新的国际市场便不难弥补英国脱欧对其出口造成的损失，而英国却难以弥补欧盟单一市场的利好条件。② 因此，英国脱欧虽然引起了德国经济界的普遍关注，但忧虑情绪并未蔓延。根据德国科隆经济研究所 2017 年针对 2900 家德国公司进行的调查，仅有 2% ~3% 的受访公司担忧英国脱欧会给投资和就业造成负面影响，有 1/4 的受访企业期待在英国脱欧后，德国的营商吸引力会超过英国。③

总体而言，德国在英国脱欧进程中的表现是权衡维护欧洲一体化成果的政治目标和潜在经济损失的结果。相较于英国脱欧带来的经济损失，德国更加看重维护欧盟内部团结。虽然德国期望在英国脱欧后与英国保持密切关系，但并不愿意为此对英国做出更多让步，尤其不接受英国在任何时候提出的"挑拣"。

二 德国在欧盟未来改革问题上的立场

由于近年来欧盟遭受了多重危机的冲击，欧盟内的疑欧和民族主义思潮与力量在不断上升，英国脱欧公投及其结果更是加剧了这一趋势④，这就需

① Paul Taggart et al. , *Responses to Brexit: Elite Perceptions in Germany, France, Poland and Ireland-Research Note*, Sussex European Institute, 2017, https://ukandeu. ac. uk/wp-content/uploads/2017/11/Responses-to-Brexit. pdf, last accessed on 10. 04. 2019.
② Sophie Besch and Christian Odendahl, *Berlin to the Rescue? A Closer Look at Germany's Position on Brexit*, Centre for European Reform, March 2017, p. 7.
③ "German Firms Relaxed in View of Upcoming Brexit", Institut der deutschen Wirtschaft Köln, Press Briefing, 11 January 2017, Brussels.
④ Bruce Stokes, "Euroskepticism Beyond Brexit", Pew Research Center, 07. 06. 2016, http://www. pewglobal. org/2016/06/07/euroskepticism-beyond-brexit/, last accessed on 25. 07. 2016.

要欧盟通过改革来对欧盟民众的呼声做出回应。

（一）德国在英国公投脱欧后对欧盟改革的立场

在 2016 年 6 月 29 日的欧盟 27 国非正式会议上，各国首脑赞成对欧盟进行改革，但不对条约做出复杂的修改。欧盟 27 国还决定开启一个政治反思期，并在 9 月 16 日在斯洛伐克首都布拉迪斯拉发再次举行非正式会议，延续有关欧盟未来的讨论。

在本次非正式会议后发表的声明中，欧盟 27 国已经勾画了欧盟未来改革的几个重点领域，其中包括保障安全、就业和增长，以及给予年轻人更美好的未来。[①] 事实上，如前所述，6 月 27 日，默克尔就邀请欧洲理事会主席图斯克、法国总统奥朗德与意大利总理伦齐——在英国公投选择脱欧后，德国有意邀请意大利加入传统的德法联盟中来——到柏林商议如何应对英国脱欧的影响，其中就已经为欧盟非正式会议确定的重点行动领域定了调。在联合声明中，德、法、意三国领导人认为，欧盟应该致力于消除公民的忧虑，专注于当前的挑战，并建议三个加深欧盟共同行动的优先领域：一是内部与外部安全，包括增强对欧盟外部边境的保护以及欧盟周边地区（尤其是地中海地区、非洲和近东与中东地区）的和平与稳定，以及在欧盟各国城市中应对社会排斥。他们也表示要挖掘欧洲共同外交、安全与防务政策的潜力。二是强大的经济和强有力的社会团结，具体包括促进增长和投资，增强欧盟的全球竞争力，创建工作岗位，尤其是降低年轻人的失业率，并强化欧盟的社会与经济模式。三是针对青年人的雄心勃勃的计划，具体包括青年就业倡议行动以及针对大学生、学徒和年轻从业人员的伊拉斯谟项目。根据三国领导人的联合声明，欧盟 9 月非正式会议确定具体的项目，并在之后的 6 个月内加以落实，这也是考虑到 2017 年 3 月 25 日欧盟将迎来《罗马条约》签订 60 周年。[②]

德国外交部长施泰因迈尔行动更为迅速，在英国脱欧公投后仅两天，在他的召集下，欧盟前身"欧洲经济共同体"的 6 个创始成员国（德、法、

① Informal meeting at 27, Brussels, 29 June 2016, Statement.

② "Joint Declaration by the Chancellor of the Federal Republic of Germany, the President of the French Republic and the President of the Council of Ministers of the Italian Republic", 27.06.2016, http://www. governo. it/sites/governo. it/files/dichiarazione_ congiunta_ ita_ fra_ ger. pdf, last accessed on 25. 07. 2016.

意、荷、比、卢）的外交部长就在柏林磋商英国脱欧公投的影响及其应对措施。^① 在会议上，施泰因迈尔和法国外交部长让 - 马克·艾罗（Jean-Marc Ayrault）提交了他们事先拟定的一份文件。在柏林会议后，施泰因迈尔前往波罗的海国家，并和艾罗一同前往布拉格，以便告知捷克、匈牙利、波兰和斯洛伐克外交部长这个德法计划。显然，两位外交部长事先对英国公投可能选择脱欧做好了准备。在 6 位外交部长的共同声明中，他们表示，欧盟的行动应更多地关注欧盟当前的挑战：保障内部和外部安全；建立应对移民和难民潮的稳定的共同体框架；通过促进各国经济体的趋同来推动欧洲经济发展；实现可持续的增长、创建工作岗位以及在完成欧洲货币联盟上取得进展。^② 这份共同声明的内容相对简明扼要，而德、法外交部长提出的《不确定世界里的强大欧洲》文件中所包含的建议则具体得多。在此文件中，两位外交部长明确表示，要采取进一步向欧洲政治联盟迈进的步骤，具体提出了三方面的建议：设定欧洲安全议程；制定欧洲共同的避难、难民与移民政策；促进增长以及完成经济和货币联盟。其中在欧洲安全议程方面的建议最为详细，他们表示，德国和法国应共同推动欧盟逐步发展成为一个独立的全球行为体，为此建议共同分析欧盟各国的战略环境以及对欧洲安全利益的共同理解，在此基础上确定其外交与安全政策上的战略优先项；欧盟应建立持久的民事 - 军事规划与指挥能力，常设海上行动联合部队，并在其他关键领域具备欧盟自己的行动能力。他们还准备推进欧洲共同安全与防务政策行动的融资，并建议为防务能力领域引入一个"欧洲学期"，以提高各国防务规划过程的协调。两位外交部长还要求欧洲理事会每年作为安全理事会召开一次会议，以便就欧盟的内外安全问题以及防务问题进行磋商。^③ 此外，德法外交部长的共同文件隐含的一个未直接言明的宗旨是，为了应对欧盟各成

---

① 6 个创始国外交部长会晤模式此前已经举行过两次：2016 年 2 月 9 日在罗马，以及 5 月 20 日在布鲁塞尔，分别讨论了欧盟当前所面临的诸多危机，如债务危机、难民危机以及英国脱欧公投危机。这个会晤模式的目的是强调不忘欧洲一体化的初心，重振欧洲工程。"Den europäischen Geist der Gründungszeit wiederbeleben"，http：//www. auswaertiges-amt. de/DE/Europa/Aktuell/160209_ Gruenderstaatentreffen. html，last accessed on 25. 07. 2016.

② "Gemeinsame Erklärung der Außenminister Belgiens, Deutschlands, Frankreichs, Italiens, Luxemburgs und der Niederlande am 25. Juni 2016"，http：//www. auswaertiges-amt. de/DE/Infoservice/Presse/Meldungen/2016/160625_ Gemeinsam_ Erklaerung_ Gruenderstaatentreffen. html？ nn = 382590，last accessed on 25. 07. 2016.

③ Jean-Marc Ayrault and Frank-Walter Steinmeier，*A Strong Europe in a World of Uncertaintess*，Auswärtiges Amt，27 June 2016.

员国在进一步一体化上的"不同的雄心与水平"——这一点在 6 位外交部长的共同声明中也强调了，他们主张一些有意愿的成员国可以在诸如防务、欧洲避难、难民与移民政策以及有约束力的难民分配机制的引入、共同财政能力（fiscal capacity）建设等方面先行一步。换言之，他们主张通过"核心欧洲"来推动欧洲一体化进一步向前发展。与此相呼应，在德法的推动下，欧盟外交与安全政策高级代表费代丽卡·莫盖里尼（Federica Mogherini）在 2016 年 6 月 29 日发布的《全球战略》中，也要求确立"在安全与防务领域更强大的欧洲"和"欧洲的战略自主性"以及一个可靠、迅速、有效和有反应能力的共同安全与防务政策。① 2016 年 9 月，德国联邦国防部长冯德莱恩与法国国防部长让 - 伊夫·勒德里昂（Jean-Yves Le Drian）还在欧盟 27 国布拉迪斯拉发非正式峰会前提交了扩大欧盟军事合作的新文件，明确援引欧盟的《全球战略》，并表示：这个战略必须"迅速转化为具体的行动计划，尤其在安全与防务领域"。德法国防部长提出的具体行动建议在内容上正是基于《2016 白皮书》。② 此外，这些文件都提到，在安全与防务领域，欧盟应利用《里斯本条约》所包含的"持久的结构化合作"的可能性，允许一部分国家在安全与防务一体化领域先行一步，相关的内容也在德法的推动下，被纳入欧洲理事会的决议中。例如，2016 年 12 月 15 日欧洲理事会会议做出决议，要加强安全政策领域的"持久的结构化合作"③。

　　2017 年 3 月 1 日，欧盟委员会主席容克公布《欧盟未来白皮书》，提出欧盟 27 国未来发展的五种情形，包括"愿者多做"的"多速欧洲"模式。④ 在 3 月 25 日《罗马条约》签署 60 周年之际，欧盟各成员国领导人齐聚罗马签署《罗马宣言》，首次明确要践行白皮书中"多速欧洲"的欧洲一

---

① See Annegret Bendiek, "Die Globale Strategie für die Außen-und Sicherheitspolitik der EU", *SWP-Aktuell* 44, Juli 2016.

② "Erneuerung der GSVP-Hin zu einer umfassenden, realistischen und glaubwürdigen Verteidigung in der EU", Deutsch-französische Verteidigungsinitiative vom 12. September 2016, http://augengeradeaus. net/wp-content/uploads/2016/09/20160909_DEU_FRA_EU-Verteidigung. pdf, last accessed on 17. 11. 2016.

③ European Council, *Conclusions*, Brussels, 15 December 2016, http://www. consilium. europa. eu/en/press/press-releases/2016/12/15-euco-conclusions-final/, last accessed on 24 January 2017.

④ European Commission, *White Paper on the Future of Europe. Reflections and Scenarios for the EU 27 by 2025*, COM（2017）2025 of 1 March 2017, https://ec. europa. eu/commission/sites/beta-political/files/white_paper_on_the_future_of_europe_en. pdf, Last accessed on 20. 03. 2018.

体化方案。① "多速欧洲" 强调时间上的差异性，是指在所有成员国确定共同目标的基础上，一些有能力和意愿的成员国先行一步，而其他成员国随后跟进。在《罗马宣言》中，各国领导人将 "多速欧洲" 的因势而为，归结为欧盟及其成员国所面临的，包括地区冲突、恐怖主义、难民潮、贸易保护主义以及社会经济上的不平等在内的诸多严峻挑战。尤其英国脱欧对欧盟 27 国是一个刺耳的 "唤醒铃"，它使成员国认识到，如果依然故我地谋求形式上的 "紧密联盟"，而不是实质上的发展，就还可能有国家脱离欧洲大家庭。与其如此，不如正视欧盟内异质性日益加剧的现实，允许成员国根据本国的意愿和利益有选择地参与一体化进程。从另一个角度看，"多速欧洲" 获得公开名分，也是德、法、意、西等核心国家的一种策略。尤其是德国在应对难民危机中，深感维谢格拉德集团在落实欧盟难民配额问题上的阻挠，本来担心 "多速欧洲" 方案会加大欧盟内离心力的德国总理默克尔，被迫转为此方案积极的倡导者。在默克尔看来，如果将 "多速欧洲" 方案上升为与一体化并行的新常态，像维谢格拉德集团这样的欧洲一体化阻挠者也就失去了要挟的筹码。②

以上分析表明，默克尔已经为欧盟未来改革确定了步调和优先行动领域，并通过与法国和意大利的联手使之成为欧盟 27 国的共同方案。在 2017 年联邦大选后，欧盟未来改革同时成为新一任大联合政府的重中之重。虽然基民盟/基社盟与社民党组成的执政联盟对欧盟未来发展存在内部争论，但在 2018 年 3 月公布的《联合执政协议》中，双方共同将欧盟置于新一任大联合政府的首要议程，强调 "一个强大、一致的欧盟是未来和平、自由与富裕的最好保证"③。双方都认为，欧盟带来的成果需要更好地让欧盟民众感受到，而且，它们都要求欧盟把注意力集中在欧盟各国只能共同解决的问题上。例如，新的执政协议强调欧盟应增强其共同的安全与防务政策，这显然与欧盟当前内外威胁处境日益加剧有关。德国和欧盟在这一政策领域的一系

---

① "The Rome Declaration. Declaration of the Leaders of 27 Member States and of the European Council", the European Parliament and the European Commission, Rome, 25.03.2017, https://www.consili-um.europa.eu/en/press/press-releases/2017/03/25/rome-declaration/, last accessed on 20.03. 2018.

② 郑春荣等：《"多速欧洲"，一体化新蓝图?》，人民网，2017 年 5 月 2 日，http://world.people.com.cn/n1/2017/0502/c1002-29246875.html，最近访问日期为 2019 年 4 月 20 日。

③ "Ein neuer Aufbruch für Europa. Eeine neue Dynamik für Deutschland. Ein neuer Zusammenhalt für unser Land", Koalitionsvertrag zwischen CDU, CSU und SPD, Berlin, 2018.

列政策动向表明，欧盟共同安全与防务的发展将会获得新的机会结构：欧盟外交与安全政策高级代表莫盖里尼在 2016 年 6 月欧盟峰会上发布欧盟《全球战略》，提出要使欧洲共同安全与防务政策更有反应能力，包括增强此领域结构化合作的可能性。① 如前所述，德国联邦政府 7 月发布的新版安全政策白皮书（参见前文）甚至将建立"欧洲安全与防务联盟"作为远期目标，而且，欧洲共同安全与防务政策的进一步一体化也符合德国希望增强其全球角色的目标。② 然而，英国脱欧在削弱欧盟外交与军事实力的同时，是否能倒逼欧盟有些国家在共同安全与防务领域先行一步，依然取决于德法联盟。③

此外，对于"多速欧洲"也有抵制的声音，例如维谢格拉德集团四国担心会因此被欧盟内的大国边缘化，警告不要出现欧盟的"去一体化"。其中，右翼民粹主义政党领导下的匈牙利和波兰政府，致力于实现"更少的欧洲，更多的国家主权"，它们要求限制欧盟的多数表决制，把管辖权从欧盟层面转回到成员国层面，增强部长理事会的作用而削弱欧盟委员会与欧洲议会的地位，使欧盟回归为一个更具政府间特征的联盟。④ 由此可见，它们不是把灵活一体化视作增强欧盟团结与行动能力的出路，而是视作在某些领域重新增强民族国家主权的机会。⑤

（二）德国对马克龙重塑欧洲改革计划的回应

在德法轴心重启阶段，默克尔与马克龙虽然都对重振欧洲一体化工程充

---

① "Shared Vision, Common Action: A Stronger Europe. A Global Strategy for the European Union's Foreign and Security Policy", June 2016, pp. 46 – 49, http://europa. eu/globalstrtegy/eu, last accessed on 25. 07. 2016.

② Frank-Walter Steinmeier, "Germany's New Global Role", *Foreign Affairs*, 13. 06. 2016, https://www. foreignaffairs. com/articles/europe/2016-06-13/germany-s-new-global-role, last accessed on 25. 07. 2016.

③ 由于英国相当长时间以来一直在阻挠欧盟独立的安全与防务政策的建设，因此，有观点认为，英国脱欧后是推进欧盟安全与防务政策的契机，但也有学者持有不同观点，参见 Ronja Kempin, "Schnellschüsse gefährden EU-Sicherheitspolitik", http://www. swp-berlin. org/de/publikationen/kurz-gesagt/schnellschuesse-gefaehrden-eu-sicherheitspolitik. html, last accessed on 25. 07. 2016。

④ 郑春荣:《右翼民粹主义影响下的欧洲一体化会走向何方?》,《当代世界》2016 年第 5 期，第 31~36 页。

⑤ Almut Möller and Dina Pardijs, "The Future Shape of Europe: How the EU Can Bend without Breaking," European Council on Foreign Relations, http://www. ecfr. eu/specials/scorecard/the_future_shape_of_europe, last accessed on 15. 07. 2017.

满雄心，但是双方改革方案的侧重点有所不同：默克尔首先希望欧盟能够在难民分配和安置问题上达成共同解决方案，而马克龙的重点在于进行欧盟经济治理改革，其核心想法是在欧元区建立共同财政计划，在现有"容克计划"的基础上增加欧盟尤其是欧元区的投资。此外，马克龙希望设立欧元区共同财政部长一职，引入共同存款保险，完善银行业联盟以加强危机防御能力。在马克龙首访德国时，默克尔表示将帮助法国应对失业问题、改善经济状况，但同样审慎地表示："我不认为作为优先任务，我们应该改变我们的政策。"①

德国深知，一个强大、稳定的法国可以弥补德法轴心实力不平衡的状况，马克龙稳定的民意支持是不错失改革"机会之窗"的重要保证。但是，德国对马克龙欧洲改革计划的支持态度重于行动、形式重于实质，双方在改革的"机会之窗"并未取得突破性进展。2017 年 9 月 26 日马克龙在巴黎索邦大学发表演说，提出一系列重塑欧洲的建议。其中，在国防和安全方面主张 2020 年落实欧盟共同军队预算，设立共同的难民庇护营办公室用以分享情报，精简欧盟官僚机构，鼓励信息技术和人工智能领域的创新，统一企业税基等。② 与以往相比，虽然马克龙在此次演讲中也提到了建立共同的欧元区预算和共同投资基金的愿景，但并没有着重强调。因为此时默克尔正处于大选失利后的组阁困境中，马克龙与其指望德国政府可以实质性响应改革倡议，不如寄希望于德国能够在态度上给予支持。③ 最终，默克尔和时任德国外交部长加布里尔也只是对索邦演讲所体现出的雄心和意志表示赞赏。④

但是，随着马克龙内政改革乏力、个人光环褪去，他重塑欧洲计划的号召力也逐渐下降。与法国大选中马克龙和勒庞就"挺欧"与"疑欧"展开

---

① "Pressekonferenz von Bundeskanzlerin Merkel und Frankreichs Präsident Macron im Bundeskan zleramt", 15. 05. 2017, https：//www. bundesregierung. de/breg-de/suche/pressekonferenz-von-bund eskanzlerin-merkel-und-frankreichs-praesident-macron-846380, last accessed on 18. 02. 2019.

② 王子琛：《马克龙索邦大学演讲："密特朗以来对欧盟未来最好的规划"》，澎湃新闻，2017年 9 月 28 日，https：//www. thepaper. cn/newsDetail_ forward_ 1809323，最近访问日期为 2019年 2 月 18 日。

③ Pierre Briançon, "5 Takeaways from Macron's Big Speech on Europe's Future", POLITICO, 10. 02. 2017, https：//www. politico. eu/article/5-takeaways-from-macrons-big-speech-on-europes-future/, last accessed on 19. 02. 2019.

④ Die Bundesregierung, "Nötige Debatte zur Zukunft Europas", https：//www. bundesregierung. de/breg-de/suche/noetige-debatte-zur-zukunft-europas-472922；Auswärtiges Amt, "Bundesminister Sigmar Gabriel zur Rede von Präsident Emmanuel Macron", https：//www. auswaertiges-amt. de/de/newsroom/170926-bm-rede-macron/292592, last accessed on 19. 02. 2019.

激烈争辩所不同的是，在德国，除德国另类选择党外的其他政党在选战中对于深化欧洲一体化有较强共识。因此，即使是前欧洲议会议长、社民党首席候选人马丁·舒尔茨（Martin Schulz）在选战中与默克尔直接对垒，欧盟政策也并未成为德国大选的核心议题。在德国大选期间，马克龙完成了他入主爱丽舍宫的内政首秀，即推动《劳动法》改革，以改变法国经济不景气、失业率居高不下的现状。但他的改革方案仍以赋予雇主自主权、松绑劳动力市场为主，比起上任奥朗德政府并无太大亮点。法国随即爆发罢工和游行，马克龙的支持率从 2017 年 5 月当选的 62% 下降到 2018 年 3 月的 42%，最差时曾跌至 30%。[①]

从 2017 年 9 月至 2018 年 3 月，默克尔忙于应付联邦议院大选和政府组阁，除了外交场合礼貌性地回应马克龙欧盟改革倡议外，德法轴心并未取得实质性进展。在 2017 年德国大选过后，联盟党与社民党组成的黑红大联盟仅占联邦议院 709 个席位的 399 席，与此同时，德国另类选择党成为议会第一大反对党。这意味着，新的大联合政府的行动能力和默克尔本人的领导力受到更大掣肘。2018 年 4 月 19 日，马克龙访问德国商讨经济治理改革方案。两人就欧盟改革问题互换意见，默克尔的态度依然像是在"打太极"，她表示"我们还需要经过开放的讨论才能最终达成妥协"。当时，无论是联盟党党团内部还是其他左、中、右党派都对马克龙的方案持保守乃至抵制态度。对马克龙扩大投资的主张，批评者指出：欧盟当时可用于投资的钱并不算少。每年仅"凝聚政策"一项就有 3500 亿欧元的预算用于缩小地区差异；为私人基金投资基础设施提供资助的"容克计划"总金额高达 5000 亿欧元。马克龙引入共同存款保险、构建银行业联盟的想法也遭到德国的质疑。德国担心这会把银行的存量债务平摊给其他成员国，如意大利金融机构的账面上还有数十亿欧元的无担保贷款，德国政府认为，要推行共同存款保险就必须先消除这些债务。[②] 对于德国而言，欧盟经济与货币政策的一系列改革意味着在法理上试探《基本法》对于主权可以在何种程度上让渡到欧盟层面的极限，在民意上试探德国民众对于花德国纳税人的钱填充欧盟"资金池"漏洞的忍耐限度，在财政上试探德国以低工资增长率、高储蓄率保持财政盈余经济增长模式的韧性。就整个欧盟而言，一体化程度更高的欧元区就意味着核

---

① 范一杨：《"法德轴心"艰难重启》，《第一财经日报》，2018 年 4 月 26 日 A11 版。

② 朱宇方：《从马克龙访德看欧盟经济治理改革中的德法之争》，澎湃新闻，2018 年 4 月 30 日，https://www.thepaper.cn/newsDetail_forward_2103396，最近访问日期为 2018 年 4 月 30 日。

心欧洲将对非欧元区产生更强离心力，欧元区与非欧元区的分化程度也将越高，那么这就验证了中东欧国家对于"多速欧洲"理念将在实际过程中变成"双速欧洲"而分裂欧洲的忧虑。因此，经济治理改革是德法轴心重启的一块"硬骨头"。

2018 年 6 月 18 至 19 日，为期两天的德法政府磋商会议在柏林梅泽堡召开。此时，"姐妹党"基社盟主席泽霍费尔正在难民问题上向默克尔施压，他寻求与奥地利、意大利等国结成"意愿者联盟"封锁边界，拒绝接纳难民。在此会议上，默克尔和马克龙发表《更新的欧洲对安全繁荣的承诺》，主要达成四点共识：第一，提高欧盟在外交、安全和防务政策方面的行动力；第二，在难民问题上加强边界管控，统一难民在欧盟居留许可的相关规定；第三，在 2021 年前引入欧元区共同财政预算，将欧洲稳定机制打造为欧洲货币基金组织，使之成为一个高效的主权债务重组机构和强有力的财政纪律监督机构；第四，增强欧盟在信息保护、人工智能方面的创新能力，规划"数字内部市场"。[①]在十天后的欧盟峰会上，欧盟各国领导人都认为，为加强欧元区整合、防范新的金融风险必须扩大欧洲稳定机制的作用，但对于具体如何扩大以及欧元区统一预算和存款保险等问题，参加峰会各国没有详细讨论。在此次峰会，各成员国更加关注的是难民问题。由于在难民问题上欧盟共同解决方案和民族国家解决方案之间依然有难以调和的矛盾，德法力求在《都柏林公约》的基础上寻求两者的最大国内公约数，强调成员国的团结与责任、防止避难者在欧盟境内的"二次移动"，具体达成的决议包括加强与非洲的伙伴关系建设、加大打击蛇头的力度、在北非沿岸国家建立收容组织，拓展对欧盟边境与海岸警卫队的授权和资金支持，在欧盟内建立"难民控制中心"等。[②]

与经济治理和难民管控的小步迈进相比，欧盟共同安全与防务政策在德法轴心的推动下迈出了"历史性的一步"：2017 年 12 月 11 日，欧盟 25 国外交部长会议正式启动"永久结构性合作"。未参与的是丹麦（北约成员国）、马耳他（非北约成员国）和脱欧进程中的英国。"永久结构性合作"是为欧

---

① "Pressekonferenz von Bundeskanzlerin Merkel und dem französischen Präsidenten Emmanuel Macron in Meseberg"，18. 06. 2018，https://www. bundesregierung. de/breg-de/suche/pressekonferenz-von-bundeskanzlerin-merkel-und-dem-franzoesischen-praesidenten-emmanuel-macron-1140540，last accessed on 20. 02. 2018.

② Tagung des Europäischen Rates（28. Juni 2018）—Schlussfolgerung.

盟疆域及其公民的安全与防务领域投资的一个有雄心、约束力和包容性的欧洲法律框架。参与"永久结构性合作"的成员国同意履行"有雄心且更具约束力的共同承诺"①。德国和法国不仅是"永久结构性合作"启动的推动者，而且是该倡议两批 34 个项目中参与度和领导能力较高的国家。② 但德法两国在"永久结构性合作"机制究竟应以包容性为重还是以雄心水平为重上，存在意见分歧：德国出于对欧盟团结的考虑，希望欧盟防务联盟的发展更具包容性，能有更多的国家参与其中。也正是在德国的强烈要求下，"永久结构性合作"启动时的参与国家达到了 25 个。法国则倾向于建立一种小而精悍、更加紧密的合作形式，让有意愿且有能力参与的国家执行要求更为严苛的任务。为此，在法国的倡议下，2018 年 6 月 25 日，"欧洲干预倡议"（European Intervention Initiative，简称 E2I）作为一种新的军事机制建立了。它向欧盟和非欧盟国家开放，脱欧中的英国、在欧盟军事政策上"选择例外"的丹麦，以及法国、德国、西班牙、葡萄牙、比利时、荷兰和爱沙尼亚都参与其中。该倡议在形式上不依赖于欧盟，因此不受制于欧盟冗长的决策程序。这表明，德国和法国虽然对于加强欧盟共同安全与防务政策的必要性和紧迫性达成共识，但对于前进的方向和方式还处于话语权的争夺中。

在欧盟面临诸多挫折的时刻，无论是德国还是法国政府，都需要一份文件的宣示，来彰显德法之间的合作决心，为此，德法两国于 2019 年 1 月 22 日签订了《亚琛条约》，作为对 1963 年签订的《爱丽舍条约》的补充。《亚琛条约》共 28 条，旨在大幅深化德法在外交与安全政策、面向未来议题、文化与教育领域的合作及跨境合作。第一，《亚琛条约》进一步强化了德法合作的组织架构保障。条约规定，两国政府至少每年会晤一次，轮流在德国和法国举行；同时将德法两国在欧盟峰会前的立场紧密协调固化下来。第二，在和平、安全与发展事务方面，两国承诺共同投资以弥补欧洲军事能力上的缺口。第三，《亚琛条约》通过跨境合作提出了欧洲一体化的新方法，两国决定为边境地区的地域法人以及诸如"欧洲区域"（Eurodistrikt）等跨

---

① "Notification on Permanent Structured Cooperation（PESCO）to the Council and to the High Repre-sentative of the Union for Foreign Affairs and Security Policy"，https://www.consilium.europa.eu/media/31511/171113-pesco-notification.pdf，last accessed on 15. 10. 2018.

② 关于"永久结构性合作"的具体内容，参见郑春荣、范一杨《重塑欧美安全关系？——对欧洲"永久结构性合作"机制的解析》，《欧洲研究》2018 年第 6 期，第 1～24 页。

境单位配置相应权能、资金和快捷的项目落实程序。①

总体上，《亚琛条约》虽然表明了德法两国在欧盟面临诸多危机和内部离心力上升背景下增强双边合作的意愿，但是，这并不能掩盖两国在诸多问题上的立场分歧。马克龙希望推动欧盟内的一系列改革，包括减少欧盟内的贸易不平衡和促进经济增长，以便为其国内的改革和声望恢复助攻。但是，马克龙提出的倡议基本上未得到德国的积极响应，例如，马克龙想为欧元区设立财政部长的希望落空了，而且，专门的欧元区预算也被稀释了，德国方面只同意在欧盟预算的总盘里拨出一笔资金用于促进欧元区的增长，而这依然是以相关国家实施结构改革为条件的。德国的不配合在某种程度上也促成了法国在北溪 2 号项目上一度给德国出难题，差点使这个对德国具有战略意义的项目夭折。②

（三）德国在推动欧盟改革问题上的举措的原因

自英国脱欧以来，德国虽然寄希望于通过推动欧盟改革、塑造一个成功的欧盟，从而增强欧盟的向心力，但在改革行动上采取小步向前的方式，对于马克龙提出的雄伟欧洲改革计划少有响应，德法轴心只是在欧盟共同安全与防务政策领域体现出了一定的推动力。德国这一"迟钝"的表现主要是在德国国内层面和欧盟层面的一系列限制因素所致。

在国内层面，如前所述，2017 年联邦大选后默克尔的领导力和新一届大联合政府的行动力均受到掣肘。首先，从大选结果来看，两大执政党基民盟/基社盟和社民党的得票率大幅下降，而几个小党普遍崛起，尤其是德国另类选择党异军突起，不仅如期越过了得票率 5% 的门槛，成为首个进入德国联邦议院的右翼民粹主义政党，而且取得了 12.6% 的得票率，成为议会内的第三大党。德国这样一个稳健和反思型国家无法对右翼民粹主义政党的侵袭"免疫"，无疑会再次鼓舞欧盟其他国家的右翼民粹主义势力，从而为欧盟的不确定前景罩上一层阴影。其次，在此次大选中，基民盟/基社盟的得

---

① "Vertrag zwischen der Bundesrepublik Deutschland und der Französischen Republik über die deutsch-französische Zusammenarbeit und Integration", Aachen, 22. 01. 2019, https://www. auswaertiges-amt. de/blob/2178596/7b304525053dde3440395ecef44548d3/190118-download-aachen-ervertrag-data. pdf, last accessed on 24. 04. 2019.

② 郑春荣：《德国"疏美挺欧"的政策宣示与实践挑战》，载郑春荣主编《德国发展报告（2019）：大变局时代的德国》，社会科学文献出版社，2019，第 1~16 页。

票率遭遇滑铁卢，是默克尔执政以来最低水平，这不仅对默克尔在党内的权威有所削弱，也会影响新政府在欧洲政策上的施政能力。由于德国另类选择党通过疑欧乃至反欧言论以及排外的立场赢得了诸多选民的支持，因此，默克尔新政府在推行欧洲政策上势必有所顾忌，必须更多顾及本国利益，以免被另类选择党抓住默克尔牺牲本国利益、不优先考虑本国百姓关切的口舌。随着默克尔在党内和国内受到更多掣肘，她在欧盟层面的领导力和可信度无疑也打了折扣。最后，在欧洲一体化受阻的背景下，德国民众对欧盟的支持度也有所下降，这进一步限制了默克尔政府推动欧盟改革的空间。根据皮尤研究机构 2018 年的调查，自 2016 年以来，德国民众对欧盟的支持度下跌至63%，低于波兰（72%）和西班牙（67%）。德国民众也并不看好欧盟所带来的经济发展成果。仅有 48% 的德国受访者认为欧盟可以促进繁荣，而持这一观点的比重在荷兰、匈牙利分别为 66% 和 56%。[1] 德国民众对欧盟经济效益期待值的降低，使德国政府在推动欧盟改革时更加难以平衡国内利益诉求和欧盟长远发展架构之间的关系，这也是德国迟迟不愿推动"欧洲存款保险计划"（European Deposit Insurance Scheme）的原因。[2]

在欧盟层面，马克龙国内支持率的下滑使德法轴心推动欧盟改革驱动力不足。2018 年底，法国国内爆发了大规模的"黄背心"抗议活动，法国民众对于马克龙总统在国内推动的新自由主义改革的不满和对法国社会不公平现状的愤怒削弱了马克龙想在欧盟层面为法国重拾领导地位的努力。而且，德法两国在欧盟未来发展，尤其是欧元区改革问题上的立场分歧，也削弱了德法轴心的聚合力与号召力。在一个德、法两个引擎都各自减速且相互之间又时而掣肘的背景下，其他国家的遵从意愿也在下降。例如，在欧元区改革方面，虽然默克尔最后同意马克龙所强烈要求的欧元区预算，但并不是作为其所希望的独立预算，而是作为欧盟预算的一部分，而且其数额也很可能与马克龙的设想相去甚远。这不仅是由于默克尔受国内限制不可能做出大的让步，而且以北欧国家为主的所谓"新汉萨同盟"（包括荷兰、芬兰、瑞典、

---

①　Richard Wike, Janell Fetterolf and Moria Fagan, "European Credit EU with Promoting Peace and Prosperity, But Say Brussels is Out of Touch with its Citizens", Pew Research Center, 19. 03. 2019, https://www.pewresearch.org/global/2019/03/19/europeans-credit-eu-with-promoting-peace-and-prosperity-but-say-brussels-is-out-of-touch-with-its-citizens/, last accessed on 30. 05. 2019.

②　Mark K. Cassel and Anna Hutcheson, "Explaining Germany's Position on European Banking Union", *German Politics*, 28：4, 2019, pp. 562 – 582.

丹麦、爱沙尼亚、拉脱维亚、立陶宛、爱尔兰）在欧元区改革问题上画出红线，反对把欧盟变成一个"转移支付联盟"。因此，欧元区预算最终可能只是一笔更具象征意味的小资金，即便如此，此预算也要在欧盟 2021～2027 年中期财政框架的磋商过程中加以确定。这里需要指出的是，其他国家的遵从意愿的下降，与德国越发出于本国利益考虑在欧盟内作为不无关系，这尤其鲜明地体现在北溪 2 号项目上：德国一开始始终强调北溪 2 号项目只是或主要是一个商业项目，而且，这个项目能够增强欧洲的能源安全。直到后来，默克尔才表示，也必须考虑到政治因素。① 对北溪 2 号项目的反对意见在欧盟天然气指令的修订过程中集中表现出来。表决前，法国一度也出人意料地转向反对北溪 2 号项目，② 虽然绝大多数成员国（除保加利亚）通过了德法两国在最后一刻达成的妥协方案，但是，但德国为此不得不付出高昂的政治代价。③ 德国，这个在难民危机中一再呼吁欧洲各国团结的国家，没有顾及邻国的利益而强力落实自身的利益。无论如何，北溪 2 号项目使德国在欧盟内的形象再次受损，德国在整个过程中表现得过于固执、粗鲁，没有预料到欧盟内的反对声如此之高，也未很好地应对这些国家的关切，在欧盟内几乎陷入孤立。④

由此可见，德法轴心非但没有在欧洲议会选举前的"机会窗口"有所作为，反而要面临的是一个平民与精英、激进势力与保守势力对抗更加激烈、分化更加严重的欧洲。在此背景下，德国塑造一个"成功欧洲"的同行者在减少，阻力却在增加。

在 2019 年 5 月的欧洲议会选举后，欧盟层面政治力量再次洗牌：两大党团——欧洲人民党和社会与民主进步联盟失去非正式"大联盟"过半数的

① Frank Umbach, "Kommerzielles Projekt oder strategische Desorientierung? Die umstrittene Nord Stream-2 Gaspipeline", *Arbeitspapier Sicherheitspolitik*, Nr. 19/2018, Bundesakademie für Sicherheitspolitik.

② Markus Becker and Peter Müller, "Streit über Nord Stream 2 Was hinter Macrons Kurswechsel steckt", *Spiegel Online*, 07. 02. 2019, http://www. spiegel. de/wirtschaft/soziales/nord-stream-2-frankreich-rueckt-von-pipeline-ab-und-von-angela-merkel-a-1252185. html, last accessed on 19. 02. 2019.

③ Benjamin Bidder, "Merkel und die Russen-Pipeline. Deutschland zahlt einen zu hohen Preis für Nord Stream 2", *Spiegel Online*, 08. 02. 2019, http://www. spiegel. de/wirtschaft/soziales/nord-stream-2-deutschland-zahlt-einen-zu-hohen-preis-a-1252335. html#ref = rss, last accessed on 19. 02. 2019.

④ 郑春荣：《德国"疏美挺欧"的政策宣示与实践挑战》，载《德国发展报告（2019）：大变局时代的德国》，社会科学文献出版社，2019，第 1～16 页。

局面，极右党团力量的席位有所增加。总体上，欧洲议会内的力量趋于"碎片化"，这势必削弱欧洲议会乃至欧盟的决策能力。在此背景下，一个动力不足的德法轴心带动欧盟未来改革必将更加困难重重，如何消弭欧盟内在经济问题上的南北分歧、在难民问题上的东西分裂，并避免出现新的裂痕，是德法面临的严峻挑战。为此，当下首要的是，正如默克尔所呼吁的，欧盟各国应"照应彼此"，证明欧盟还是有行动能力的。①

---

① "EU-Sondergipfel nach den Europawahlen: Handlungsfähigkeit beweisen", 29. 05. 2019, https：∥ www. bundesregierung. de/breg-de/aktuelles/handlungsfaehigkeit-beweisen-1631312, last accessed on 31. 05. 2019.

第六章

德国对美政策的调整

70多年前，"马歇尔计划"的实施将二战后变成一片废墟的欧洲带入全面复兴的黄金时代。作为这一计划最大受益者的联邦德国在二战后始终与美国维系着密切关系，跨大西洋伙伴关系成为德国外交布局中除欧盟外的最重要支柱。自特朗普2016年11月当选为美国总统以来，美国在贸易政策、北约集体防务、全球治理与危机管理方面的一系列调整为跨大西洋伙伴关系增添了诸多变数。在2017年5月28日慕尼黑的一场竞选活动上，默克尔表示："我们可以完全信赖他人的时光在一定程度上已经过去了，我们欧洲人必须真正将命运掌握在自己手中。"默克尔"欧洲命运自主论"的立场宣示预示着德国外交政策逐渐朝着"挺欧疏美"的方向调整。那么，德国此番对美政策调整具有哪些鲜明的特点？为了回答这个问题，有必要首先梳理德国对美政策调整的原因及其内容，然后分析德国对美政策的实际行动。

一　德国对美政策调整的背景

欧（德）美贸易往来和以北约为支撑的集体防御体系是跨大西洋伙伴关系的重要支柱。美国在经贸领域和防务领域的政策调整构成了德国对美政策调整的重要外部催化剂。与此同时，德国外交政策朝着积极有为的方向转变，构成了德国对美政策调整的内部驱动因素。在外因和内因共同促使德国调整对美政策的情况下，外因起到直接作用。

（一）外部催化剂

特朗普执政后美国外交政策的调整使德美关系迅速进入冷却期。民调显示，有52%的德国民众对跨大西洋伙伴关系持悲观态度，19%的受访者认为特朗普时期的对美关系成为德国外交政策最艰难的挑战。[①] 民众对德美关系的悲观态度主要由特朗普政府在经贸和安全与防务领域一系列政策调整所致。而这是德国对美政策调整的外部催化剂。

1. 经贸领域

在"美国优先"与"让美国再次伟大"的理念下，特朗普奉行贸易保护主义和单边主义政策。特朗普对德经贸政策的核心诉求是弱化德国在对美贸易中的相对优势，削减美国对德贸易逆差。

这一政策是基于美国经济的结构性变化而做出的选择：在2008年金融危机冲击后，奥巴马政府虽然提出"让制造业重回美国"的战略目标，但是在其两个任期后，美国服务业所占比重仅从78.8%下降到78%，经济轻化、制造业空心化导致产能利用率低、投资吸引力下降。[②] 面对经济增长活力不足的境况，以保护国内市场、扩大对外出口的贸易政策和鼓励制造业回迁的产业政策为代表的"特朗普经济学"应运而生。[③]

在德美贸易中，美国是德国在欧盟之外的第一大商品出口国，德国在过去十年中享受着巨大的贸易顺差优势。2017年德美商品与服务贸易总额为2377亿美元，其中德国对美出口1527亿美元，贸易顺差为676亿美元，[④] 相当于平均每个德国人都享有777美元的对美贸易顺差。[⑤] 2009年之后，双边贸易非线性增长的特征明显：虽然在2007～2008年的金融危机时期，德国对美国出口和从美国进口都有所下降，但是，随后德国对美国出口的增长速度明显超过从美国进口的增速。就双边贸易结构来看，德国

① Körber-Stiftung, "Einmischen oder zurückhalten? Eine repräsentative Umfrage im Auftrag der Körber-Stiftung zur Sicht der Deutschen auf die Außenpolitik", https：//www. koerber-stiftung. de/fileadmin/user _ upload/koerber-stiftung/redaktion/handlungsfeld _ internationale-verstaendigung/pdf/2017/Einmischen-oder-zurueckhalten-2017_ deutsch. pdf, last accessed on 25. 04. 2018.

② 朱民：《特朗普的经济政策将如何影响全球？》，《第一财经日报》，2017年3月6日第A11版。

③ 李巍、张玉环：《"特朗普经济学"与中美经贸关系》，《现代国际关系》2017年第2期，第8～14页，这里第11页。

④ BMWi, "Deutsche Unternehmen：Motor für Investitionen und Arbeitsplätze in den USA", https：//www. bmwi. de/Redaktion/DE/Publikationen/Aussenwirtschaft/deutsch-amerikanischer-handel. pdf?_ _blob = publicationFile&v = 36, last accessed on 09. 04. 2018.

⑤ Bruce Stokes, *U. S. Trade Deficits with Other Countries Can Vary Significantly*, *Depending on How They're Measured*, 20. 04. 2018, Pew Research Center, http：//www. pewresearch. org/fact-tank/2018/04/20/u-s-trade-deficits-with-other-countries-can-vary-significantly-depending-on-how-theyre-measured/, last accessed on 09. 04. 2018.

在汽车工业领域出口优势尤其明显，在整车、零部件与引擎方面对美出口额几乎是从美国进口额的 4 倍。德国与美国同时作为处于制造业产业链中高端的国家，双边贸易相似性较强、互补性较弱。因此，在特朗普看来，与德国维系不平衡的双边贸易关系无疑是在继续蚕食美国本土制造业的发展空间。

特朗普始终用"逆差即是不公平"的简单逻辑渲染德国出口对美国造成的损害。他上任伊始就宣布退出《跨太平洋伙伴关系协定》（Trans-Pacific Partnership Agreement，TPP），修订《北美自由贸易协定》（North American Free Trade Agreement，NAFTA），奥巴马政府时期苦心经营的《跨大西洋贸易与投资伙伴关系协定》（Transatlantic Trade and Investment Partnership，TTIP）谈判也再度陷入停滞。2018 年 3 月 23 日，美国以威胁国家安全为由宣布对进口钢铁和铝分别征收 25% 和 10% 的关税，这项制裁会导致欧盟总计 62 亿美元的对美钢铝材出口减少一半，其中德国是美国第八大钢铁输出国，德国对美钢铁出口自 2011 年以来增长了 40%。[①] 欧盟委员会贸易代表塞西莉亚·马尔姆斯特伦（Cecilia Malmstrom）和德国经济与能源部长彼得·阿尔特迈尔（Peter Altmaier）随即对美国展开公关，直到法国总统马克龙和德国总理默克尔先后在 4 月底访美游说后，欧盟才艰难争取到临时豁免权延长一个月（至 5 月 31 日）的结果。美国向欧盟开出的换取钢铝关税永久豁免的条件，包括将对美钢铝出口限制在 2017 年水平，承诺采取措施对抗中国钢铁倾销，在一系列其他贸易问题上与美合作，在防务支出上让步等。甚至在默克尔访问美国期间，特朗普还要求德国放弃与俄罗斯之间的北溪 2 号天然气管道计划，作为与欧盟达成贸易协议的条件。最终，在豁免权于 6 月 1 日截止之时，欧盟还是没能幸免于贸易制裁。特朗普还启动针对进口汽车的"232 调查"，威胁对从欧盟进口汽车征收 25% 的关税。德国汽车占美国进口车市场比例高达 48%，美国此举会对德国汽车制造业构成新的威胁。2018 年 7 月，欧盟委员会主席容克访美，与特朗普达成了"和解"协议：第一，双方同意就除汽车以外的工业产品建立"零关税"和"零补贴"自贸区进行谈判，谈判期间美国不对欧盟汽车征收惩罚性关税，对钢铝制品已经征收的惩罚性进口关税也将中止执行；第二，欧盟承诺增加进口美国液态天然气的数

---

① Philipp Liesenhoff, "The Risks of American Protectionism for Europe", 07. 05. 2018, https://www.aicgs.org/2018/05/the-risks-of-american-protectionism-for-europe/, last accessed on 09. 05. 2018.

量和"大量大豆";第三,双方承诺将共同致力于推动世界贸易组织进行改革;第四,商讨欧美技术标准的融合问题。[①] 在此轮贸易战中,美国制裁的首要对象是中国。2018 年 3 月 22 日,特朗普签署总统备忘录,将依据"301 调查"对从中国进口的价值大约 500 亿美元的商品加征 25% 的关税,并限制中国企业对美投资并购。中国政府随即决定对原产于美国的 106 项商品同样加征 25% 的关税并启动世界贸易组织争端解决程序。在德国看来,世界第一和第二大经济体之间的贸易摩擦会使世界贸易陷入霍布斯式"丛林法则"下的无序局面。[②] 由于欧盟与美国和中国的贸易额占欧盟 2017 年贸易总额的 1/3,中国和美国市场的变动直接影响到欧盟的出口与经济景气状况。

总之,美国曾作为二战后世界贸易秩序的缔造者和捍卫者,如今它所奉行的以民族主义和保护主义为核心的贸易政策迫使欧洲面临贸易战风险,欧盟经济利益因此受到威胁,自由主义理念下的世界贸易秩序受到侵蚀。

2. 安全与防务领域

特朗普政府的外交政策具有孤立主义与现实主义相结合的特点。一方面,美国总体实行战略收缩,即更多关注国内问题的解决,承担国际义务的意愿下降;对于外部世界,将关注的焦点集中在关键区域或议题上,对于其他区域和议题不愿意过多介入。另一方面,美国仍然视国际社会的竞争为"零和博弈",强调硬实力和军事存在的必要性。[③]

在安全与防务领域,特朗普的北约政策尤其体现了上述特点。美国主导下的北约共同防务体系为其成员国提供了半个多世纪的安全保护伞,但在特朗普看来,这种保护与被保护关系应该是一种交易,而非义务。从竞选期间起,特朗普的"北约过时论"就引起北约盟友的一片哗然。"大选效应"逐渐消退后,美国依然对北约现有军费分担和功能发挥方面牢骚不断,在 2017 年 1 月的慕尼黑安全会议和 5 月的北约布鲁塞尔峰会等多个场

---

① 高旭军:《欧美达成贸易框架协议的意料之外和情理之中》,澎湃研究所,2018 年 8 月 2 日,https://www.thepaper.cn/newsDetail_forward_2313803,最近访问日期为 2018 年 8 月 25 日。

② Christopher Cermak, "US-China Trade Dispute Sparks Call for WTO Reform", *Handelsblatt*, 04. 03. 2018, https://global.handelsblatt.com/politics/us-china-trade-dispute-calls-wto-reform-906067, last accessed 25. 04. 2018.

③ Ville Sinkkonen, *US Foreign Policy: The Trump Doctrine*, in: *Between Change and Continuity: Making Sense of America's Evolving Global Engagement*, Report of Finish Institute of International Affairs, pp. 77 – 89, here p. 82.

合呼吁北约进行结构性改革、督促北约成员国将国防支出提升到国内生产总值的2%以上。① 毕竟在所有北约成员国中，只有美国、希腊、爱沙尼亚、英国和波兰5个国家达到2%的最低要求，欧盟成员国的平均国防支出只占国内生产总值的1.34%，其中2016年德国国防支出占国内生产总值的比例为1.2%。②

尽管特朗普多次批评北约成员国对美国国防支持的过分依赖和自身的不作为，但他最后还是重申北约在美欧关系中的基础性作用，并且在2017年5月举行的北约布鲁塞尔峰会上明确消除了北约成员国对美国放弃北约第5条即集体防御条款的担忧。在2017年12月出台的《国家安全战略》中，美国强调"跨大西洋盟友与伙伴对于维护美国利益、帮助美国对抗战略竞争对手具有重要作用"，"与盟友和伙伴的关系是维系全球安全的重要基石"③。由此可以看出，美国希望以成本最低的方式维系其在跨大西洋军事同盟中的领导地位，而非退出欧洲防御体系。④

（二）内部驱动因素

德国对美政策调整是在德国外交政策总体调整的背景下展开的。在特朗普上台执政之前，如前所述，德国外交政策已朝着积极有为的方向转变：在处理德美关系时，德国"自我主张"的特点愈发明显；对于处理国际事务，德国展现出更强的责任意识和参与建构全球秩序的意愿。

两德统一后，德国实现了国家"正常化"目标，外交实力显著增强，维系跨大西洋伙伴关系虽然是德国的外交支柱之一，但对美国所提供的直接安全保护的依赖度有所下降，修复双方不对等地位的意愿增强。一方面，德国打破对域外军事行动讳莫如深的态度，以维护人道主义的名义在北约框架下

---

① "Mattis zu NATO: Lob, Drohung, Ultimatum", *tagesschau. de*, 26.04.2018, https://www. tagesschau. de/ausland/nato-mattis-101 ~ _ origin-26a114d6-a1ac-43ec-9b0a-c11056304784. html, 2018 – 04 – 26, last accessed on 27.04.2018.

② Daniel Boffey and Jennifer Rankin, "Trump Rebukes NATO Leaders for not Paying Defence Bills", *The Gurdian*, 25.05.2017, https://www. theguardian. com/world/2017/may/25/trump-rebukes-nato-leaders-for-not-paying-defence-bills, last accessed on 27.04.2018.

③ U. S. Department of State, *National Security Strategy of the United States of America*, Washington D. C. , December 2017, p. 57.

④ Lora Anne Viola, "US-amerikanische Außenpolitik unter Trump und die Krisen der Globalisierung", *Zeitschrift für Außen-und Sicherheitspolitik*, April 2017, Volume 10, Issue 2, pp. 329 – 338, here p. 336.

参加科索沃战争和阿富汗战争；另一方面，德国不惮于对美国说"不"。例如，德国拒绝参与伊拉克战争，并谴责美国的单边主义和霸权主义行为，德美关系由此一度恶化。鉴于自身欧盟领导者的角色，德国希望对欧洲地缘政治问题掌握更多话语权。2008 年 4 月的北约布加勒斯特峰会上，美国希望加快北约东扩进程，支持接纳格鲁吉亚和乌克兰为北约成员国。但德国和法国担心此举会激怒俄罗斯，因而联合表示反对。最终，双方做出妥协，北约表示"支持格鲁吉亚和乌克兰加入北约的意愿，但暂不启动接纳新成员国程序"。

德国外交的调整在新形势下变得更为显著。美国在奥巴马政府时期开始实施"重返亚太"战略，对欧洲安全事务采取防御型现实主义策略，即在"有选择的干涉主义"原则下对欧洲实行"幕后领导"（Leading from Be-hind），① 从而实现战略资源的重新配置。德国认识到世界权力结构正在发生变化：美国作为世界霸权的意愿和能力有所下降，而新兴国家崛起，并表达参与规则制定、改善或改变既有国际秩序的诉求。在此背景下，德国在地区和国际事务中承担更多责任的必要性和合理性更加突出。如前所述，在 2013年的基民盟/基社盟与社民党《联合执政协议》中省去了"克制文化"的字眼，明确表达了德国作为国际舞台上积极有为的建构力量的意愿。

在履行国际责任、捍卫国际秩序方面，德国强调军事手段始终是解决国际争端最次之的选择。② 与此对应，德国努力以政治和外交途径化解危机，扮演国际冲突"调解者"的角色。例如，在伊朗核问题中，德国作为伊核协议六国中唯一非联合国安理会常任理事国在 12 年的谈判中发挥了重要作用，并终于在 2015 年促成《联合全面行动计划》这一解决伊核问题的历史性文件的达成；③ 又例如，在乌克兰危机中，德国反对美国向乌克兰反政府武装直接提供武器的作为，希望以制裁促谈判。最终，德国携手法国积极在乌克兰和俄罗斯之间斡旋，在"诺曼底四方"框架里达成了《明斯克协议》和《新明斯克协议》（详见下文）。

---

① Tanguy Struye de Swielande, "Obama's Legacy and the Way Forward", *Global Affairs*, Volume 3, 2017, Issue 4 – 5, https://www.tandfonline.com/doi/full/10.1080/23340460.2017.1377627, last accessed on 25.04.2018.

② "Rede von Außenminister Frank-Walter Steinmeier anlässlich der 50. Münchner Sicherheitskonferenz", https://www.auswaertiges-amt.de/de/newsroom/140201-bm-muesiko/259554, last accessed on 25.04.2018.

③ 郑春荣：《伊核问题上，不容忽视的德国角色》，《世界知识》2015 年第 18 期，第 50 ~ 51 页。

在德国外交政策调整的过程中，德美之间即使时有龃龉，但双方依然维系着基于共同价值理念的盟友关系。然而，德美双方对盟友关系的依赖程度并不对称：跨大西洋伙伴关系是德国积极参与国际秩序以及构建、应对国际挑战的基石；但美国总是依据全球战略中的不同议题对盟友"按需索取"。① 这种不对等关系使德国在处理对美关系时处于被动地位。

二　德国对美政策调整的内容

在特朗普当选美国总统后的一年半里，德国经历了联邦议院大选与为期171天的漫长组阁过程。2018年3月14日，由基民盟/基社盟和社民党组成的大联合政府成立，默克尔开启第四个总理任期。以新大联合政府成立为契机，德国对德美关系重新定调：德国主张在"增强欧洲导向"的基础上保持跨大西洋伙伴关系。

（一）德国政府的政策宣示

在特朗普当选总统伊始，德国政要便流露出对德美关系充满不确定性的担忧。虽然默克尔与其他国家领导一样对特朗普当选表示祝贺，但是，她在贺词中不仅强调"德国与美国的关系比任何非欧盟成员国的关系都要深"，而且意味深长地指出："德国和美国受共同价值观的约束，即民主、自由、尊重法治和每一个人的尊严，不考虑其出身、肤色、宗教信仰、性别、性取向或政治观点。无论是我个人还是（德国）政府都愿意在这些价值观的基础上提供紧密合作。"② 这事实上是在与特朗普治下的美国合作上提条件。

美国对欧洲的兴趣在下降，这并不是特朗普担任美国总统以来才出现的现象，不过，在特朗普治下这一疏离过程有所加速，包括特朗普上台以后采取的一系列退群行为，例如退出伊核协议、《巴黎气候协定》等，或是不再与其盟友协调安全政策行动，例如特朗普单边宣布从叙利亚和阿富汗撤军，

---

① Jeremy Shapiro and Nick Witney, "Towards a Post-American Europe: A Power Audit of EU-US Relations", http://www.ecfr.eu/page/-/ECFR19_TOWARDS_A_POST_AMERICAN_EUROPE_-_A_POWER_AUDIT_OF_EU-US_RELATIONS.pdf, last accessed 05.06.2018.

② Carol Giacomo, "Angela Merkel's Message to Trump", https://www.nytimes.com/interactive/projects/cp/opinion/election-night-2016/angela-merkels-warning-to-trump, last accessed 31.03.2018.

这些单边主义行径破坏了多边主义秩序①，损害了德国和欧洲的战略利益。为此，在 2018 年 2 月达成的《联合执政协议》和政府各部门的执政宣言中，德国具体阐述了"欧洲命运自主论"的重要性，并对跨大西洋伙伴关系在德国外交布局中的地位进行了调整。

首先，跨大西洋伙伴关系在德国外交布局中的支柱性地位，相较德国的欧洲政策来说有所弱化。在 2013 年的《联合执政协议》中，德国强调"跨大西洋伙伴关系以共同价值和利益为基础，并对双方的自由、安全和繁荣至关重要"；② 同样的大联合政府在 2018 年的《联合执政协议》中则指出，"在全球政治、经济和军事力量对比发生变化的背景下，美国战略中心有所转移"。德国依然表示要巩固作为价值与利益共同体的跨大西洋伙伴关系，但"美国正在经历的深刻变革给德国带来了很大挑战"。这表明："欧洲必须将命运掌握在自己手中。只有一个团结的欧洲才能把握机遇，在国际舞台上提出自己的主张、实现共同利益。"因此，"一个强大、团结的欧洲对于德国来说才是未来和平、自由和繁荣的保证"，"德国应在增强欧洲导向的基础上保持跨大西洋伙伴关系"。③ 其次，在维护世界和平方面，德国从突出北约到更强调联合国的作用。2013 年《联合执政协议》视"以北约为基础的跨大西洋联盟为应对全球化世界中危险和威胁的基础"，联合国在其中起到作用。④但在 2018 年《联合执政协议》和外交部长马斯的就职演说中，德国强调联合国是以规则为基础的国际秩序的保障，联合国是德国承担国际责任、捍卫国际秩序的首要平台。⑤ 再次，在安全与防务领域，德国更加突出欧盟共同安全与防务的建设，力求提高欧盟的战略自主性。在 2013 年《联合执政协议》中，德国强调欧盟与北约在安全与防务领域的互补性，认为欧盟要侧重于提高民事手段，必要时投入军事力量。⑥

---

① 郑春荣：《欧美逆全球化势头不减》，《人民论坛》2019 年第 14 期，第 38～40 页。

② "Deutschlands Zukunft gestalten. Koalitionsvertrag zwischen CDU, CSU und SPD", 18. Legislaturperiode, Berlin, 2013, p. 168.

③ "Ein neuer Aufbruch für Europa. Eine neue Dynamik für Deutschland. Ein neuer Zusammenhalt für unser Land. Koalitionsvertrag zwischen CDU, CSU und SPD", Berlin, 07. 02. 2018, p. 6.

④ "Deutschlands Zukunft gestalten. Koalitionsvertrag zwischen CDU, CSU und SPD", 18. Legislaturperiode, Berlin, 2013, p. 168.

⑤ Rede des Bundesministers des Auswärtigen, Heiko Maas, bei der Aussprache zur Regierungserklärung zu den Themen Außen, Europa und Menschenrechte vor dem Deutschen Bundestag am 21. März 2018 in Berlin.

⑥ "Deutschlands Zukunft gestalten. Koalitionsvertrag zwischen CDU, CSU und SPD", 18. Legislaturperiode, Berlin, 2013, p. 166.

2018 年《联合执政协议》对欧盟防务联盟有了更具体的规划，其中提及"永久结构性合作"、欧洲防务基金和德法合作路线图（Feuille de Route）等举措（详见下文），① 旨在弥补欧盟"硬实力"不足的短板。德国国防部长冯德莱恩在执政演说中特别强调在北约中构建"欧洲支柱"。她指出，北约的 29 个国家中有 22 个都是欧盟国家，一个强大的欧洲核心有助于增强作为价值共同体的北约。② 最后，在经贸议题方面，德国反对贸易保护主义并且要在世界贸易组织框架内致力于维护基于规则的多边主义贸易秩序。在《联合执政协议》中，德国认为开放的市场和自由、公平的贸易是经济增长与就业的基础。③ 德国还表示欧盟在全球化时代应制定更强有力、更加统一的贸易政策，而德国应作为欧盟公平贸易政策的先驱，即把联合国"2030 议程"中的可持续战略作为德国政策的标尺，在欧盟贸易、投资和经济协议中贯彻有约束力的社会、人权和环保标准。④

总体上，在特朗普推行孤立主义和保护主义政策的背景下，德国外交政策责任诉求的核心在于在国际范围保持和推动多边主义结构。默克尔在第 55 届慕尼黑安全会议上说，二战后建立的国际秩序正面临巨大的压力，需要进行改革，但各国绝不应打破这个秩序。如果说世界正在变成一个"全球拼图"，那么，只有全球合作才能将这个拼图拼上。⑤ 默克尔在巴黎与马克龙、中国国家主席习近平以及欧盟委员会主席容克会晤时，也特别强调要继续发展多边主义。不过，她也特别提到，在全球经济实力大变革、大推移的时代，重要的是各国携手找到一种新的平衡，为此，她提出发展一种新的多边主义，包括对包括联合国、世界贸易组织等在内的国际

---

① "Deutschlands Zukunft gestalten. Koalitionsvertrag zwischen CDU, CSU und SPD", 18. Legislatur-periode, Berlin, 2013, p. 146.

② Rede der Bundesministerin der Verteidigung, Dr. Ursula von der Leyen, bei der Aussprache zur Regierungserklärung zum Thema Verteidigung vor dem Deutschen Bundestag am 21. März 2018 in Berlin.

③ "Ein neuer Aufbruch für Europa. Eine neue Dynamik für Deutschland. Ein neuer Zusammenhalt für unser Land. Koalitionsvertrag zwischen CDU, CSU und SPD", Berlin, 07. 02. 2018, p. 55.

④ "Ein neuer Aufbruch für Europa. Eine neue Dynamik für Deutschland. Ein neuer Zusammenhalt für unser Land. Koalitionsvertrag zwischen CDU, CSU und SPD", Berlin, 07. 02. 2018, p. 55.

⑤ "Neujahrsansprache von Bundeskanzlerin Angela Merkel zum Jahreswechsel 2018/2019 am Montag, den 31. Dezember 2018, in Berlin", https://www. bundeskanzlerin. de/resource/blob/822020/ 1564902/f374629435b14a116fc7f15cbe85ced8/download-pdf-data. pdf, last accessed on 15. 02. 2019.

组织的改革或调适。①

至于如何捍卫多边主义，或者按德国外交部长马斯的说法，为了阻止"国际秩序的野蛮化"，需要建立一个"多边主义者联盟"，这是一个共同维护和继续发展基于规则的国际秩序的伙伴组成的网络，② 他首先将日本、加拿大、澳大利亚等国列入其想要打造的"多边主义者联盟"的范围。不过，他也很清楚，首要解决的问题的是如何做强欧洲。为此，他表示，对于德国而言，为了在未来捍卫自己的地位，德国必须明确地寄望于一个强大的、有行动能力的欧洲，一个"自主的欧洲"③，只有在共同（也就是在欧洲大陆）实力的基础之上，德国才能维持其本国的建构力；如果做不到这一点，德国就面临在大国竞争的世界格局中遭到碾压的危险。④ 在马斯看来，这一大国竞争格局包括中美在经贸领域的竞争，以及在战略层面美国与俄罗斯以及中国之间的竞争。欧洲如何在大国竞争中定位的问题，是德国外交政策各领域最核心的问题。⑤ 为此，马斯认为，欧洲面临的"未来问题"是欧洲将成为世界政治的主体还是客体，因此，欧洲现在必须将其地缘经济资本转化为地缘政治资本；欧洲不仅应成为国际秩序的一根支柱，也应形成自己的地缘政治认同。⑥

虽然德国政要在强调"挺欧"、增强欧洲的"战略自主性"的必要性，但是，他们的"疏美"立场是有限度的，因为他们依然想保持德国的跨大西洋导向。默克尔在慕尼黑安全会议上婉转地表达了与美国的联系，她特别强调在动荡时代里北约的稳定锚作用，突出北约不仅是一个军事联盟，而且是一个价值共同体。⑦ 在巴黎举行的全球治理会议上，默克尔表示，不存在没

---

① "Kanzlerin Merkel in Paris： Multilateralismus weiterentwickeln"，24. 03. 2019，https：//www. bundesregierung. de/breg-de/suche/multilateralismus-weiterentwickeln-1594522，last accessed on 02. 04. 2019.

② Für eine Allianz der Multilateralisten，Rede von Außenminister Maas bei der 16. Konferenz der Botschafterinnen und Botschafter im Auswärtigen Amt，27. 08. 2018.

③ Heiko Maas beim Berliner Forum Außenpolitik der Körber Stiftung. Begrüßungsrede von Außenminister Heiko Maas anlässlich des Berliner Forums Außenpolitik，27. 11. 2018.

④ Rede von Außenminister Heiko Maas bei der 55. Münchner Sicherheitskonferenz am 15. Februar 2019 in München.

⑤ Heiko Maas beim Berliner Forum Außenpolitik der Körber Stiftung. Begrüßungsrede von Außenminister Heiko Maas anlässlich des Berliner Forums Außenpolitik，27. 11. 2018.

⑥ Rede von Außenminister Heiko Maas bei der 55. Münchner Sicherheitskonferenz am 15. Februar 2019 in München.

⑦ Rede von Bundeskanzlerin Merkel zur 55. Münchner Sicherheitskonferenz am 16. Februar 2019 in München，Samstag，16. Februar 2019.

有美国的多边主义。① 马斯也在不同场合表示，欧洲不能谋求与正在形成的力量极保持等距离；跨大西洋关系仍然是根深蒂固的，尤其对于德国而言是一种战略必要。② 这是因为"美国是我们在欧洲以外最紧密的伙伴，我们想要也必须做出一切以使之得到维持"③。为此，欧洲和德国必须更多地向这一伙伴关系投资，以便能更稳健、更平衡地构建这一伙伴关系。④ 冯德莱恩在慕尼黑安全会议开幕致辞中，也特别提到，德国致力于一个强大的北约和一个强大的欧盟。对于北约未来的发展以及德国的贡献，她提出三点原则：一是德国及欧洲应更公平地分担负担；二是跨大西洋伙伴关系中的公平原则，即北约盟友的共进退；三是北约的行动应由利益和价值双轮驱动。冯德莱恩讲话的第一条原则更多的是欧洲和德国人的自省，后两条则包含对美国特朗普政府强调"美国优先"的孤立主义作为的婉转批评，⑤ 但这也表露出冯德莱恩对跨大西洋伙伴关系恢复正常的期待。与此相应，德国基民盟主席安内格雷特·克兰普－卡伦鲍尔在回应马克龙提出的欧洲宣言《为了欧洲新开端》时也表示，德国应仍然保持跨大西洋导向，但更为欧洲化。⑥ 然而问题是，"美国优先"的做法很可能会损害德国以及欧洲的核心利益。所以，德国与欧洲需要与美国保持一种均衡的伙伴关系，以便赢回自身的行动余地，以及灵活地对新的现实做出反应。如果欧洲的价值和利益有被美国抛弃的危险，德国或欧洲必须进行反驳，或去寻求自己的替代方案。⑦ 由此可见，"疏美"并非与美国

---

① Bundesregierung, "Kanzlerin Merkel in Paris: Multilateralismus weiterentwickeln", 24. 03. 2019, https://www. bundesregierung. de/breg-de/suche/multilateralismus-weiterentwickeln-1594522, last accessed on 02. 04. 2019.

② Heiko Maas beim Berliner Forum Außenpolitik der Körber Stiftung. Begrüßungsrede von Außenminister Heiko Maas anlässlich des Berliner Forums Außenpolitik, 27. 11. 2018.

③ Für eine Allianz der Multilateralisten, Rede von Außenminister Maas bei der 16. Konferenz der Botschafterinnen und Botschafter im Auswärtigen Amt, 27. 08. 2018.

④ Heiko Maas beim Berliner Forum Außenpolitik der Körber Stiftung. Begrüßungsrede von Außenminister Heiko Maas anlässlich des Berliner Forums Außenpolitik, 27. 11. 2018.

⑤ Keynote der Bundesministerin der Verteidigung Dr. Ursula von der Leyen anlässlich der Eröffnung der 55. Münchner Sicherheitskonferenz am 15. Februar 2019, https://www. securityconference. de/fileadmin/MSC_/2019/Hauptkonferenz/05_ Grafiken_ Reden_ Zitate/190215_ msc2019_ Rede_ Vonderleyen. pdf, last accessed on 20. 02. 2019.

⑥ Emmanuel Macron, "Für einen Neubeginn in Europa", *Die Welt*, 04. 03. 2019, https://www. welt. de/debatte/kommentare/plus189751165/Emmanuel-Macron-Wir-Europaeer-muessen-uns-gegen-die-Nationalisten-zur-Wehr-setzen. html, last accessed on 20. 03. 2019.

⑦ Heiko Maas beim Berliner Forum Außenpolitik der Körber Stiftung. Begrüßungsrede von Außenminister Heiko Maas anlässlich des Berliner Forums Außenpolitik, 27. 11. 2018.

"脱钩",而是指调整原先对美国的依赖关系,使这种关系更加均衡、更具灵活性,以便欧洲能够"伸缩自如",但其前提是,欧洲必须首先做强自身。

总体而言,德国政要对处理跨大西洋伙伴关系的政策宣示,总是与德国的欧洲政策和在多边主义框架内承担更多国际责任在一个语境下出现。德国政界意识到处理特朗普政府时期的德美关系将异常艰难,为此,德国着重塑造更加强大和团结的欧盟,实则流露出对美国的信任感下降和对不确定时代的危机意识,但在言辞上仍强调美国依然是德国在欧洲之外最重要的伙伴,这归根结底也是因为欧洲仍不具有真正"疏美"的资本。

(二)德国政府的相应行动

针对特朗普执政以来美国外交政策的调整,德国采取了相应行动予以回应。因为欧盟享有贸易管辖权,所以德国寻求统一的欧盟方案应对与美国的贸易摩擦。美国对北约成员国防务开支不足的不满客观上倒逼德国加强防务支出,推动欧洲的安全与防务一体化。

1. 经贸领域

美国是德国在欧盟外最大的市场,德国和美国在经贸领域的竞争与合作关系并存。维系德美贸易关系是德国作为"贸易国家"的利益之所在,也是德国处理对美关系的突破口。在默克尔2017年3月第一次访问美国时,便有来自德国商界的50多位代表随团出行。面对美国对德国贸易顺差的指责,德国则强调自身对美投资和为美国创造工作岗位的重要性:2016年美国对德直接投资1077亿美元,而德国对美直接投资则达2797亿美元。3000多家德资企业在美国共创了67万个就业岗位,占外国雇主在美提供总就业岗位的11%。[①]

在处理贸易摩擦问题上,德国强调欧盟作为单一市场应采取共同政策。针对美国计划对进口钢铁和铝制品分别征收25%和10%的关税,德国经济与能源部长阿尔特迈尔在临时豁免期内曾希望拟定一份类似TTIP的协议,比如对美国出口到欧盟的产品降低关税,以开放市场、消除既有贸易壁垒的

---

① "U. S. International Trade in Goods and Services. Germany", https://www.bea.gov/international/factsheet/factsheet.cfm? Area = 308, last accessed on 07.04.2018.

方式满足美国缩小贸易赤字的需求。①在美国最终决定加征钢铝制品关税后，欧盟向世界贸易组织提起申诉，并计划分两个阶段对美国商品加征关税作为反制措施。② 由于德国对美国市场的依赖度大于美国对德国市场的依赖度，双方互征关税的做法既违背德国努力维护的贸易规则，同时使贸易争端进一步扩大。德国工业界，尤其是汽车行业，更倾向于采取降低美国出口商品关税的手段。在欧盟委员会主席容克 2018 年 7 月访美、欧美展开贸易谈判后，德国同样出于对汽车业的考虑，希望尽快完成与美国的谈判，这和法国的立场截然不同，后者扮演了踩刹车者的角色，反对美国提出的将自贸谈判扩大到农业领域的要求。

因此，既想"还其人之身"，又不想"以其人之道"来还的德国在应对美国的贸易摩擦中实际可操作的手段有限。在此背景下，德国寻求与中国、加拿大等同样受到美国贸易制裁波及的国家统一立场。在 2018 年 5 月 24 日默克尔访华和 5 月 31 日中国外交部长王毅访问柏林时，双方表示要共同抵制贸易保护主义、捍卫多边主义。在 6 月初于加拿大举行的 G7 峰会上，与会国家希望公报可以延续 2017 年汉堡 G20 领导人峰会共识，即维护基于规则的国际贸易体系和反对保护主义，保证贸易条约与世界贸易组织原则一致。③ 但是，特朗普完全无视盟国的诉求、拒签《联合公报》且提前离场的蛮横态度让德国的幻想破灭，默克尔用更强硬的立场重申"欧洲命运自主论"，强调"欧盟不能再被他人玩弄，必须有所行动"④。

德国携手欧盟与中国共同捍卫多边主义，这也体现在中国 - 欧盟领导人 2019 年 4 月 9 日发布的联合声明中，其中，双方表示：双方坚定支持以规则为基础、以世界贸易组织为核心的多边贸易体制，反对单边主义和保护主

① "Die Europäische Union wird geschlossen agieren. Bundesminister Peter Altmaier im Gespräch mit dem Deutschlandfunk über das weitere Vorgehen im Handelsstreit mit den USA", *Spiegel Online*, 30. 04. 2018, https：∥www. bmwi. de/Redaktion/DE/Interviews/2018/20180430-altmaier-deutschl-andfunk. html, last accessed 09. 05. 2018.
② Markus Becker, "EU riskiert Konfrontation mit Washington", *Spiegel Online*, 01. 06. 2018, http：∥www. spiegel. de/wirtschaft/soziales/donald-trump-und-die-us-strafzoelle-eu-fordert-us-regierung-heraus-a-1210782. html, last accessed on 20. 01. 2019.
③ The Charlevoix G7 Summit Communique, https：∥g7. gc. ca/en/official-documents/charlevoix-g7-summit-communique/, last accessed on 09. 06. 2018.
④ "Nicht über den Tisch ziehen lassen", *tagesschau. de*, 11. 06. 2018, http：∥www. tagesschau. de/inland/merkel-g-sieben-reaktionen-101. html, last accessed on 20. 02. 2019.

义，并致力于遵守世界贸易组织规则。① 2019 年 5 月底 6 月初，中国国家副主席王岐山访问德国时，默克尔更是明确表示，"当前国际形势复杂多变、新问题层出不穷，德方一贯维护多边主义原则和现行国际秩序，主张通过对话加强国际协调与合作，不认同通过威胁和施压解决问题。德中、欧中在广泛问题上拥有共识，愿与中方加强沟通、交流与合作，共同完善国际治理体系"。② 但是，德国及欧盟也在与美国有共同诉求的领域，联手美国施压中国，例如这也体现在世界贸易组织的改革立场上：一方面，欧方积极在中欧世界贸易组织改革联合工作组框架里与中方一起继续努力解决世界贸易组织上诉机构的危机并在其他领域凝聚共识；另一方面，欧盟联手美日在三边框架里磋商旨在针对中国的新规则，例如 2018 年 5 月 31 日，美国贸易代表罗伯特·莱特希泽（Robert Lighthizer）、日本产业经济大臣世耕弘成和欧洲贸易专员马姆斯特罗姆在巴黎会面时针对中国发表《关于工业补贴、市场导向和技术转让的联合声明》，进一步重申共识，即任何国家都不应要求或迫使外国公司向国内公司转让技术，包括通过合资要求、外国股权限制、行政审查等手段。③ 2019 年 1 月 9 日，美欧日三方再次发表有关产业补贴、国有企业、潜在的强制技术转让等的联合声明。④

2. 安全与防务领域

长期以来，德国安全与防务政策的一项基本原则就是要保持德法关系（欧盟）与德美关系（北约）之间的并行不悖。如前所述，从《联合执政协议》中可以看出，德国在"默克尔 4.0"时代依然避免在安全与防务领域做出欧盟和北约之间"非此即彼"的选择，德国努力推动欧盟安全与防务政策一体化，在加强欧盟自身战略自主性的同时，增强北约的"欧洲支柱"作用。对此，虽然德国反复强调，国防支出不能仅计算军费，而是也

---

① 《第二十一次中国－欧盟领导人会晤联合声明》（2019 年 4 月 9 日于比利时布鲁塞尔），海外网，2019 年 4 月 9 日，http://news. haiwainet. cn/n/2019/0409/c3541083 - 31533548. html，最近访问日期为 2019 年 4 月 12 日。

② 《王岐山访问德国》，新华网，2019 年 6 月 2 日，http://www. xinhuanet. com/photo/2019 - 06/02/C_1124574438. htm，最近访问日期为 2019 年 6 月 5 日。

③ "Joint Statement on Trilateral Meeting of the Trade Ministers of the United States, Japans and the European Union", http://trade. ec. europa. eu/doclib/docs/2018/may/tradoc_ 156906. pdf, last accessed on 20. 03. 2019.

④ "Joint Statement of the Trilateral Meeting of the Trade Ministers of the European Union, Japan and United States", Washington, D. C., 09. 01. 2019, https://ustr. gov/about-us/policy-offices/press-office/press-releases/2019/january/joint-statement-trilateral-meeting, last accessed on 20. 03. 2019.

应把投入发展援助等的资金也计算在内。但是，为了维持跨大西洋伙伴关系，在特朗普回缩和施压的背景下，德国首先将扩大防务开支提上议程，经过内部激烈讨论后，德国政府确定将德国国防开支从占国内生产总值的1.2%，提高到2024年底的占1.5%，但离北约威尔士峰会确定的2%目标还有较大距离；默克尔仍将2%视为远期目标，虽然她并未明确达标时间。① 而且，德国还提出积极的扩军方案，并改善军事装备。② 此外，德国改变既往对北约采取的"支票政策"，用实际行动积极承担北约框架下的更多责任。比如，德国作为"框架国家"③，从2016年起负责北约驻扎在立陶宛的一个营，德国自己也派出联邦国防军士兵到立陶宛，而且，德国承诺在2019年到2023年继续领导北约高度戒备联合特遣部队（VJTF）"茅尖"。④ 德国有意推选现任国防部长冯德莱恩为北约秘书长候选人，以增强德国在北约中的话语权。⑤

但是，德国和美国处于所有北约成员国中异质的两极。德国增加军费开支总是在国内受到不同政党的阻挠。与此同时，德国仍难以清除与美国因战略文化差异而导致的军事行动理念差异。皮尤研究机构的数据显示，德国是北约国家中参与军事行动意愿最低的国家。与美国56%和波兰48%的支持率相比，在德国只有38%的受调查者认为德国应该积极参与北约的军事行动。⑥ 比如在2018年4月的叙利亚化学武器事件中，德国并没有像法国和英国一样追随美国对叙利亚发动空袭，而是预先表示不会参与军事行动，然后

---

① Donata Riedel, "Verteidigungsetat 1, 5 statt zwei Prozent vom BIP-Von der Leyen setzt sich eigenes Nato-Ausgaben-Ziel", *Handelsblatt*, 14.05.2018, https://www.handelsblatt.com/politik/deutschland/verteidigungsetat-1-5-statt-zwei-prozent-vom-bip-von-der-leyen-setzt-sich-eigenes-nato-ausgaben-ziel/22066854.html? ticket = ST-541605-Nh7yfzHLHxUelIHRriIx-ap6, last accessed on 20.09.2018.

② 郑春荣：《德国扩军何以牵动各方神经》，《新民晚报》，2017年3月13日，http://xmwb.xinmin.cn/lab/html/2017 - 03/13/content_30_1.htm，最近访问日期为2019年3月20日。

③ Rainer L. Glatz and Martin Zapfe, "Ambitionierte Rahmennation: Deutschland in der Nato", *SWP-Aktuell* 62, August 2017, pp. 1 – 8.

④ "Bündnistreffen in Brüssel. Nato und Amerika loben Bundesregierung für höhere Verteidigungsausgaben", *Frankfurter Allgemeine Zeitung*, 07.06.2018, www.faz.net/aktuell/politik/ausland/hoehere-verteidigungsausgaben-amerika-lobt-deutschland-15628418.html, last accessed on 09.06.2018.

⑤ Thorsten Jungholt, "Von der Leyen als Nato-Generalsekretärin im Gespräch", *Die Welt*, 17.02.2018, https://www.welt.de/politik/deutschland/article173679548/Verteidigungsministerin-Ursula-von-der-Leyen-als-Nato-Generalsekretaerin-im-Gespraech.html, last accessed on 19.02.2019.

⑥ Bruce Stokes, "Views of NATO and its Role are Mixed in U.S., Other Member Nations", http://www.pewresearch.org/fact-tank/2016/03/28/views-of-nato-and-its-role-are-mixed-in-u-s-other-member-nations/, last accessed on 24.04.2018.

在美、英、法发动军事打击后，在道义上对此表示支持，评价此次行动是"必要且适当"的。[①]

欧盟内外安全形势恶化而欧盟安全与防务能力长期发展不足，英国脱欧给欧盟安全与防务推进带来的"时机之窗"，以及特朗普执政与美国北约政策调整的影响，使欧盟推进安全与防务一体化的紧迫性和必要性更加凸显。2017年6月7日，欧盟设立了年预算55亿欧元的欧洲防务基金。该基金主要用于促进欧盟国防工业的投资、研发和生产。[②] 在2017年7月13日的德法内阁联合会议中，德法防务与安全委员会决定根据《欧盟条约》第42条和第46条的灵活性条款，启动"永久结构性合作"并规划了该合作机制的大致方案。2017年12月11日欧盟批准了25个成员国签署的"永久结构性合作"相关协议，标志着欧盟朝着防务联盟迈出了"历史性的一步"。[③] 该合作机制旨在提高成员国作战力量的行动力和一致性。它规定参与国的国防务开支需努力达到国内生产总值的2%、防务开支的20%需用于武器装备，[④] 从而将增加军费内化为欧盟成员国的共识；该合作机制不排除同在北约和联合国等多边框架内的合作，由此在增强欧盟军事力量的独立性和行动力的同时，打消了北约对欧盟防务"另起炉灶"的顾虑。[⑤]

"永久结构性合作"是一个有雄心和约束力且具有包容性的安全合作机制，呈现出欧盟安全与防务领域灵活一体化的发展路径。目前已涵盖两批共34个合作项目。但是，当前成员国对欧盟防务的"战略文化"和安全威胁认知存在较大分歧，"永久结构性合作"的聚焦领域和审查机制存在局限性，这些因素使欧盟只能获得有限的战略自主性。"永久结构性合作"在资源获

---

① Bundesregierung, "Bundeskanzlerin Merkel zu den Militärschlägen der USA, Großbritanniens und Frankreichs in Syrien", https：∥www. bundesregierung. de/Content/DE/Pressemitteilungen/BPA/2018/04/2018-04-14-syrien. html, last accessed on 25. 04. 2018.

② "Der Europäische Verteidigungsfonds: 5,5 Mrd. EUR pro Jahr, um Europas Verteidigungsfähigkeiten zu stärken", http：∥europa. eu/rapid/press-release_ IP-17-1508_ de. htm, last accessed on 26. 04. 2018.

③ "Grundsatzdokument für EU-Verteidigungsunion ist unterzeichnet", *Zeit Online*, 13. 11. 2017, https：∥www. zeit. de/politik/ausland/2017-11/pesco-eu-verteidigungsunion-gruendung, last accessed on 26. 04. 2018.

④ Daniel Fiott, Antonio Missiroli and Thierry Tardy, "Permanent Structured Cooperation：What's in a Name?", *Chaillot Paper* No. 142, November 2017, p. 46.

⑤ Niklas Helwig, "Neue Aufgaben für die Zusammenarbeit zwischen EU und Nato", *SWP-Aktuell* 80, Dezember 2017.

取方面与北约构成竞争关系，但是在能力建设方面与北约互补、互用。从这一合作机制的设计来看，欧盟预计将通过"永久结构性合作"构建强大的北约"欧洲支柱"，提高对北约防务的贡献度。总体上，德国及欧盟无意也无力重塑欧美安全关系，而是希望优化这一安全结构中的权责分配与能力贡献，使欧美安全关系朝着良性、持续的方向发展。①

三 德国对美政策调整的若干特点

跨大西洋伙伴关系的变化使德国在理念层面对美国的定位从"基于共同价值的盟友"转变为"基于共同利益的伙伴"，其中，加强北约框架下的防务合作是德国的重要抓手。在手段层面德国以欧盟为依托增强处理德美关系的话语权。与此同时，德国采取必要的"向东看"战略，这是指在有选择的议题上与中国、俄罗斯等组成临时性"议题联盟"，以抱团取暖，捍卫自身的核心利益。

（一）从"价值盟友"到"利益伙伴"

价值理念是否相近是德国划分合作伙伴亲疏与否的重要标准。捍卫人的尊严、自由、民主、法治和基于规则的国际秩序是德国与志同道合者分享的核心价值要素。虽然如前所述，在《联合执政协议》中，德国依然表示希望巩固作为价值和利益共同体的跨大西洋伙伴关系，但在德国和美国价值共识日益淡化的背景下，德国需要对"价值"和"利益"诉求重新排位，在处理对美关系时从强调"基于共同价值的盟友"转变为"基于共同利益的伙伴"。

当前，加强在北约框架下的合作是德国和美国的重要利益共识。德国和美国对于推动北约进行结构性改革的目标一致：美国要求盟友增加防务支出、在北约承担更多责任，以实现自身的战略再平衡目标；而德国希望增强自身在北约的影响力，并且通过加强"欧洲支柱"以增强欧盟防务力量在北约的行动力。虽然欧盟已经启动"永久结构性合作"机制，但是在其初始阶段参与国所能投入的资源有限，且如波兰、匈牙利等中东欧国家在一定程度

① 关于"永久结构性合作"机制启动的背景、内容与特点以及它与北约之间的关系的详细分析，参见郑春荣、范一杨《重塑欧美安全关系？——对欧盟"永久结构性合作"机制的解析》，《欧洲研究》2018年第6期，第1~24页。

上是出于担心在"多速欧洲"中掉队的心态参与防务一体化建设。① 因此，该机制的实际效果有待观察。如今，来自俄罗斯的传统安全威胁和网络、恐怖袭击等非传统安全威胁同时困扰欧洲大陆，北约集体防务依然是德（欧）美合作重点。德国和欧盟有意改变既往"搭便车"的做法，这既是弥补欧盟"硬实力"不足的客观需要，也挽救了岌岌可危的跨大西洋伙伴关系。

在经贸问题上，跨大西洋两岸针对第三国非市场行为问题依然保持一致立场。如前所述，在中、美、欧三边博弈中，欧洲对经贸领域的诸多子议题采取"分而治之"的态度，以寻求与中国或美国任意一方共同利益的最大化。德国（欧盟）虽然不会以牺牲中国市场为代价缓和对美贸易摩擦，但是，欧盟和美国都对中国的海外投资行为持警惕甚至对抗态度，都企图向中国施加压力获得更大市场，这构成了跨大西洋关系中的重要利益共识。在欧盟委员会 2019 年 3 月 12 日发布的《欧中战略展望》中，欧盟也步美国特朗普政府的首份国家安全战略将中国视为"战略竞争者"② 的后尘，在将中国视为"欧盟与之有着紧密一致目标的合作伙伴"以及"欧盟需要寻求与之利益均衡的谈判伙伴"外，将中国视为"追逐技术领导地位的经济竞争者"和"推进替代型治理模式的制度对手"③。而这个既是合作伙伴也是（制度）竞争对手的表述此前已经出现在德国工业联合会的文件④以及德国联邦经济部的《国家工业战略 2030》⑤ 中。

但是，在特朗普"美国优先"的语境中，美国置民族国家利益优先于一切，跨大西洋关系中的利益共识有限。面对两国国家利益冲突的情况，德国"自我主张"的特点更加突出，即不惮于与美国"唱反调"来捍卫本国核心利益。在苏联双面间谍谢尔盖中毒案发酵之时，德国与西方国家保持一致，象征性地驱逐了四名俄罗斯外交官，并不愿与俄罗斯的冲突升级。默克尔要

① Gustav Gressel, "Germany's Defence Commitments: Nothing But Paper Tigers?", ECFR, 27. 03. 2018, http://www.ecfr.eu/article/commentary_germanys_defence_commitments_nothing_but_paper_tigers, last accessed 08. 06. 2018.

② The White House, *National Security of the United States of America* 2017, Washington, D. C. , December 2017.

③ European Commission, *Joint Communication to the European Parliament, the European Council and the Council. EU-China-A Strategic Outlook*, JOIN (2019) 5 final, Strasbourg, 12. 3. 2019.

④ Bundesverband der Deutschen Industrie (BDI), *China-Partner und systemischer Wettbewerber. Wie gehen wir mit Chinas staatlich gelenkter Volkswirtschaft um?*, Berlin, 10. 1. 2019.

⑤ Federal Ministry for Economic Affairs and Energy, *National Industry Strategy 2030. Strategic Guidelines for a German and European Industry Policy*, Berlin, 5 February 2019.

求，如果对俄罗斯进一步强化制裁，必须协调一致地行动，而不是美欧各自做出新的制裁。而且，德国强调继续支持《俄罗斯－北约基本文件》，在德国看来，不应中断与俄罗斯的对话渠道。与此同时，由俄罗斯天然气工业股份公司（Gazprom）控股、总造价高达 95 亿欧元的北溪 2 号天然气管道项目在德国获得所有必需的施工许可。美国要挟德国放弃北溪 2 号项目，以此为给予欧盟钢铝制品关税豁免权的条件，但德国并未选择退让。在 2019 年 1 月的慕尼黑安全会议上，德美之间的冲突公开升级。美国副总统迈克·彭斯（Mike Pence）向德国与欧盟提出最后通牒，要求其立即放弃与美国政策并不完全符合的计划，除了与伊朗的核协议，也包括北溪 2 号项目。美国还对参与北溪 2 号项目的德国及欧洲企业提出了制裁威胁。① 默克尔在其讲话中对美国的要求加以反驳。此前，美国驻德国大使理查德·格雷内尔（Richard Grenell）在就任第一天，即 2018 年 5 月 8 日就通过推特给德国企业下了最后通牒，要求它们立刻停止在伊朗的业务；他此后还一再以制裁威胁参与北溪 2 号项目的德国企业，甚至给它们发威胁信。这引发了德国经济界和政界的强烈抗议。对此，德国外交部长马斯表示，"欧洲能源政策必须由欧洲决定，而非美国"。②

（二）以欧盟为依托增强处理德美关系的话语权

面对特朗普政府具有颠覆性的政策转变，德国选择联合欧盟共同应对。从具体行动路径来看，德国可以选择把欧盟作为独立的外交行为体对美发出一致声音，也可以与个别国家代表欧盟处理跨大西洋关系，其中德法轴心是重要着力点。例如，在特朗普执意退出伊核协议后，德国与法国、英国发表共同声明，表示将会继续履行伊核协议的相关内容。③ 在对特朗普进行密集游说未果后，欧盟重启并更新"阻断法案"（Blocking Statute），以确保与伊

---

① Remarks by Vice President Pence at the 2019 Munich Security Conference, http：//www. whitehouse. gov 16. 02. 2019, last accessed on 18. 03. 2019.

② "US Botschafter droht deutschen Firmen mit Sanktionen", *Süddeutsche Zeitung*, 13. 01. 2019, https：// www. sueddeutsche. de/politik/pipeline-projekt-nord-stream-us-botschafter-droht-deutschen-firmen- mit-sanktionen-1. 4285520, last accessed on 20. 02. 2019.

③ Bundesregierung, "Gemeinsame Erklärung Deutschlands, Frankreichs und Großbritanniens zum Rückzug der Vereinigten Staaten aus dem Nuklearabkommen mit Iran", 08. 05. 2018, https：// www. bundesregierung. de/Content/DE/Pressemitteilungen/BPA/2018/05/2018-05-09-gemeinsame- erklaerung-iran. html, last accessed on 10. 05. 2018.

朗开展贸易的欧盟企业免遭美国制裁冲击。[①] 此外，德国联手法英推出"特殊目的通道"（Special Purpose Vehicle，SPV），一种旨在绕过美国的金融封锁维持与伊朗开展业务的支付机制，以此维护伊核协议，避免中东地区紧张局势升级。2019 年 1 月底，INSTEX SAS（贸易结算支持机制）注册成立。[②]

鉴于德国和美国实力悬殊、对跨大西洋关系依赖不对等的情况，"挺欧""联欧"是德国应对特朗普政府最可行、最有效的方式。第一，从技术操作角度来看，欧盟作为单一市场享有贸易管辖权，处理跨大西洋两岸的贸易关系具有合法性；相较于默克尔的克制、审慎，马克龙与特朗普互动更为密切，对于塑造跨大西洋关系十分积极，德法在对美外交风格上形成互补。第二，欧盟内部也呼吁成员国对美保持团结一致。欧盟委员会主席容克在特朗普宣布对欧盟钢铝制品加征关税后明确警告成员国不要向美国妥协，也不要与美国签订双边贸易协议，因为这样会使美国分化和弱化欧盟的企图得逞，使欧盟"沦为美国内政的奴隶"。[③] 第三，德（欧）美深层次较量实则围绕的是对价值规范与国际规则的"守"和"破"。自特朗普执政以来，欧盟和美国就多边主义与单边主义、国际主义与民族主义、规范力量与实力政治的分歧前所未有之深。因此，西方国家阵营内的裂痕需要欧盟作为整体进行修复。

德国联合欧盟共同应对跨大西洋关系是德国践行"欧洲命运自主论"、实现欧盟在国际舞台上重新自我定位的过程。特朗普执政后美国外交政策的调整影响了德国和欧盟对于外部世界的感知。在德国看来，特朗普执政时期的美国变得更加难以沟通、不可预测，跨大西洋关系处于充满不确定性因素的"十字路口"。因此，德国在"挺欧疏美""联欧抗美"的过程中推进欧盟外交与安全政策一体化，谋求使欧盟在国际舞台上成为独立、强大的一极。从长远来看，实现上述目标考验德国能否克服欧盟内部分化力量，发挥有效领导力，同时也考验其他成员国是否有足够的政治意志认同并维护欧盟的国际定位。

[①] "EU reaktiviert Abwehrgesetz gegen Iran-Sanktionen der USA-Wir müssen jetzt handeln", *Handelsblatt*, 17. 05. 2018, http：∥www. handelsblatt. com/politik/international/blocking-statute-eu-reaktiviert-abwehrgesetz-gegen-iran-sanktionen-der-usa-wir-muessen-jetzt-handeln/22577954. html, last accessed on 22. 05. 2018.

[②] 吕蕊、赵建明：《欧美关系视角下的伊朗核问题——基于 2016 年以来欧美伊核政策的比较分析》，《欧洲研究》2009 年第 1 期，第 22～44 页。

[③] "Europäer sind nicht Sklaven der amerikanischen Innenpolitik", *Spiegel Online*, 01. 06. 2018, http：∥www. spiegel. de/wirtschaft/soziales/jean-claude-juncker-verschaerft-ton-im-handelsstreit-mit-usa-a-1210757. html, last accessed on 09. 06. 2018.

（三）与中国、俄罗斯组成临时性"议题联盟"应对美国

跨大西洋关系的变化使德国作为建构力量承担国际责任的环境和任务都发生了变化。美国曾经是以自由、民主为核心，以规则为基础的战后西方秩序的捍卫者。德国外交政策中的"承担责任"即与盟友共同捍卫冷战后国际秩序。如今美国外交政策的转变使德国意识到国际秩序和价值原则有可能从联盟内部受到侵蚀，德国外交政策中的常量变为域值不稳定的自变量，德国所要承担的国际责任从秩序内的建构转变为建构秩序本身。在此背景下，德国除了联合欧盟，还有必要在国际舞台上加强与中国和俄罗斯组成临时性"议题联盟"，以应对美国造成的国际挑战。

中国和俄罗斯作为国际舞台上的重要"否决玩家"，是德国在国际事务中不可或缺的合作对象。在美国退出伊核协议后，默克尔在一周时间内先后访问俄罗斯和中国，希望获得两国支持，继续维护伊核协议的严肃性和权威性。德国还强调，俄罗斯在以政治途径解决乌克兰危机和叙利亚危机中扮演重要角色。德国在乌克兰危机后与俄罗斯的关系一度陷入冰点，德俄的议题合作有助于双方关系的天平从"对抗"倾向"对话"一端。与此同时，中国已连续三年作为德国最大贸易伙伴，两国同样作为全球化进程的受益者，都是此次特朗普贸易制裁的"受害者"。面对中国的崛起，美国感受到的是世界权力中心转移的失落，而德国虽然与中国就市场规则等问题仍有分歧，但更希望可以从中国日益开放的市场中挖掘合作潜力，扩大经济收益。为了应对特朗普的威胁与"敲诈"，默克尔在2017年3月17日访美前罕见地与中国国家主席习近平通电话，重申两国反对贸易保护主义，这无疑是向特朗普释放的一个强烈信号。2019年5月底6月初，中国国家副主席王岐山访问德国时，默克尔所说的"不认同通过威胁和施压解决问题"，也显然是针对美国的所作所为而有明确所指的。

德国在"向东看"战略中保持了处理对华、对俄关系一贯务实、灵活的做法。在德国的认知中，中国和俄罗斯并非天然的合作伙伴，双方也同美国一样对国际秩序构成挑战：普京领导下的俄罗斯和快速发展、日益复兴的中国填补了美国战略收缩后留下的权力真空，挤压着欧盟自我主张的活动空间。① 德

---

① Auswärtiges Amt, "Europa in einer unbequemeren Welt. Rede von Außenminister Gabriel beim Forum Außenpolitik der Körber-Stiftung", 05.12.2017, https: //www. auswaertiges-amt. de/de/newsroom/berliner-forum-aussenpolitik/746464, last accessed on 15.05.2018.

国的"向东看"是大国博弈中的一种平衡策略，旨在获得中国和俄罗斯在国际事务中的支持，联合应对美国对国际秩序造成的冲击，捍卫多边主义国际合作的公信力，从而为欧盟争取独立的自我主张空间。从长期来看，尚不确定这一"议题联盟"是否以及在何种程度上可以在"后特朗普时代"消弭欧盟与俄罗斯在地缘政治上的对峙、消除中欧在意识形态上的差异，因此这个"议题联盟"具有一定的临时性。

第七章

乌克兰危机

2013 年 11 月底爆发的乌克兰危机为 2013 年 12 月上台的德国大联合政府推行积极有为的外交政策开启了有利的"时机之窗",但它同时也是这一政策能否取得成功的"试金石"。乌克兰危机涉及欧洲的安全秩序,其核心在于欧俄尤其是德俄关系。两德统一后,德俄、欧俄关系一度升温,双方至少在言辞上成为"战略伙伴"。但最晚至乌克兰危机爆发,双边关系急转直下,传统的地缘政治冲突回归,欧俄、德俄关系的对抗性明显增强。但在特朗普推行孤立主义政策以来,欧俄、德俄关系中的合作需求上升。

本章旨在分析德国 2013 年成立的大联合政府释放出的积极有为外交政策的宣示在乌克兰危机中的具体表现及其影响因素,其中德俄、欧俄关系的变化也是一个重要观测点。最后,本章结合乌克兰危机述及德国外交政策,尤其是安全政策面临的挑战。

一 德国在乌克兰危机应对中的表现

梳理整个乌克兰危机迄今的发展过程,并结合德国在危机应对过程中的立场和行动,大致可将危机划分为以下几个发展阶段:1. 自以维克多·亚努科维奇(Viktor Fedorovych Yanukovych)为总统的乌克兰政府宣布中止与欧盟的联系国协定谈判引发大规模亲欧盟的示威游行到反对派上台执政。在这个阶段,德国致力于通过自己的外交努力调停并和平解决危机,其对相关各方的态度也表现得十分克制。2. 克里米亚局势发生动荡,并且克里米亚最终"脱乌入俄",欧盟启动"三阶段制裁计划"中的前两个阶段的制裁。在这个阶段，德国在对待俄罗斯的态度上出现了某种转变，由刚开始的反对制裁转变为支持视俄罗斯的表现进行分阶段制裁，但其依然没有放弃通过外交斡旋和平解决危机的努力。3. 乌克兰东南部局势发生动荡，东部两州宣布独立，尤其是马来西亚航空公司（简称马航）班机被击落，欧盟启动了第三阶段的经济制裁，不过，在制裁不断升级的同时，乌克兰危机形势在达到高潮后出现了某种临时的缓和迹象。在这个阶段，德国对俄态度更为强硬，在依然坚持谈判与制裁并举的同时，趋向于认为经济制裁会更有效。4. 在对俄制裁未取得预期效果，反而损害了德国的对俄经贸利益后，西欧国家内尤其是德国国内要求解除或放松对俄制裁的呼声越来越高，而特朗普退出伊核协议等孤立主义做法，给德俄、欧俄重新走近提供了契机，即使后来爆发了刻赤海峡冲突，欧俄对抗也未升级。在这个阶段，德俄、欧俄关系总体有所缓和，德国和欧盟在有选择的全球治理领域有与俄罗斯合作的需求。

（一）亚努科维奇政府倒台阶段

在获知乌克兰方面宣布中止与欧盟的联系国协定谈判后，德国并没有对乌克兰当局进行直接批评，而是表示通向欧盟的大门仍然向乌克兰敞开。基辅爆发示威游行并导致流血冲突，局势进一步升级之后，不同于美国对当时的乌克兰政府直接发出制裁威胁的做法，默克尔强调的只是乌克兰政府需要保障基本的民主和自由，呼吁冲突双方回归和平对话；外交部长施泰因迈尔更是清晰地告诉反对派，暴力并不是答案。[1] 可见，不同于美国向乌克兰反对派一边倒的立场，德国的立场至少在表面上显得更为"中立"[2]，这使德国能更好地扮演调停者的角色。当欧盟外交与安全政策高级代表凯瑟琳·阿什顿（Catherine Ashton）2013 年 12 月到基辅表示与基辅独立广场抗议者的团结时，普京质疑欧盟介入冲突的合法性，并认为这纯粹为俄乌两国间事

[1] Robert Coe, "German and American Responses to Ukraine's Euromaidan Protests", 27. 02. 2014, http://www.aicgs.org/issue/german-and-american-responses-to-ukraines-euromaidan-protests/, last accessed on 20. 05. 2015.

[2] 事实并非如此：2014 年 2 月默克尔与施泰因迈尔在柏林会见了当时的乌克兰反对派领导人、祖国党主席阿尔谢尼·亚采纽克（Arseniy Yatsenyuk）和乌克兰民主改革联盟党主席维塔利·克里琴科（Vitali Klitschko），特别是克里琴科及其政党得到了默克尔及接近基民盟的康拉德·阿登纳基金会的大力支持，默克尔更是一度有意将克里琴科培养为挑战亚努科维奇的总统候选人。"Ost-West-Konflikt um die Ukraine: Merkel kämpft für Klitschko", Spiegel Online, 08. 12. 2013, http://www.spiegel.de/politik/ausland/ukraine-merkel-will-klitschko-zum-praesidenten-aufbauen-a-937853.html, last accessed on 12. 07. 2014.

务。由于俄罗斯视欧盟为冲突的一方，并不愿意接受欧盟的调停，因此德国的角色更为突出。在现实中，默克尔多次与当时的乌克兰总统亚努科维奇和俄罗斯总统普京以及美国总统奥巴马通电话，还与法国总统奥朗德及波兰总理图斯克就乌克兰危机交换了意见，并发表了共同声明。2014 年 2 月，施泰因迈尔与法国、波兰两国外交部长更是直接在基辅斡旋，并最终促使亚努科维奇与反对派领导人共同签署了《乌克兰危机调解协议》，协议的内容包括乌克兰 2004 年宪法的回归、提前举行总统大选和组建有反对派参与的临时内阁等。① 但是，由于局势的升级、亚努科维奇的逃离及其总统职务被罢黜，调解协议成为一纸空文。因此，德国的外交努力虽然短暂缓和了危机，但其通过单纯外交调停手段和平解决危机的尝试最终还是失败了，乌克兰危机继续发酵。

（二）克里米亚危机阶段

由于俄罗斯的直接介入，危机日益演变为欧盟和美国与俄罗斯之间的对抗。在俄罗斯军队开始在克里米亚展开行动的情况下，德国开始对俄罗斯政府进行严厉批评，在 2014 年 3 月 2 日默克尔与普京总统的通话中，默克尔称俄罗斯在克里米亚的干预是不可接受的，违反了国际法，希望俄罗斯能尊重乌克兰的主权与领土完整。与此同时，默克尔说服普京接受了其有关建立由欧洲安全与合作组织领导的"真相调查团"与联络小组的建议。② 需要指出的是，在 3 月 3 日的欧盟外交部长会议上，由于德国的反对，欧盟也并未达成即刻对俄罗斯进行制裁的共识，德国意在避免局势升级，以便为对话赢得时间。③ 之后，德国与美国等其他 G7 成员发表共同声明，决定暂停原定于 2014 年 6 月在俄罗斯索契举行的八国集团（G8）峰会的准备工作。④ 德

① Bundesregierung, "Ukraine: Friedliche Lösung ist möglich", http://www.bundesregierung.de/Content/DE/Artikel/2014/02/2014-02-19-ukraine.html, last accessed 12. 07. 2014.

② Bundesregierung, "Bundeskanzlerin Merkel telefoniert mit dem russischen Präsidenten Putin", http://www.bundesregierung.de/Content/DE/Pressemitteilungen/BPA/2014/03/2014-03-02-telefonat-putin.html, last accessed on 20. 06. 2014.

③ Christian Wipperfürth, "Russland, die Ukraine und der Westen: Alle gehen leer aus. Weitere Verschärfung oder rechtzeitige Umkehr", *DGAP kompakt*, Nr. 5, März 2014, p. 5.

④ Bundesregierung, "Erklärung der G7", http://www.bundesregierung.de/Content/DE/Pressemitteilungen/BPA/2014/03/2014-03-03-g7.html, last accessed on 21. 06. 2014. 德国还取消了原定于 2014 年 4 月举行的德俄政府磋商。从 1999 年以来，德俄政府磋商一般每年举行一次，2013 年末，由于当时德国大联合政府尚未组阁完成，因此当年也未举行德俄政府磋商。

国比美国更希望保有这个与俄罗斯进行沟通与合作的平台。① 在这之后，随着危机的延续，德国虽然和欧盟其他国家共同制订了一个针对俄罗斯的"三阶段制裁计划"，但是实际上仅启动了制裁的第一阶段，具体包括终止有关简化签证及新的欧盟与俄罗斯基础协议的谈判。② 在克里米亚举行公投并顺利加入俄罗斯联邦之后，德国拒绝承认克里米亚公投结果，表示公投违背了乌克兰宪法和国际法。③ 为此，德国和欧盟其他国家一起启动了对俄的第二阶段制裁，包括账户冻结及禁止克里米亚和俄罗斯部分官员入境欧盟等。对此，德国外交部长施泰因迈尔强调，"在这一天，我们必须传递明确的信号"④。显然，俄罗斯兼并克里米亚的举动，迫使一直以来主张对俄对话与合作的德国不得不和欧盟其他成员国一起提升对俄罗斯制裁的阶段。

（三）乌克兰东部危机阶段

在克里米亚"脱乌入俄"之后，乌克兰东部地区的独立运动愈演愈烈，乌克兰当局在乌克兰东部采取的所谓"反恐行动"也使局势越来越复杂。在乌克兰东部局势动荡之初，德国仍不愿极度激化与俄罗斯的关系，依然希望通过外交手段和平解决乌克兰东部危机。比如，在欧盟是否要采取第三阶段制裁的问题上，德国表示，这要看 2014 年 5 月 25 日的总统大选能否顺利进行。与此同时，在德国等国的努力下，美国国务卿、俄罗斯和乌克兰外交部长及欧盟外交与安全事务高级代表在日内瓦进行了会谈，并发表了有利于乌克兰局势缓和的《日内瓦宣言》，只可惜这一共同宣言没有得到各方很好的落实。⑤ 德国资深外交家沃尔夫冈·伊辛格（Wolfgang Ischinger）还受欧安

---

① "Krim-Krise: Russland bleibt doch Mitglied der G8", *Zeit Online*, 18. 03. 2014, http://www. zeit. de/politik/ausland/2014-03/merkel-fabius-g8-staaten-russland, last accessed on 12. 07. 2014.

② Bundesregierung, "EU-Sondergipfel zur Ukraine", http://www. bundesregierung. de/Content/DE/ Infodienst/2014/03/2014-03-06-ukraine/2014-03-06-ukraine. html? nn=437032#group1, last accessed on 21. 06. 2014.

③ Bundesregierung, "Bundesregierung verurteilt Referendum", http://www. bundesregierung. de/Content/DE/Artikel/2014/03/2014-03-17-krim-statement-sts. html? nn=391850, last accessed on 21. 06. 2014.

④ Bundesregierung, "Entschlossene Reaktion der EU-Außenminister", http://www. bundesregierung. de/Content/DE/Artikel/2014/03/2014-03-17-krim-eu. html, last accessed on 21. 06. 2014.

⑤ Bundesregierung, "Gewalt gefährdet Genfer Vereinbarungen", http://www. bundesregierung. de/Content/DE/Artikel/2014/04/2014-04-22-ukr-seiten-zur-vertragstreue-verpflichtet. html, last accessed on 12. 07. 2014.

组织的委任，前往基辅主持由德国政府提议设立的圆桌会议，协调乌克兰全国对话。在乌克兰总统大选成功举行、彼得罗·波罗申科（Petro Poroshenko）获得选举胜利之后，默克尔与他通话，强调了和平解决当前冲突的重要性。①

2014年6月底，乌克兰与欧盟成功签署联系国协定，由此彻底消除了乌克兰倒向欧亚联盟的可能性，使俄罗斯的欧亚联盟计划严重受挫，俄罗斯对此非常恼火。尽管如此，德国依然致力于实现停火和通过外交与非军事手段解决冲突，例如，在施泰因迈尔的倡议下，德国、法国、俄罗斯、乌克兰四国外交部长在柏林举行了致力于阻止乌克兰东部地区暴力继续升级及实现长期停火的乌克兰会议，并于7月2日最终达成了包含建立由俄罗斯、乌克兰和欧安组织组成的三方联络小组等内容的"柏林宣言"；7月14日，四方又达成了以"柏林宣言"为基础的"五点计划"。② 但由于德国的所有外交努力并没有带来乌克兰东部地区局势的缓和以及俄罗斯立场的根本转变，德国也不断表达了对俄罗斯的失望，并在对俄制裁的问题上表现出更为积极和强硬的一面。特别是在7月16日马来西亚航空公司MH17航班客机在乌克兰东部坠毁，机上全部乘客和机组人员遇难之后，默克尔多次敦促普京施加其对乌克兰东部反对派的影响。之后由于对失事航班调查的受阻和对俄罗斯没有履行其承诺的失望，在德国的积极倡导下，欧盟对俄最新制裁措施也于8月1日正式生效，制裁的内容包括：加强对俄武器禁运，增大俄罗斯国有银行进入欧盟资本市场的难度，禁止对俄进行用于石油开发的高科技产品的出口，禁止对俄军方客户出口军民两用物品。从制裁的内容可以看出，此次制裁已经包含实质性的经济制裁内容。对于此次制裁措施，默克尔表示"制裁并不是目的"，但是"不可避免的"，甚至欧盟会进一步采取措施，一切都要看俄罗斯方面是否愿意缓和局势并进行合作；德国副总理兼经济和能源部部长加布里尔（来自社民党）也认为此次制裁措施是"完全有必要的"，并进一步表示，即使德国自身有可能因此次制裁遭受经济上的损失，也不应该

① Bundesregierung, "Bundeskanzlerin Merkel telefoniert mit Petro Poroschenko", http://www.bundesregierung.de/Content/DE/Pressemitteilungen/BPA/2014/05/2014-05-27-merkel-poroschenko.html, last accessed on 22.06.2014.

② Auswärtiges Amt, "Außenminister Steinmeier: Vierer-Telefonkonferenz zur Ukraine-Vereinbarung zu Kontaktgruppentreffen", http://www.auswaertiges-amt.de/DE/Infoservice/Presse/Meldungen/2014/140714_TelcoUkraine.html, last accessed on 12.08.2014.

因为害怕经济上的后果，而允许战争或内战爆发可能性增大。① 9 月 12 日，美欧以俄罗斯继续破坏乌克兰东部稳定为由，宣布对其国防、金融和能源行业采取进一步制裁，对此，德国是强力的推动者，但默克尔仍然表示，只要俄罗斯遵守约定的协议，这些制裁措施就可以收回，"谈判的大门仍然敞开"。② 面对美欧的多轮制裁，俄罗斯也毫不示弱，采取了坚决的反制裁措施。但也必须看到，在制裁与反制裁不断升级的同时，乌克兰危机形势有所缓和：9 月 5 日乌克兰问题三方联络小组（乌克兰、欧安组织和俄罗斯）同乌克兰东部民间武装代表在白俄罗斯首都明斯克签署停火协议，9 月 19 日乌克兰冲突双方又达成双方的和平备忘录，欧安组织监督备忘录的执行情况，德国和法国一样，也表示将参与此行动，包括派遣无人机和联邦国防军士兵。但是，停火协议和备忘录最终都未得到落实。在德国和法国的努力下，尤其是默克尔凭借个人权威，诺曼底四方在 2015 年 2 月签订了《新明斯克协议》，与旧版协议相比，新协议包含了更具体的实施细则和带有时间表的路线图。《新明斯克协议》主要包括"双方全面停火、从冲突地区后撤重武器、按照乌克兰法律举行地方选举，以及恢复乌克兰政府对整个冲突地区国家边界的完全控制"等。但是，其后乌克兰东部战火持续，呈现"打打停停"的特点。这份被寄予厚望的协议仍然没有落实，相关各方只剩下互相指责。欧盟也以俄罗斯未全面落实《新明斯克协议》为由，多次延长对俄罗斯的经济制裁。

（四）乌克兰危机缓和阶段

2018 年 5 月以来，欧俄关系、德俄关系出现缓和迹象。在欧方看来，鉴于特朗普退出多边进程，正如默克尔所表述的，欧洲人必须将命运掌握在自己手里，而诸多国际问题（如伊核协议、《巴黎气候协定》的履行）的解决需要俄罗斯的配合。而俄罗斯面临日益严重的经济压力，加之美国加大对俄制裁力度，普京也在寻求与欧洲适度接近。这一利益契合促成了德俄与欧俄在抗衡因素继续保持的情况下，务实合作关系有所增强。一个标志性事件是德国总理默克尔 2018 年 5 月对俄罗斯索契的访问，当时，普京展开了"魅

---

① Bundesregierung, "Kein Selbstzweck, sondern unvermeidbar", http://www.bundesregierung.de/Content/DE/Artikel/2014/07/2014-07-29-eu-sanktionen.html, last accessed on 12.08.2014.

② Andreas Kissler, "Deutschland: Merkel fordert schnelle Umsetzung der Russland-Sanktionen", *The Wall Street Journal*, 10. September 2014.

力攻势"，为默克尔献上了一束鲜花；8 月，普京又回访柏林。在国际局势日趋复杂、美国奉行单边主义的大背景下，德俄两国实际上已经开始在一些拥有利益契合点的领域（如北溪 2 号项目、伊核问题、叙利亚问题）开展务实合作，德俄关系逐步回暖。①

德俄、欧俄关系的适度缓和也没有因为受刻赤海峡冲突的冲击而中断。2018 年 11 月 25 日，3 艘乌克兰海军军舰穿越俄罗斯边境，并向刻赤海峡航行，俄罗斯船只在克里米亚海岸附近向乌克兰军舰开火，并导致 3 人受伤。之后，俄罗斯扣留了乌克兰军舰和船员，乌克兰总统波罗申科宣布，乌克兰实施为期 60 天战时状态，随后又表示，乌克兰从 11 月 28 日起进入为期 30 天的战时状态。事件发生后，德国一再要求俄方释放被扣留的乌克兰士兵，并特别强调船只可以在刻赤海峡自由航行，因为刻赤海峡冲突影响了乌克兰港口城市马里乌波尔和其他城市的经济发展。总体上，德国强调事件应对的关键——俄乌双方应保持克制与对话，而不应急于扩大对俄制裁。② 欧盟 2019 年 3 月最终决定对 8 名俄罗斯官员采取冻结资产和施行旅行禁令等措施，这些措施更多地具有象征意味。

二 德国在危机中表现的影响因素

通过上述对乌克兰危机发展的四个阶段中德国表现的梳理，我们可以发现德国新政府推行积极有为外交政策的宣示在此次乌克兰危机中的确得到了一定体现，主要表现在以下两个方面：第一，不同于以往在国际危机和冲突中置身事外的做法，德国政府在此次乌克兰危机应对过程中积极作为，甚至扮演了某种领导的角色，而且德国的领导角色也在很大程度上得到了各方的认可，例如德国美国马歇尔基金会会长卡伦·多弗里德（Karen Donfried）表示，"在欧债危机中，德国非常明显地扮演了领导角色，在一次经济危机中……，现

---

① 李强、殷新宇：《高层互动频繁，德俄关系逐步回暖（国际视点）》，人民网，2018 年 8 月 16 日，http://world. people. com. cn/n1/2018/0821/c1002-30240466. html，最近访问日期为 2018 年 8 月 25 日。Stefan Meister, "A Shift in German-Russian Relations. The Return of Pragmatism", 16. 08. 2018, https://dgap. org/en/think-tank/publications/dgapviewpoint/shift-german-russian-relations, last accessed on 20. 08. 2018.

② Bundesregierung, "Zurückhaltung und Dialog sind Gebot der Stunde", https://www. bundesregierung. de/breg-de/suche/zurueckhaltung-und-dialog-sind-gebot-der-stunde-1555232, last accessed on 30. 11. 2018.

在可以看到，在外交与安全政策方面，德国在欧盟中再一次扮演了这一角色"①。甚至连美国总统奥巴马在 2014 年 5 月初默克尔访美的共同新闻发布会上也表示，他"非常感谢默克尔在应对乌克兰危机中的领导角色"②。第二，在与俄罗斯的关系上，虽然默克尔 2005 年上台执政后，格哈德·施罗德（Gerhard Schröder）总理时期的德俄"特殊关系"已经逐渐趋于冷淡和疏远，但面对乌克兰危机，德国对俄罗斯的态度随着危机的演进变得更加强硬，德国甚至不惜损害自身的经济利益而率领欧盟其他国家制裁俄罗斯。如果和德国在 2008 年面对俄罗斯与格鲁吉亚战争时不愿对俄施加任何制裁的表现相比，如今德国对俄态度的转变就更为明显。德国的外交政策能在此次乌克兰危机中出现上述调整，其影响因素是多方面的，既有国际双边关系层面与欧盟层面的因素，也有德国国内自身的因素。

（一）国际双边关系层面的影响因素

1. 德俄关系疏远促使德国对俄立场变得强硬

一直以来，欧洲的东方政策在于处理与俄罗斯的关系，而德国在欧洲的对俄关系中占据特殊的地位，有观察家视德俄关系为欧洲冲突与合作的晴雨表。③ 一直以来，相较于欧盟其他国家，德国更加积极地促进俄罗斯在欧盟的利益，充当俄罗斯同欧盟打交道的"辩护人"④。德国的这一"突出角色"可以一直追溯到 20 世纪 70 年代维利·勃兰特（Willy Brandt）政府时期的"新东方政策"，当时的勃兰特政府一改康拉德·阿登纳（Konrad Adenauer）政府时期所奉行的"哈尔斯坦主义"，在西方世界中率先致力于缓和与苏联、东德及其他东欧社会主义国家的关系。之后的历届德国政府都延续了这一缓和并发

---

① Heike Slansky, "Merkel in den USA. 'Vorreiterrolle Deutschlands in der Ukraine-Krise'", http://www. heute. de/interview-mit-karen-donfried-praesidentin-des-german-marshall-fund-vorreiterrolle-deutschlands-in-der-ukraine-krise-33001356. html, last accessed on 17. 05. 2014.

② "Pressekonferenz von Bundeskanzlerin Merkel und Präsident Obama am 2. Mai 2014 in Washington D. C. ", 3. 05. 2014, http://www. bundesregierung. de/Content/DE/Mitschrift/Pressekonferenzen/2014/05/2014-05-02-pk-obama-merkel. html, last accessed on 18. 05. 2014.

③ Stephen Szabo, "Can Berlin and Washington Agree on Russia?", *Washington Quarterly*, 32：4, 2009, pp. 23 – 41；Constanze Stelzenmuller, "Germany's Russia Question", *Foreign Affairs* 88：1, 2009, pp. 89 – 100.

④ Alexander Rahr, "Germany and Russia：A Special Relationship", *Washington Quarterly* 30：2, 2007, pp. 137 – 145；Mark Leonard and Nicu Popescu, *A Power Audit of EU-Russia Relations*, policy paper, London：European Council on Foreign Relations, 2007.

展与苏联及之后的俄罗斯关系的政策，从 1993 年设立的"德俄论坛"到 2001年建立的"圣彼得堡对话"机制，再到 2003 年开始的"德俄社会间合作协调人"机制，最后到始于 2008 年的德俄"现代化伙伴关系"，都体现了德俄两国间良好的政治关系。而且，赫尔穆特·科尔（Helmut Kohl）与鲍里斯·叶利钦（Boris Yeltsin）、施罗德与普京之间甚至建立了良好的私人关系。在默克尔执政以来，虽然德俄关系没有像过去那样亲密，但德俄良好关系的传统仍在发挥效用，正如俄罗斯问题专家斯蒂芬·科恩（Stephen Cohen）评论的那样，之所以美国视默克尔为解决危机的关键人物，是因为普京依然信任默克尔。①

除了政治上的传统联系之外，德俄两国也是能源和经贸上的重要伙伴。俄罗斯长期以来都是德国最重要的能源供给国，德国约有 35% 的天然气和30% 的石油进口来自俄罗斯。另外，德国是俄罗斯在欧盟内部最重要的经贸伙伴，根据德国经济界东部委员会的数据，2012 年德俄两国的贸易总额为805 亿欧元，为历史最高值，2013 年略有下降，为 765 亿欧元；德国企业在俄大约有 200 亿欧元的直接投资，6200 家有德国参与的企业活跃在俄罗斯。② 总之，尽管德国对俄罗斯的言辞在默克尔的领导下变得更加谨慎，但与俄罗斯的稳定和建设性关系在很大程度上仍然符合德国的国家利益，德国商业利益的反复主题、德国对俄罗斯日益增长的能源依赖以及对泛欧政治秩序的更广泛关注是推动德国外交政策连续性的优先事项。③ 正是德国与俄罗斯在政治和经济上的传统紧密关系，使德国理所当然地成为此次乌克兰危机中，西方与俄罗斯进行沟通和协调的最佳也是最有分量的代表。

但是，随着危机的升级，德国对俄罗斯表现得越来越强硬。这事实上反映了德俄之间早已存在的分歧，乌克兰危机只是加剧了德俄之间的疏远关系。当年德国之所以倡议与俄罗斯建立"现代化伙伴关系"，是因为德国希望通过加强与俄罗斯的经贸联系，加快俄罗斯国内的政治现代化及民主进程，但是，俄罗斯的政治精英显然只对技术转让和投资感兴趣。鉴于普京

---

① "USA sehen Kanzlerin als Schlüsselfigur. Hoffen auf Merkels Diplomatie", *tagesschau.de*, 18. 05. 2014, http：//www. tagesschau. de/ausland/deutschland-russland100. html, last accessed on 18. 05. 2014.

② 数据参见 "Ost-Ausschuss warnt vor Wirtschaftskonflikt", http：//www. ost-ausschuss. de/ost-auss-chuss-warnt-vor-wirtschaftskonflikt, last accessed on 21. 05. 2014。

③ Graham Timmins, "German-Russian Bilateral Relations and EU Policy on Russia: Between Normali-zation and the 'Multilateral Reflex'", *Journal of Contemporary European Studies* 19：2, 2011, pp. 189 - 199, here p. 199.

2012 年重新就任总统后在西方看来展示出的专制倾向、对国内反对派的打压及人权的侵害，以及俄罗斯政府对经济的控制及腐败等问题，德国国内对俄罗斯的批评之声越来越多，许多德国政治精英，包括社民党人在内不再抱有"以商促变"的幻想①，"新东方政策"受到侵蚀，这一切都使德国政府不得不考虑重塑其俄罗斯政策②。

此外，德国长期致力于构建包含俄罗斯在内的欧洲安全体系。如前所述，2013 年 12 月成立的大联合政府也在其《联合执政协议》中再次重申了这一德国外交的基本原则：欧洲的安全只能与俄罗斯共同实现，没有俄罗斯的参与或与之对抗都无法达成。③ 但在此次乌克兰危机中，俄罗斯单方面在克里米亚采取军事行动完全出乎德国的预料，德国不得不做好俄罗斯继续不合作的准备。究其原因是德俄两国在国家身份定位、对国际格局的设想及解决危机的手段上产生了冲突。当前的德国更加倾向于将自己定位为参与国际秩序塑造的"建构力量"，而俄罗斯则更多地致力于其"霸权"的重建，这也反映在其 2013 年新通过的《俄罗斯联邦外交政策构想》中。德国始终遵循基于规则的国际秩序，对它而言，俄罗斯在乌克兰危机中的行为明显损害了乌克兰的自决权，违反了国际法，脱离了欧洲的秩序框架，而对于信奉"地缘政治"的俄罗斯来说，这一切却都是正常的。虽然欧盟联系国协定的目的并不在于欧盟的进一步扩大，而是在于提供一种考虑到俄罗斯利益的替代方案，因为欧盟也一度想把俄罗斯纳入其东部伙伴中，但是，俄罗斯把联系国协定看作原苏联地区国家加入欧盟以及成为北约成员的预备阶段，因此选择了建立欧亚联盟来争夺其邻国，并由此与欧盟展开了一体化竞争。可以想见，德俄两国未来在欧洲的竞争与冲突会不断增加，④ 甚至有学者认为乌克兰危机是德俄在未来争夺欧洲权力的预兆。⑤

① Jakob Mischke and Andreas Umland, "Germany's New Ostpolitik. An Old Foreign Policy Doctrine Gets a Makeover", *Foreign Affairs*, April 9, 2014.

② Susan Stewart, "Prämissen hinterfragen. Plädoyer für eine Neugestaltung der deutschen Russlandpolitik", *SWP-Aktuell* 50, August 2012.

③ "Deutschlands Zukunft gestalten. Koalitionsvertrag zwischen CDU, CSU und SPD", 18. Legislaturperiode, Berlin, 2013, p. 170.

④ Gunther Hellmann, "Die Deutschen und die Russen. Über Neigungen und machtpolitische Sozialisierungen.", *WeltTrends · Zeitschrift für internationale Politik* 96, Mai/Juni 2014, 22. Jahrgang, pp. 66 – 75.

⑤ Mitchell A. Orenstein, "Get Ready for a Russian-German Europe: The Two Powers That Will Decide Ukraine's Fate and the Region's", *Foreign Affairs*, May 9, 2014.

综上所述，一方面德国与俄罗斯的传统政治与经贸联系使德国在乌克兰危机中得以扮演某种"诚实的掮客"角色；但另一方面，德俄两国之间关系的疏远及分歧与冲突的增多，也使德国在此次乌克兰危机中展现出了对俄罗斯更为强硬的一面。更何况此次危机事关欧洲的和平秩序，俄罗斯通过"兼并"克里米亚及其在乌克兰东部的行为对这一秩序提出了质疑，德国作为欧盟的领导力量，必须捍卫这一欧洲秩序。虽然主导德国对俄政策的基础从以前的经济利益为上，转向了政治利益为上，① 但是，也必须看到，德国即使在危机时期也未中断与俄罗斯的经贸与能源合作，坚持北溪 2 号项目为德国的核心利益就是一个明证。

2. 美国对俄罗斯影响力的减弱

在此次乌克兰危机中，德国之所以能够扮演某种领导角色，与美国在此次危机中相对薄弱的影响力有关。随着美国的战略东移，美国在欧洲的军事投入正在不断下降，欧洲越来越被要求对自己的安全负责。对于此次乌克兰危机，由于美国经过阿富汗和伊拉克两场战争后身心疲乏，以及基于乌克兰并不是北约成员国的事实和俄罗斯的地缘战略优势，西方直接的武装干涉可以说已经被排除了。②

在与俄罗斯的经贸关系方面，欧盟是俄罗斯的最大贸易伙伴，紧随其后的是中国和乌克兰，而美国只是俄罗斯的第五大贸易伙伴，具体而言，俄罗斯与欧盟的贸易总额占俄罗斯对外贸易总额超过 40%，而俄罗斯与美国的贸易总额则只占俄罗斯对外贸易总额的约 3%。③ 因此，对俄罗斯的制裁，美国更多的只是局限在禁止相关人员入境及账户冻结上，若要对俄罗斯进行全面的经济制裁，美国基于自身影响力有限，不得不依赖欧盟，这尤其适用于德国，因为如前所述，在欧盟对俄贸易中，德国所占比重最大。

在通过外交途径解决乌克兰危机的问题上，由于科索沃战争、北约东扩和欧洲反导系统的建设及叙利亚问题等，俄罗斯对美国的信任度不断降低，俄美关系的冷淡使美国很难与俄罗斯进行有效的外交磋商，更不用说通过外

---

① Stefan Meister, "Politics Trump Economics", *IP Journal*, 5 Feb. 2015.

② Lars Hänsel and Joshua Breuer, "Krise in der Ukraine: Herausforderung für die US-Außenpolitik", http://www.kas.de/usa/de/publications/37119/, last accessed 13.07.2014.

③ Daniel Schwarzer and Constanze Stelzenmüller, *What is at Stake in Ukraine-Europe and the United States Need to Do What it Takes to Protect the Right of the Eastern Partnership Countries to Choose Their Future*, Berlin: The German Marshall Fund of United States, 2014, p.11.

交途径影响俄罗斯的行为。

最后，美国和德国等欧盟主要国家在对俄战略上也同样存在分歧。美国视此次乌克兰危机为削弱俄罗斯国际地位的独一无二的机会，也希望通过此次危机加强北约的角色，尤其希望通过拉乌克兰加入北约，来扩大其地缘政治势力范围；而以德国为代表的一些欧盟国家并不希望与俄罗斯的紧张关系升级，尤其是德国担心对俄制裁会伤及自身。在 2008 年，默克尔就曾阻止北约东扩，并成功反对格鲁吉亚和乌克兰加入北约。加之不久前"棱镜门"，尤其是默克尔手机窃听门以及德国安全局间谍门事件给美欧、美德之间带来的信任危机①，美国在此次危机中对欧盟的影响力也在下降。所以，鉴于自身对此次乌克兰危机发展进程的影响力十分薄弱，美国必须倚重德国，这自然为德国发挥危机管理人的角色提供了空间。但是，也必须看到，乌克兰危机增强了北约在维护欧洲安全中的作用，重又拉近了欧美和德美之间的关系。例如，在威尔士峰会上，北约决定成立一支名叫"茅尖"的高度戒备联合特遣部队，以进一步加强北约的军事能力和联合防卫实力。对此德国也未反对。不过，德国依然拒绝乌克兰加入北约，并且不赞成取消北约 1997 年与俄罗斯就限制西方在东欧与俄罗斯边界附近驻军达成的协议。

（二）欧盟层面的影响因素

对于此次乌克兰危机，欧盟各成员国在维持乌克兰独立和领土完整、维持欧洲的合作与安全格局及避免欧洲大陆新的分裂等总的目标上有着基本共识。但是，欧盟各成员国也有着不同的利益和主张：英国、波罗的海三国、瑞典及波兰等东欧国家主张对俄采取强硬立场和措施，包括增强北约在东欧的军事存在，而德国和法国等西欧国家则主张利用一切可能，包括通过合作来诱使俄罗斯放弃干预政策。鉴于欧盟内的不同诉求，欧盟若想在此次危机中发挥更大的影响力，就必须作为统一的行为体用一个声音说话，更何况德国抱有重振欧洲共同外交与安全政策的雄心，如前所述，在 2013 年《联合执政协议》中，大联合政府就表示要执行增强和深化共同外交与安全政策的新倡议。这就要求德国作为欧盟的领导者不能"单独行动"，而是必须寻求将自身主张转化为欧盟共同立场的路径，必要时为了欧盟的大局，德国也必

---

① Michael Staack, *Die Ukraine-Krise und die gesamteuropäische Sicherheit*, Hamburg: Institut für Internationale Politik, Helmut-Schmidt-Universität/Universität der Bundeswehr Hamburg, https://www.peacepalacelibrary.nl/ebooks/files/400483416.pdf, last accessed on 13.07.2014.

须做出妥协。

在此次乌克兰危机中，德国重振了德法轴心及包含德国、法国和波兰等三国的"魏玛三角"机制。长期以来，德法是欧洲一体化向前发展的发动机，但是，如前所述，随着欧债危机的爆发，法国实力持续下降，由此法德轴心的作用不断被削弱，并导致德国成为欧盟内"唯一的领导力量"①，这也使欧盟其他国家担心"新德国问题"② 会冒头。有鉴于此，2013 年 12 月成立的大联合政府也在《联合执政协议》中表示要重振德法关系。为此，德国从一开始就将法国拉入危机斡旋的队伍，从危机爆发之初德国、法国和波兰三国外交部长在基辅的斡旋，到 2014 年 6 月德国、法国、俄罗斯、乌克兰四国外交部长在柏林的会晤，在此次乌克兰危机中，德法轴心在德国的倡导下得到了一定程度的重振，这也使德国的危机应对立场在欧盟内部得到了其他国家的更多支持。而且，也正是在德法联手的基础上，形成了俄德乌法四国峰会，即"诺曼底模式"调解机制，并促成了《明斯克协议》和《新明斯克协议》的订立。

需要说明的是，始于 1991 年 8 月 29 日德国、法国、波兰三国外交部长会晤的"魏玛三角"机制，奠定了德国与法国和波兰这两个东西邻国和解的基石，曾经为欧洲一体化做出了重要贡献。基于近年来良好的经济表现，波兰在欧盟内的影响力在显著提升。波兰对于此次乌克兰危机的态度深受其地理位置和历史的影响。作为欧盟和北约的一分子，波兰直接与危机地区接壤，并且由于历史上从俄罗斯遭受的切肤之痛，波兰极力主张对俄罗斯采取强硬措施，甚至要求北约对俄罗斯进行军事威慑。③ 波兰的这些主张可以说与德国主张的与俄罗斯进行对话、避免使用军事手段等立场是存在分歧的，但德国能够一开始就将波兰纳入危机调解的机制中，并努力争取与波兰达成共识，也就在更大程度上团结了欧盟。

（三）德国国内层面的影响因素

德国在乌克兰危机中从最初强调合作到最后接受全面的经济制裁，除了

---

① Gisela Müller-Brandeck-Bocquet，"Deutschland-Europas einzige Führungsmacht？"，*Aus Politik und Zeitgeschichte*，Ausgabe 10/2012，pp. 17 – 19.

② Ulrike Guérot and Mark Leonard，"The New German Question：How Europe Can Get the Germany It Needs"，*ECFR Policy Brief*，No. 30，European Council on Foreign Relations，April 2011.

③ Holger Politt，"Hinter dem Bug. Zur polnischen Sicht auf die Ukrainekrise"，*Welt Trends · Zeitschrift fürinternationale Politik* 95，Nr. 22/2014，pp. 5 – 9.

与上述外部影响因素有关，也和德国执政联盟内部与经济界的立场和民意的转变有着紧密的关系。①

传统上，德国社民党和基民盟/基社盟在对待俄罗斯的立场上存在分歧，前者遵循"以商促变"的原则，更多地推行务实的对俄政策，而后者则更加关注俄罗斯国内政治的发展，倾向于"捍卫人权和价值观派"。这一分歧明显地体现在默克尔的第一个任期，当时的外交部长就是来自社民党的施泰因迈尔。在此次乌克兰危机中，社民党内依然不乏"知俄派"，如德国前总理赫尔穆特·施密特（Helmut Schmidt）和施罗德等，他们始终主张通过与俄罗斯的对话解决危机。但鉴于乌克兰局势的持续升级，以及社民党优先考虑的与俄对话战略未换来任何成效，社民党高层在外部压力下——包括来自美国和欧盟内态度强硬国家的压力——不得不同意加大对俄罗斯的制裁力度。社民党对俄政策的调整使大联合政府内部在对俄立场上并无大的分歧。如果说默克尔与施泰因迈尔的观点仍有某些微小差异的话，这更多的是一种"反应式分工"（reactive division of labour）：默克尔的表现相对强硬，而施泰因迈尔则试图保持与莫斯科的对话渠道，两者的结合扩大了德国对俄政策的操作余地。② 一个例证就是，哪怕在加大对俄制裁力度的状况下，默克尔也仍然表示，只要俄罗斯为缓和乌克兰局势真正做出贡献，这些制裁措施即可收回；施泰因迈尔也表示要运用外交工具箱中的所有工具，坚持谈判与施压并举，推行"灵巧外交"③。

此外，如前文所述，德俄之间贸易联系紧密，因此，德国经济界对德国政府的俄罗斯政策有着显著影响。德国企业始终要求政府对俄罗斯采取有利于扩大双边贸易的合作政策，在建立和发展德俄"现代化伙伴关系"时，德国企业和外交部也有过紧密的合作。为此，在此次乌克兰危机中，德国经济界从一开始就反对对俄制裁，警告制裁会给德俄贸易以及由此对德国经济和工作岗位产生巨大损害。然而，随着乌克兰局势的升级，尤其是随着马航班机在乌克兰东部上空被击落，即使是此前一直反对对俄制裁的德国经济界东

---

① 关于德国国内讨论的详细分析，参见 Tuomas Forsberg, "From Ostpolitik to 'Frostpolitik'? Merkel, Putin and German Foreign Policy Towards Russia", *International Affairs* 92: 1 (2016), pp. 21 – 42, here pp. 28 – 37。

② André Härtel, "Germany and the Crisis in Ukraine: Divided over Moscow?", *API* 24/2014, 8 May, 2014.

③ Jochen Wiemken, "Mit Druck und Diplomatie zum Frieden", 30.07.2014, http://www.spd.de, last accessed on 13.08.2014.

方委员会也改变了立场，转而支持采取进一步制裁措施。[①] 不过，随着制裁的升级和对德国经济的损害逐渐显现，德国经济界对制裁的担忧和批评之声又逐渐增强，例如，在 2014 年 9 月中旬，欧盟进一步加强对俄罗斯的能源、军备与金融部门的制裁时，德国经济界东方委员会主席就表示，"我们在日益自残，却未取得所希望的政治效果"，为此，他认为欧盟加强对俄制裁是个错误。[②] 在这之后，德国经济界要求（部分）取消对俄制裁的呼声渐起，而且反对美国单方面采取强化对俄罗斯制裁的举措，因为它担心，这会破坏德国好不容易有所好转的对俄贸易。基尔世界经济研究所（IfW）的一份研究报告显示，在启动对俄制裁以来，德国承担了西方对俄贸易损失的近40%，而英国（对俄贸易损失为 7.9%）、法国（对俄贸易损失为 4.1%）、美国（对俄贸易损失为 0.6%）的损失要小很多。[③]

最后，德国国内在乌克兰危机问题上的民意也经历了类似变化。民调显示，对于德国在乌克兰危机中的角色，德国民众始终认为德国应扮演一个主导的调解者角色；不过，一直到 2014 年 6 月仍有绝大多数人（89% 的民众）要求与俄罗斯继续保持对话，赞成孤立俄罗斯的人仅占很小比例（9%）。然而，到 8 月初时，多数被访者已经认为欧盟应更加坚定地抵制俄罗斯，甚至于对于"是否应加大对俄制裁，哪怕会对德国经济和工作岗位产生负面影响"的问题，持肯定态度的人也占了多数。但也必须看到，到 9 月的民调显示，所有的数值下降。[④] 到 2016 年 7 月的一份民调已经显示，认为欧盟对俄罗斯的制裁是充分合理的人（35%）和认为应该部分取消对俄制裁的人（34%）大致相当。另外，还有不少被访者（22%）认为应该彻底取消对俄制裁。[⑤] 对于其后美国意欲加大对俄罗斯的制裁力度，德国的民意也发生反转，例如，2017 年 8 月的一

① "Ukraine-Krise: Wirtschaftsvertreter unterstützen Sanktionen gegen Putin", *Spiegel Online*, 24. 07. 2014, http://www.spiegel.de/wirtschaft/soziales/ukraine-krise-deutsche-wirtschaft-fordert-sanktionen-gegen-putin-a-982797.html, last accessed on 13. 07. 2014.

② "Russland-Sanktion: 'Wir schaden uns zunehmend selbst'", *Handelsblatt*, 14. 09. 2014.

③ "Nach Krim-Annexion. Deutschland trägt Hauptlast der Russland-Sanktionen", *Frankfurter Allgemeine Zeitung*, 14. 12. 2017, https://www.faz.net/-iki-943ge, last accessed on 13. 07. 2014.

④ Infratest dimap, "ARD-Deutschl and TREND, Repräsentative Erhebung zur politischen Stimmung", Juni 2014/August 2014/September 2014, http://www.infratest-dimap.de/umfragen-analysen/bundesweit/ard-deutschlandtrend/2014/, last accessed on 22. 10. 2014.

⑤ "Meinung zu den Sanktionen der EU gegen Russland 2016", Juli 2016, https://de.statista.com/statistik/daten/studie/572729/umfrage/meinung-zu-den-sanktionen-der-eu-gegen-russland/, last accessed on 28. 10. 2014.

份民调显示，一半以上的被访者（55%）认为这样的制裁是攫夺或更多的是不适当的，而认为绝对或更多的是适当的被访者仅占 1/4（26%）。①

三　德国在危机中表现的特点

德国在此次乌克兰危机中表现积极，显示出危机调解中的领导角色及对俄较之以往更为强硬的态度，但也暴露出德国外交与安全政策的局限性。

（一）德国依然反对用军事手段解决危机

在解决危机的手段上，德国优先考虑的依然是外交和非军事手段，即使面对俄罗斯在乌克兰的军事行动，军事手段也从未成为德国政府考虑的手段之一。例如，默克尔将谈判视作解决乌克兰危机的唯一途径，强调制裁可能带来的影响，并明确，在俄罗斯完全落实《明斯克协议》前不会解除制裁，但她也阻挠引入新的制裁，并拒绝将杀伤性武器交付给乌克兰。

由此可见，在处理与俄罗斯的关系上，德国推行的是双重战略。一方面，正因为在对俄罗斯的战略上军事手段不是选项，所以，德国唯一能挥舞的"大棒"就是进一步的制裁，但是这种制裁也会伤及自身，并且会招致俄罗斯的反制裁措施。另一方面，默克尔也一度抛出了"橄榄枝"，她表示，在依据国际法解决乌克兰危机基础上，可与俄罗斯加强经济合作并建立欧盟与欧亚经济联盟之间的共同经济区，但是俄罗斯对此建议不为所动。相比德国领导下的欧盟在稳定乌克兰的问题上的有限手段，俄罗斯却拥有更多的使乌克兰动荡、影响乌克兰国内局势发展的手段，这是目前德国及欧盟的尴尬处境。

必须看到，德国大联合政府内部也存在个别对俄更为强硬的言论。例如，德国国防部长冯德莱恩在 2014 年 3 月中旬曾表示，北约应增强其在东部边界的存在感，但是她受到了来自社民党、绿党和自民党领导层的尖锐批评，认为她的言论会导致事态升级，甚至她的基民盟同僚也拒绝支持她的立场。② 这表明，德国在运用硬实力作为外交政策手段方面是受到限制的。

---

① "Umfrage. Die meisten Deutschen sind gegen Russland-Sanktionen", *Frankfurter Allgemeine Zeitung*, 03. 08. 2017, https://www. faz. net/-gpg-90eez, last accessed 10. 08. 2017.

② Florian Gathmann, "Von-der-Leyen-Vorschlag: Koalition streitet über NATO-Präsenz im Osten", *Spiegel Online*, 23. 03. 2014, http://www. spiegel. de/politik/ausland/krim-krise-koalition-streitet-ueber-nato-im-ukraine-konflikt-a-960289. html, last accessed on 22. 10. 2014.

（二）德国通过加大在北约和欧盟安全政策上的投入应对俄罗斯威胁

与应对来自俄罗斯的威胁密切相关的是德国在北约和欧盟框架里的行动及其计划。在北约方面，德国日益扮演（参与）领导者的角色。作为对俄罗斯吞并克里米亚的反应，德国要求增强波罗的海国家的领空警戒，派出一艘军舰参与北约在波罗的海的海上军事演习，并将它在北约东北多国兵团的兵力增加了一倍。此外，对于 2014 年 9 月北约威尔士峰会通过"战备行动计划"，德国也在很大程度上做出了贡献，德国也承诺在北约的高度戒备联合特遣部队担任"框架国家"之一。而且，在 2016 年 7 月北约华沙峰会做出的为中东欧国家提供再保障措施的过程中，德国也发挥了显著的推动作用。峰会决定加大在中东欧的军事存在，在波兰、立陶宛、爱沙尼亚和拉脱维亚共部署 4 个营的多国部队，分别由美国、德国、英国和加拿大承担驻军领导责任。2017 年 2 月 1 日，首批参与北约驻立陶宛多国部队部署的德国联邦国防军士兵已经抵达立陶宛。

在欧盟的共同安全与防务政策方面，德国一改以往总体上更多的跟跑者或者是踩刹车者的形象，在试图朝着倡导者和领导力量的角色转变，[①] 这尤其体现在英国脱欧背景下德法在安全政策领域合作的重新加强上。一个明显的例证是，在德法两国的大力推动下，欧盟 25 国最终于 2017 年底启动了"永久结构性合作"机制（详见"英国脱欧危机与欧盟改革"这章）。

（三）德国处于重建欧洲安全秩序的困境之中

由于地理上接近和历史的原因，西欧对俄罗斯的感知从近代早期以来一直在"恐俄"（Russophobie）和"亲俄"（Russophilie）之间转换，尤其是德国与俄罗斯形成了一种共生关系，始终怀有将俄罗斯融入欧洲的期望。而俄罗斯的自我认知中长期萦绕的问题是俄罗斯与欧洲的关系应如何定位，是以西方为导向，还是走与（其余）欧洲分界的一条俄罗斯的特殊道路。纵观欧俄、德俄关系的发展历史，合作与对抗期交替发生，但总体上是双方不断接近和日益交织的历史。

德国外交政策的一项根本利益在于维护欧洲的和平与安全，以及保持与

---

① Ronja Kempin and Nicolai von Ondarza, "Die GSVP vor der Erosion?", *SWP-Aktuell* 25, Mai 2011.

俄罗斯的战略伙伴关系。德国统一后，其最初的目标是建立欧洲整体安全体系，但是，因为没能在欧洲安全与合作会议的基础上建立新的欧洲整体安全体系，所以，这一目标没能实现。相反，这一目标逐渐被军事联盟北约的东扩所取代，[①] 而且未能在"北约东扩支柱"上平行发展北约与俄罗斯之间的伙伴关系（"北约与俄罗斯之间的支柱"）作为其有效补充，由此，德国在俄罗斯与北约关系上所主张的"双支柱战略"被忽视了。[②] 最晚当北约也向一部分原苏联地区国家（不包括波罗的海三国）开放之时，北约和俄罗斯最终展开了一体化竞争；2007 年欧盟与原苏联地区国家达成东部伙伴关系后，这种一体化竞争延展到了俄罗斯与欧盟之间的关系上。[③] 从乌克兰危机的应对来看，德国依然优先考虑欧洲整体安全的解决方法，例如德国在危机中始终强调欧安组织的作用，又例如德国依然反对乌克兰加入北约。但是，即使俄罗斯继续实行对抗路线，不遵守国际规则，德国也很难支持欧洲安全的局部解决方案，因为那样会导致冲突升级，并有可能从中衍生出十分危险的新危机。尽管德国在其 2016 年欧安组织轮值主席国任期内进行了大量投入，但是德国未能就改善欧安组织的行动能力而从俄罗斯那里得到支持。俄罗斯不仅削弱了欧安组织作为欧洲的集体安全的主要手段的地位，而且削弱了有关军备控制和裁军的国际条约。与此同时，美国特朗普总统对国际机构和协议提出质疑，目前已经暂停了《美苏消除两国中程和中短程导弹条约》（简称《中导条约》），俄罗斯也紧随其后宣布退出该条约，这势必会影响美俄关于新全面削减战略武器（NEW START）条约的谈判，也给欧洲的安全秩序带来更大挑战。

由此可见，德国在应对乌克兰危机中行动空间总体有限，某些政策选项不可得，未来德国仍然需要在与俄罗斯有限合作和有限冲突的背景下寻求欧洲安全秩序的重建。

---

① Michael Staack, "NATO-Erweiterung und gesamteuropäische Sicherheit-Ein Zielkonflikt für Deutschlands Außenpolitik?", *Die Friedens-Warte*, Jg. 72 (1997), Nr. 3, pp. 273 – 286.

② Wolfgang Ischinger, "Baumängel am 'gemeinsamen Haus'. Warum die Anbindung Russlands an den Westen gescheitert ist.", *Internationale Politik*, Mai/Juni 2014, pp. 19 – 21.

③ Samuel Charap and Mikhail Troitskiy, "Russia, the West and the Integration Dilemma", *Survival*, Jg. 55 (2013), No. 6, pp. 49 – 62.

第八章

——⚜——

德国默克尔政府外交政策调整的评价

时任德国外交部长施泰因迈尔在 2016 年 2 月第 52 届慕尼黑安全会议上表示，两年前德国国内有些人认为讨论德国国际责任的增长是抽象的、想出风头乃至狂妄的想法。但是，最晚到欧洲难民危机的爆发，德国的国际责任上升就已经是一个非常具体和直接的问题了。① 从 2013 年以来德国外交的政策宣示，尤其是政策实践出发，我们可以判断德国"文明力量"的角色定位有无发生本质变化，以及德国有无在欧盟内以及在应对各种危机和冲突中扮演领导角色，基于此，我们也可以判断德国外交政策的延续或转变，包括研判调整的程度和性质。

一 "文明力量"角色定位依旧在延续

结合德国在欧债危机以及乌克兰危机中的表现，毛尔在评价联邦外交部"回顾 2014"项目实施以来德国在外交与安全政策领域的角色时认为，德国原有的"文明力量"角色的基本要素并未改变。但是，他也承认，这一角色概念偶尔也发生变化，在其中的一个重要领域，即联邦国防军外派问题上甚至发生了显著变化。但是，这些变化并未在本质上改变德国的"文明力量"的角色定位。基于此，毛尔提出，可以认为德国外交与安全政策如今进入了

---

① Rede von Außenminister Steinmeier bei der "Ministerial Debate on Current Crises" bei der Münchner Sicherheitskonferenz, München, 13. 02. 2016.

"文明力量 2.0 版"①。本书分析得出的结论总体上与毛尔的前述判断相吻合，与此同时，本书也为毛尔的判断提供了新的例证，但笔者并不完全赞同毛尔对德国在欧洲共同外交与安全政策、欧洲共同安全与防务政策以及在北约中投入减少的观察与判断。

从德国外交政策"长期的政治雄心"来看，德国仍然致力于国际政治文明化和基于规则的国际秩序②，只是近年来德国更为积极地谋求参与建构国际秩序。尤其是在美国推行孤立主义和保护主义政策的背景下，德国依然扛起捍卫多边主义的大旗，与中国、俄罗斯等国组成临时性"议题联盟"应对美国给国际秩序带来的严峻挑战。又例如，作为在"E3+3"框架里为达成解决伊朗核问题的历史性协议，即《联合全面行动计划》当中扮演了关键调解角色的国家，德国在美国退出伊核协议后，联手法英通过更新"阻断法案"和引入特殊目的通道，拯救伊核协议，以避免给中东和世界局势带来进一步动荡。

在国家的目标取向方面，德国并未重拾强权政治，谋求在欧洲乃至以外地区的霸权。德国在言辞上从未宣称自己是中等大国乃至世界大国，强调的只是自身所要承担的责任在增加。③ 目前德国在欧盟内以及（在较小程度上）在北约的领导角色并不是它自己谋求的，而是其他传统领导力量衰弱的结果④，哪怕在欧债危机和难民危机中，德国被一些其他欧盟国家感知为"霸权"，这也主要是针对德国行为处事的方式，而并不是说德国具有行使"霸权"的强制力。因此，无论从意愿还是能力上，德国都不具备谋求权力最大化的条件。虽然德国传递出了参与构建全球秩序的要求，但是，例如《2016白皮书》也指出了德国安全政策的局限性，"我们的安全政策手段与工具是全面而又多样的，但它们也是有限的，为此需要就德国是否、何时以及在何种程度上投入做出战略性决定"（第57页）。德国联邦国防部长冯德

① Hanns W. Maull, "Deutsche Außenpolitik nach der »Review 2014«: Zivilmacht 2.0?", *Zeitschrift für Politikwissenschaft* 62. Jg. 3/2015, pp. 324 – 341, here pp. 338 – 339.

② Markus Kaim and Hilmar Linnenkamp, "Das neue Weißbuch-Impulsgeber sicherheitspolitischer Verständigung?", *SWP-Aktuell* 65, Oktober 2016, p. 5.

③ Sommerpressekonferenz von Bundeskanzlerin Merkel. Thema: Aktuelle Themen der Innen-und Außenpolitik, Montag, 31. 08. 2015, https://www.bundesregierung. de/Content/DE/Mitschrift/Pressekonferenzen/2015/08/2015-08-31-pk-merkel. html, last accessed on 24. 01. 2017.

④ Markus Kaim and Hilmar Linnenkamp, "Das neue Weißbuch-Impulsgeber sicherheitspolitischer Verständigung?", *SWP-Aktuell* 65, Oktober 2016, p. 1.

莱恩提出的"从中心出发去领导"的角色定位，也是将德国对欧洲安全政策的贡献根植于其与欧洲伙伴的合作中，这是指，德国要与欧洲伙伴一起领导，并把最佳的资源与能力投入联盟与伙伴关系之中。因此，这个概念是基于共识的达成，而反对德国的单边领导乃至霸权地位。①

另外，在国际上的目标取向方面，如前所述，联合国、北约、欧盟和欧安组织依然是德国外交与安全政策的主要行动框架，从德国近年的安全政策实践来看，德国在这些组织中的投入都在增大，即使在德美关系有所"疏离"的背景下，德国也依然坚持支持北约，强调它是一个价值共同体，并致力于增强北约的"欧洲支柱"作用。总体上，德国不仅是一个积极的参与建构者，而且宣示并承担（参与）领导的角色。此外，德国也在继续推行基于价值的外交政策。例如，德国的秩序自由主义经济治理理念和反通胀文化是促成德国在欧债危机中积极作为的原因之一，因为德国认为紧缩是符合"适当性"原则的行为，且得到了自身历史实践的证明，所以，德国才会要求其他国家加以遵循；尽管德国政府在本次欧洲难民危机中的政策出现了先宽后严的鲜明变化，其间联合政府甚至就"是否能为难民人数设置上限"的分歧而几近分裂，但德国政界民间始终保有这一基本共识，即区别对待来自巴尔干地区的"经济难民"和来自叙利亚、伊拉克等地的战争难民，前者应被尽快遣返，后者应在确认难民身份后，尽快获得帮助，以融入德国社会。虽然德国始终在接纳能力有限的利益考量和避难权无限的价值驱动之间挣扎，但默克尔政府还始终坚守其价值底线；在英国脱欧危机之中，德国也始终出于欧盟团结的考虑，不接受英国任何"挑拣"的行为，尽管德国有着很大的意愿和利益，在英国脱欧后使之与欧盟以及德国保持紧密的关系；在乌克兰危机之中，德国更是不惧对俄罗斯进行经济制裁对自身经济利益的损害，谋求协调欧盟内的不同立场，推动引入对俄罗斯的经济制裁，并坚持只有俄罗斯全面履行《明斯克协议》，才会取消对俄罗斯的制裁。与此同时，尽管欧盟面临诸多危机和内部分裂，但德国仍尝试在一些领域推进欧洲一体化，"永久结构性合作"机制的启动是一个重要的里程碑，此外，德国也在欧安组织中进行了大量投入，旨在使之成为保障欧洲集体安全的主要手段，只是因为俄罗斯不配合，德国的努力并未取得实质性效果。

---

① Josef Janning and Almut Möller, "Leading from the Centre: Germany's New Role in Europe", *Policy Brief*, European Council on Foreign Relations, July 2016, p. 8, https://www.ecfr.eu/page/-/ECFR_183_-_GERMAN_LEADERSHIP2.pdf, last accessed on 20. 08. 2017.

从外交政策风格看，德国依然强调外交手段解决危机与冲突的优先性，主张集体和合作安全。在《2016 白皮书》发布后，德国国内（尤其是左翼）也有人认为，《2016 白皮书》是在推行军事强权政治，谋求外交政策的军事化。① 然而，这样的评价显然是偏激的。联邦国防军在该白皮书中只是作为德国安全政策多种手段中的一种被提及，并不是唯一的手段，相反，《2016 白皮书》强调的是联网的手段。德国未来仍将主张外交手段优先，但是，在把联邦国防军作为外交手段加以运用方面较之以往将更为灵活和主动，这是德国对安全政策在一定程度上的调整。即使在应对乌克兰危机中，尽管默克尔反复强调俄罗斯吞并克里米亚违反了国际法，打破了欧洲战后的和平秩序，但是，她也始终坚决拒绝向乌克兰反对派提供武器，认为军事手段是无法解决乌克兰危机的，她不想看到欧洲持久的分裂，因为对于德国政府而言，欧洲的安全只有与俄罗斯合作而不能通过与俄罗斯对抗来实现。在处理与俄罗斯的关系上，德国推行的是双轨战略。一方面，正因为在对俄罗斯的战略上军事手段不是选项，所以，德国唯一能挥舞的"大棒"就是聚合欧盟内不同的观点，对俄罗斯实施和延续全面经济制裁；另一方面，德国致力于与俄罗斯保持接触和对话，作为维护欧亚安全秩序现状、避免其受到进一步侵蚀的努力的一部分。总体上，德国依然未摆脱其"克制文化"的影响，始终排除军事选项，而是把重点放在外交手段的运用上；此外，我们的确可以观察到，近年来，德国在安全政策上的国际行动在增强，例如在北约框架里向东欧派驻军队以及在欧盟框架里向马里增派部队等，甚至突破了以往的"红线"，例如向危机地区输送武器。

与此同时，可以观察到的是，德国的这些安全政策行动也包含了德国的一种新型的安全政策战略，这就是所谓的"能力建设倡议行动"，由此，德国从"安全提供者"转而成为"安全顾问"②。德国联邦国防军在马里参加的欧盟军事训练行动以及向伊拉克的库尔德人提供武器和培训遵循的都是这个逻辑。这样做不仅符合"辅助性原则"，更重要的是德国可以规避国内依然羁绊联邦国防军外派的"克制文化"的影响。但与此同时，德国政府也由此突出了其对承担作战任务的反感，因此，其伙伴如法国就批评德

① See "Weißbuch 2016—Am Ziel vorbei", *Welttrends-Das außenpolitische Journal* 120, Oktober 2016, 24. Jahrgang, pp. 21 – 47.

② Markus Kaim and Hilmar Linnenkamp, "Das neue Weißbuch-Impulsgeber sicherheitspolitischer Verständigung?", *SWP-Aktuell* 65, Oktober 2016, p. 6.

国，只承担咨询与培训活动，却将为这类活动提供保障的作战行动留给了其他国家。[①]

事实上，德国在将联邦国防军作为安全政策手段上还面临着诸多国内的限制条件，其中，最重要的是德国民众更多地对军事行动持怀疑态度。此外，德国依然缺乏参与更多国际行动所需的人力、装备和财力投入。例如在防务支出方面，德国防务支出目前仅为其国内生产总值的1.2%，虽然德国将防务支出占国内生产总值的2%设定为长期目标。联邦国防军海外行动所受的内政限制还包括法律上和政治上的限制。一方面，对于联邦国防军在海外的武装行动，德国政府需要联邦议院的批准。《2016白皮书》暗含的意思是，这一"议院授权"的规定与德国需要承担的国际安全责任日益增长的现实不匹配，虽然德国联邦国防部有意出于快速干预能力的考虑，希望放松这方面的规定或对有关规定进行灵活解释，但是，执政联盟内部无法就此达成一致。另一方面，联邦国防军参与海外行动，需要明确国际法依据，所以德国优先看重的是联合国安理会的决议，或者至少是北约或欧盟框架里的行动授权。[②]

由此可见，作为"文明力量"，在多边框架里支持集体安全和合作安全方面，德国也未出现根本性变化，依然参与北约、欧盟或联合国框架里的多边军事行动。如前所述，在乌克兰危机应对过程中，德国始终寻求欧盟内达成共同立场，虽然经济制裁俄罗斯会给德国对俄经贸关系带来很大损失，但是，德国不惧对俄启动并延长全面经济制裁，并且默克尔将欧盟内的不同立场最终聚合成了一种统一立场。[③] 而且，德国在整个危机过程中，出于欧盟集体安全考虑，还始终将欧安组织包括进来，希望发挥欧安组织的作用，虽然这种努力没有结果。

但是，在这个方面的一个新的变化是，德国在日益多地参与集体安全体系以外的"临时合作"。如前所述，在外交领域，"临时合作"包括伊朗核谈中的E3+3模式（德法英+中美俄）、乌克兰危机中的诺曼底模式；在安

① Claudia Major and Christian Mölling, "Von Libyen nach Syrien. Die Rolle des Militärs in einer neuen deutschen Sicherheits-und Verteidigungspolitik", *Aus Politik und Zeitgeschichte* 28 – 29/2016, pp. 32 – 37, here p. 36.

② Daniel Keohane, "Constrained Leadership: Germany's New Defence Policy", *CSS Analyses in Security Policy*, No. 201, December 2016, p. 2.

③ Timothy Garton Ash, "Angela Merkel Has Faced Down the Russian Bear in the Battle for Europe", *The Guardian*, 22 December 2014.

全政策领域，"临时合作"包括德国参与的打击叙利亚和伊拉克的"伊斯兰国"的国际联盟。《2016 白皮书》表明，德国在未来不仅将支持这类"临时合作"，而且可能也会自己去倡议启动这类"临时合作"。这种军事行动的非正式化引发了人们对德国政治可监督性、秩序设想缺失以及是否符合宪法规定等方面的担忧。① 与此相关，有学者批评说，德国外交与安全政策倾向于脱离传统的、基于价值的伙伴关系，转向基于利益的、在变换的联盟和网络中的参与。② 但是，这些学者只看到了德国安全政策新动向的一个方面，事实上，如前所述，德国在北约和欧盟框架里的参与和投入也在同步增强。而且，前述的"临时合作"依然是具有小多边（minilateral）的结构，并不属于德国的"单干"。

综上所述，德国迄今的外交政策调整并未改变德国的"文明力量"角色定位，可以预见，在外交政策风格和外交政策的工具运用方面，德国未来的行动灵活性在增强，但这并不意味着德国在有意脱离"文明力量"的角色定位。

毛尔所指出的冲突性角色观念和国内利益形成过程对德国"文明力量"角色定位的影响，在本书的分析中也有鲜明的反映。本书的分析表明，在应对各次危机中，德国的外交行为既有价值约束的影响，也有国内利益驱动的影响，两者始终处于外交决策和行为的张力之中。甚至在有些情景下，利益的因素更是主导性的，这种张力在欧债危机与难民危机之中表现得尤为明显，例如，德国在应对欧债危机中先犹豫后独断的表现除了受到德国经济治理理念的影响，更多的则是受到国内民意和否决玩家的限制；又例如，德国在难民危机之初主动接纳难民更多的是道义和历史因素使然，但是，德国在后来极力在欧盟层面推动难民分摊机制，则更多的是出于国内民意在难民问题上的转向以及为德国自身减负的考虑。与此同时，德国的外交行为日益受到内政因素的限制，这也使德国政治精英在欧盟和国际层面的投入受到牵制，由此可知，扩大了德国外交政策的外部期待与来自德国社会内部意愿之间的落差，使德国的外交决策与行为增添了不确定性。

① Markus Kaim and Hilmar Linnenkamp, "Das neue Weißbuch-Impulsgeber sicherheitspolitischer Verständigung?", *SWP-Aktuell* 65, Oktober 2016, p. 5.
② Daniel Flemes and Hannes Ebert, "Neue deutsche Außenpolitik: Netzwerke statt Allianzen", *GIGA Focus Global*, Nummer 03, Juli 2016.

二　德国在欧盟内处于领导困境之中

在 2013 年的第 50 届慕尼黑安全会议上，联邦总统高克、联邦外交部长施泰因迈尔和联邦国防部长冯德莱恩的"三重奏"让人记忆犹新，这通常被视为"新德国外交政策"的形成。① 当时高克总统还在号召德国行使领导力，但到了一年之后的第 51 届慕尼黑安全会议，联邦国防部长冯德莱恩已经毫不掩饰地表示，德国已经做好了担当领导角色的准备。②

从本书前述的德国外交实践例子，尤其是对德国在欧盟诸多危机应对中的角色来看，德国的确尝试发挥领导角色，只是其有效性有所不同。在应对欧债危机中，德国一开始表现出犹豫的姿态，但随着危机的升级，德国被从幕后推到了前台，始终坚持整肃财政纪律的原则，作为给予欧债国家救助的前提条件，虽然德国也不得不在现实中有所让步，但总体上贯彻了自己的想法。在应对难民危机中，德国在率先开放边境接纳难民后，并没有带动其他成员国接纳难民，而且，德国想要带领欧盟为难民危机找到共同的解决方案，最具代表性的是谋求在欧盟内落实德国式的难民分摊机制，但这一举措总体上并不成功。在欧盟与英国进行的关于脱欧的谈判之中，德国始终坚持英国不能"挑拣"的立场，以便震慑其他成员国不去效仿。在英国脱欧谈判由于英国国内原因一拖再拖，以及英国政府反复要求谈判的情况下，德国也坚持了不受"勒索"的原则立场，当然，德国出于与脱欧后的英国继续保持紧密关系的考虑，也在谈判中表现出了必要的灵活性，虽然由于脱欧谈判主要由欧盟委员会负责，德国的领导角色并不凸显，但是德国的原则立场得到了很好的贯彻。在欧盟未来改革问题上，德国尤其和法国共同扮演着领导角色，在两国存有共识的领域，例如"永久性结构合作"方面，德法推动了欧洲一体化治理的发展，但也必须看到，在有些欧盟改革领域欧洲一体化未能

① Andreas Rinke, "Raus ins Rampenlicht. Die Genese der 'neuen deutschen Außenpolitik'", *Internationale Politik* 4, Juli/August 2014, pp. 8 – 13. 对于"新德国外交政策"的讨论参见《德国外交与安全政策杂志》的增刊：Gunther Hellmann, Daniel Jacobi and Ursula Stark Urrestarazu (eds.), "'Früher, entschiedener and substantieller'? Die neue Debatte über Deutschlands Außenpolitik", *Zeitschrift für Außen-und Sicherheitspolitik* Sonderheft 6/2015, Springer VS.

② "Münchner Sicherheitskonferenz 2015. Führung aus der Mitte", Manuskript der Rede der Bundesministerin der Verteidigung, Dr. Ursula von der Leyen, anläßlich der 51. Münchner Sicherheitskonferenz München, 6. Februar 2015.

得到有效推进，这又恰恰是因为德法之间存在分歧。在应对乌克兰危机中，德国成为事实上的危机管理人。在危机一开始，德国先是通过与法国和波兰一起，也就是通过"魏玛三角"来斡旋，避免了乌克兰陷入内战的深渊。在俄罗斯吞并克里米亚、危机进一步升级后，德国又通过穿梭外交和马拉松式谈判，与法俄乌一起在"诺曼底四方会谈"框架下达成了旨在实现停火的《明斯克协议》和《新明斯克协议》。与此同时，在应对特朗普的孤立主义和保护主义政策方面，德国也在欧盟内积极推进"挺欧疏美"的政策，构建欧盟的战略自主性，尤其在美国退出伊核协议后，联手法英试图拯救伊核协议。

　　如前所述，乌克兰危机表明，德国倾向于使用像"诺曼底四方"这样的小多边结构来在国际政治中行使领导力。类似的例子还有伊核谈判中的"E3＋3"等。在分析家看来，小多边主义结构对于德国发挥领导力的优势在于：德国既可以发挥其作为欧盟内最大且处于中心位置的经济体地位，又可避免单边行动的危险。同时，它可以利用其在欧盟内的制度性实力，而无须每一步都在28个成员国的范围内行动。由此，德国可以将其长期对欧洲一体化以及强有力欧盟机构的偏好与外部对它更积极参与国际政治的日益增长的期待相结合。① 德国与法国在危机中的领导角色总体上得到了欧盟机构和其他成员国的认可，因此，其他成员国基本上未要求增加成为谈判的一方。但是，德国依然通过欧盟和双边渠道让欧盟伙伴了解会谈的进展情况，此外，欧盟机构在准备和实施欧盟对俄罗斯的制裁中扮演了一个关键角色。② 其他成员国之所以认可德国在乌克兰危机中的领导角色，是因为德国对俄罗斯的态度——德国并没有利用其在欧盟内结构性的经济不平衡，巩固其权力地位，以便试图稀释欧盟对俄罗斯的制裁，恰恰相反，德国利用了其经济分量，以及其与俄罗斯的紧密的经贸联系，来主张对俄罗斯进行更为强硬的制裁。③ 由此，德国从主张与俄罗斯保持紧密联系的一方，转为限制性措施的有原则的支持者。④ 正因为如此，有学者认为，至少在应对乌克兰危机中，

① Niklas Helwig, "Germany in European Diplomacy: Minilateralism as a Tool for Leadership", *German Politics* 29：1, 2020, pp. 25 – 41.
② Michal Notorski and Karolina Pomorska, "Trust and Decision-making in Times of Crisis: The EU's Response to the Events in Ukraine", *Journal of Common Market Studies*, 2016, pp. 1 – 17.
③ Tuomas Forsberg, "From Ostpolitik to 'frostpolitik'? Merkel, Putin and German foreign policy towards Russia", *International Affairs* 92：1 (2016), pp. 21 – 42.
④ Mikael Wigell and Antto Vihma, "Geoploitics versus Geoeconomics: The Case of Russia's Geostrategy and Its Effects on the EU", *International Affairs* 92 (3), 2016, pp. 605 – 627.

德国不再在外围犹豫，而是站在舞台中央，有效发挥了领导欧盟共同外交与安全政策的作用。① 其他特定成员国如波兰对德国的领导持信任态度，是与德国在乌克兰危机中的规范诉求相关的，这增强了德国领导角色的合法性。东欧等国家对于德国能源政策以及北溪 2 号项目的关切依然存在，它们强烈反对甚至尝试阻挠此项目，但德国也仍然在继续追逐其能源利益，这也反映出德国在欧盟内的新角色中包含着地缘经济的要素。②

与德国在乌克兰危机中的领导角色得到认可不同，德国在欧债危机，尤其是难民危机中的领导作用的发挥受到了限制。在欧债危机中，以法国为首的南欧国家形成了"敌对阵营"，主张采取扩张型财政政策，反对以德国为首的北欧国家所推行的财政紧缩政策，由此形成欧盟内在经济问题上的南北分歧。不过，至少在欧债危机中，虽然有其他国家对德国的立场持反对态度，德国依然能够最终将自身意志"上传"到欧盟层面。然而，德国应对欧洲难民危机的表现明显显现出了德国在欧盟内领导的乏力。德国在欧洲难民危机中一度采取单边行动，原因之一在于，德国认识到自己作为欧盟内唯一的领导力量，是唯一有能力和意愿来避免人道主义灾难的国家。但是，默克尔所谋求的欧盟共同的危机解决方案并未得到其他国家的充分认可，尤其是强制性的难民分配比例遭到各国抵制，德国无法贯彻自己的意志，不仅如此，还造成了欧盟在难民问题上的东西分裂。

如果说在应对欧债危机中，德国运用"胡萝卜和大棒"的政策是在遵守紧缩条件下给予救助，发挥"结构型领导力"的能力已经受到了某种限制，那么德国对其他危机的应对表明德国如果在欧盟内没有其他伙伴，尤其是法国的支持，那么，它就只是一个"孤单的巨人"，无法发挥"工具型领导力"，也就无法充分实现自己的设想和方案。德国利用其"方向型领导力"也不见得能够见效，例如在欧债危机之中，以法国为首的南欧国家并不认同德国一味的紧缩政策；在难民危机之中，维谢格拉德集团四国坚决抵制德国强推的难民分摊计划。由此可见，德国可以按照自己的意图树立"标杆"，却少有国家愿意响应，相反，甚至会有部分国家组成反对阵营。因此，德国尤其在难民危机之中

---

① Nicholas Wright, "No Longer the Elephant Outside the Room: Why the Ukraine Crisis Reflects a Deeper Shif towards German Leadership of European Foreign Policy", *German Politics*, 27: 4, 2018, pp. 479 – 497.

② Liana Fix, "The Different 'Shades' of German Power: Germany and EU Foreign Policy during the Ukraine Conflict", *German Politics*, 27: 4, 2018, pp. 498 – 515, here p. 510.

认识到不能继续"单干",而是亟须与欧盟其他国家打造"获胜联盟",只有这样,德国才能共同推进欧洲避难与难民政策的一体化。

　　由此可见,鉴于德国在欧盟内的实力,尤其是经济实力,德国必须扮演领导角色,而且经历了从最初的"不情愿",到后来主动承担起领导责任后,如今受内政因素限制,虽然政治精英有承担领导责任的意愿,但德国的领导力受到束缚,与此同时,欧盟其他国家的追随意愿也在下降,由此形成了德国在欧盟内的领导困境。德国历史学家赫尔弗里德·明克勒(Herfried Münkler)在 2015 年出版的一本随笔将德国称作欧洲的中心大国(Zentral-macht Europas),他表示,欧洲中心大国必须主持欧盟各国共同的意志形成过程。但是,在特殊情况下,出于形成共同意志的需要,它也可以推进决策过程,并敦促各国采取坚定的行动。[①] 据此,德国有领导欧洲的职责,尤其在美国转向亚太、对欧洲大陆的关注度有所下降的时候,欧洲需要一个强有力的中心,以确保欧洲一体化项目的延续。由于无法预期欧盟承担起领导角色,因此,这项任务非德国莫属。但为了避免历史上曾经出现的"德国问题",德国必须审慎地领导,并尽可能谋求广泛而又持久的支持。但是,明克勒也明确指出,德国要做到这一点,国内必须没有民粹主义的束缚,德国民众也必须更为"拥欧",且比欧洲边缘国家更多地深信欧洲工程的好处。[②] 然而,明克勒所要求的德国发挥领导角色作用的基础条件正在动摇。例如这反映在德国日益被国内问题牵制上,国内问题会限制它继续在欧盟层面的危机的应对上发挥领导角色的作用。原因在于,德国人普遍感觉他们不公平地承担了欧盟的负担,比如债务国的救助或难民,这会在未来使德国人更不愿意出资救助那些经济上脆弱的债务国或接纳难民。另外,随着德国国内右翼民粹主义政党德国另类选择党的壮大,德国政府在欧盟内的领导角色又多了一个严重羁绊。这尤其鲜明地反映在德国在两场危机应对的落差上:从欧债危机之中的超强地位(Übermacht),一下子跌落到难民危机中的无能地位(Ohnmacht)[③]。更为严重的问题是,德国没有能力贯彻自己的意志,却又偏

---

①　Herfried Münkler, *Macht in der Mitte. Die neuen Aufgaben Deutschlands in Europa*, Hamburg: Körber-Stiftung, 2015, p. 55.

②　Herfried Münkler, *Macht in der Mitte. Die neuen Aufgaben Deutschlands in Europa*, Hamburg: Körber-Stiftung, 2015, p. 55, 164.

③　Ulrike Guérot, "Von Normalität über Übermacht zur Ohnmacht? Betrachtungen zur deutschen Rolle in Europa", *Aus Politik und Zeitgeschichte* 52/2015, pp. 17 – 22.

偏被其他国家感知为主导性的。① 而目前欧盟内没有其他国家愿意和有能力取代德国在欧盟内的领导地位。当前，欧盟是由繁荣的"内核"（德国）和贫困的"周边"组成，而如今一旦内核受到牵制，那么，整个欧盟内部的离心力就会进一步加剧。正如明克勒所写的，如果德国在承担欧洲中心大国的任务上失败了，那么，欧洲就会面临失败。②

三 德国外交政策处于微调与手段变化之间

以上分析显示，德国外交政策的调整并未从根本上改善德国"文明力量"的角色定位，而且德国在欧盟内也较之以往显示出了更强的领导意愿，尽管领导作用的发挥并不总是有效。那么，根据赫尔曼的外交政策变化的区分法，德国外交政策迄今的调整究竟达到了怎样的程度，或者说具有怎样的性质呢？

德国新政府在 2013 年《联合执政协议》中对德国外交政策的国际导向的表述是，德国要在全世界范围内致力于维护和平、自由与安全、一个公正的国际秩序、人权的贯彻、国际法的适用以及可持续发展与减贫。③ 2018 年的《联合执政协议》强调德国致力于维护和平，包括公正地构建全球化过程、推行可持续的发展政策、增强国际合作、承诺裁军以及进一步限制武器出口，此外还指出因地制宜地创建未来发展前景及消除难民产生的根源，以及致力于维护世界范围的人权与公平贸易。④ 显然，这样的国际导向由来已久，谈不上是新的内容。而且，德国致力于解决危机和冲突或者德国促进欧洲一体化和跨大西洋关系的目标也只是延续了德国外交政策的传统。虽然德国默克尔政府一度提出"欧洲命运自主论"，显示出"挺欧疏美"的迹象，但是，德国在 2018 年《联合执政协议》中继续坚持对北约以及跨大西洋关

① Hans Kundnani, "Ein deutsches Europa-oder ein chaotisches?", *Aus Politik und Zeitgeschichte* 52/2015, pp. 12 – 16, here pp. 14 – 16.

② Herfried Münkler, "Deutschlands Rolle in Europa. Wir sind der Hegemon", *Frankfurter Allgemeine Zeitung*, 21. 08. 2015, https://www.faz.net/aktuell/feuilleton/debatten/europas-zukunft/einzusehen-deutschland-ist-europas-zentralmacht-13760335.html, last accessed on 20. 06. 2017.

③ "Wachstum. Bildung. Zusammenhalt, Koalitionsvertrag zwischen CDU, CSU und FDP", 17. Legislaturperiode, Berlin, 2013, p. 168.

④ "Ein neuer Aufbruch für Europa. Eine neue Dynamik für Deutschland. Ein neuer Zusammenhalt für unser Land. Koalitionsvertrag zwischen CDU, CSU und SPD", Berlin, 07. 02. 2018, pp. 17 – 18.

系的承诺，而且，在处理对美关系时尽管从强调德美是"基于共同价值的盟友"转变为"基于共同利益的伙伴"，但是，正如德国前外交部长加布里尔所言，"美国仍是欧洲大陆外政治和文化最接近德国的国家"。德国和欧盟从政治口号到实际行动，再到取得行动的理想效果都有较长的距离。因此，跨大西洋关系的重塑实则是德（欧）美双方权责再分配的过程，德国和欧盟期望以时间换空间，在"后特朗普时代"使跨大西洋关系再次回归平衡。

即使目前政府文件充斥的"责任论"，也是德国统一后政要嘴边的"常用表白"，甚至于在两德统一前"责任论"已经"流行"，只不过统一前后"责任论"的内涵发生了扭转：统一前的"责任论"是指德国应作为和平力量摒弃任何旧有形式的强权政治，而统一后，随着德国实力的提升，"责任论"的意涵转向了反面，由此，"承担责任"的要求不再是军事克制的同义词，而是意味着德国要施加影响，并因此也必须参与军事行动。① 即使在"默克尔4.0"政府时期，德国政府的行动力有所减弱，但德国政府依旧在坚持"责任论"。例如，德国默克尔总理在2019年新年致辞中提到的一个中心内容是德国日益增长的责任。在美国总统特朗普采取单边主义做法的背景下，"国际合作的确定性承受着压力，出于捍卫自身利益考虑，德国必须承担更多责任"。②

由此可见，正如外交部长施泰因迈尔所强调的：德国外交政策的基因仍然未变，欧洲一体化和跨大西洋关系的两块基石以及对一个公正、和平且有韧性的国际秩序的承诺也未改变，虽然德国在国际危机管理中承担更大的责任。③

和"责任论"不同，2013年《联合执政协议》包含的"积极参与建构全球秩序"的宣示无疑表明了一个新的动向，然而，我们并不能依据这一相对模糊的政治言辞认为德国外交政策的目标和面对的问题发生了转变。作为"贸易国家"④，维护一个开放和稳定的国际秩序始终是德国的利益所在，唯

① Rainer Baumann and Gunther Hellmann, "Germany and the Use of Military Force: 'Total War', the 'Culture of Restraint', and the Quest for Normality", *German Politics* 10: 1, 2001, pp. 61 – 82, here pp. 71 – 72.

② "Neujahrsansprache von Bundeskanzlerin Angela Merkel zum Jahreswechsel 2018/2019 am Montag, den 31. Dezember 2018, in Berlin", https://www.bundeskanzlerin.de/resource/blob/822020/1564902/f374629435b14a116fc7f15cbe85ced8/download-pdf-data.pdf, last accessed on 15.02.2019.

③ Frank-Walter Steinmeier, "The DNA of German Foreign Policy", *Project Syndicate*, 25 Feb. 2015.

④ Michael Staak, "Handelsstaat Deutschland: Deutsche Außenpolitik in einem neuen internationalen System", Paderborn: Ferdinand Schoningh, 2000.

一的变化是，德国不愿像以往那样只是做国际秩序的旁观者和受益者。这里的核心问题是，德国准备采取怎样的手段去积极建构国际秩序。从上文的分析可以清晰地看出，德国新政府推行积极有为的外交政策目前在并行运用两种手段：一方面，社民党领导的外交部主张尽早且充分地利用外交政策"工具箱"中的各种外交手段，这一理念在乌克兰危机的斡旋和应对中体现得非常明显；另一方面，基民盟领导下的国防部要求扩大联邦国防军参与国际行动的规模，其间德国已经增强了例如在非洲的军事行动，甚至向危机地区输出了武器。但必须看到，目前德国增加的投放力量是非常有限的。因此，虽然德国承担军事行动的总体意愿在上升，但我们绝不能得出德国的外交政策在走向"军事化"的判断，更何况军事行动的增加只是相对于此前联盟党和自民党之间的黑黄联盟而言的，毕竟此前德国还曾参加科索沃和阿富汗行动，[①] 投入的联邦国防军人数最多时曾超过 11000 人。但是，另外，在美国的压力下，德国也的确在逐步提高国防支出，不过，德国并没有如特朗普的要求，一步到位地将国防支出调整到占国内生产总值 2% 的水平，而是依然强调发展政策等领域的支出也应被计入防务支出的统计之中。

此外，如前文所述，虽然德国在应对危机和冲突中的表现受国内因素的影响在增强，换言之，较之以往，在有些场合，德国时而更加强调自身的（经济）利益，例如在欧债危机、难民危机之中，但即便在这些实例之中，价值因素也依然扮演着某种角色。在英国脱欧谈判、乌克兰危机等实例中，德国愿意为了欧盟的团结，而牺牲自身的经济利益。因此，利益和价值同时在起作用，只是在各个实例的不同时间点上，利益和价值的权重有所推移。

有学者结合德国的对俄罗斯政策的变化，认为德国外交政策达到了"手段变化"乃至"问题/目标变化"的阶段，[②] 但本书并不支持这样的判断。该学者得出前述结论的一个缘由是，原先的"新东方政策"不再起作用，由此可知将俄罗斯融入欧洲和全球结构的目标也发生变化，而且，更多的价值利益非经济利益开始影响德国的政策反应和目标确定。然而，本书研究的起始点是德国对俄政策已经调整的 2013 年，另外，在笔者看来，虽然对俄启动经济制裁体现出德国重价值的一面，但是，考虑德国不顾中东欧等国家的

---

① 郑春荣：《利比亚危机以来德国安全政策的新动向》，《德国研究》2013 年第 2 期，第 4~14 页。

② Tuomas Forsberg, "From Ostpolitik to 'Frostpolitik'? Merkel, Putin and German Foreign Policy Towards Russia", *International Affairs* 92: 1 (2016), pp. 21–42, here pp. 37–38.

反对、执意坚持北溪 2 号项目的情况①，人们或许就能得出德国为了自身经济利益而不顾欧盟共同安全利益的结论。

因此，总体来看，德国外交政策的调整到目前为止是"政治言辞多于实质内容"，更多的是"外交攻势"而非"军事攻势"。② 如果参照前述赫尔曼对德国外交政策变化水平的分析，德国外交政策目前出现的新动向可以界定在微调和手段变化之间。这一判断与前述德国总体上依然符合"文明力量"的角色，以及在诸多危机和冲突中体现出领导意愿但领导力受限的判断相吻合。

四 德国外交政策进一步调整所面临的挑战

德国政府的一系列政策宣示以及其近年来在外交、安全与防务政策领域的行动都表明，鉴于日益复杂和严峻的安全形势，随着其经济实力和政治影响力的提升及其在欧盟内的领导角色，德国正积极谋求在国际政治，包括国际安全政策中承担更多责任和发挥领导角色，显现出了迈向外向型（outward looking）建构力量的新动向。这是 2014 年 1 月"慕尼黑共识"宣示以来，德国外交与安全政策从恪守"克制文化"逐步转向"积极有为"的实践。

对此，时任德国对外关系协会（DGAP）会长埃伯哈特·桑德施耐德认为，德国早就到了"跳出自挖的外交政策连续性陷阱"的时候，这是因为无论德国是否愿意，它都是一股必须承担全球责任的建构力量。③ 然而，当德国外交政策精英表现出准备调整现有外交政策的时候，就有学者例如毛尔警告说，德国不要过高估计自己的实力。他指出，德国在外交政策方面的建构潜力事实上已经出现结构性下降，而且这种趋势很可能还会延续。此外，德国外交政策更大幅度调整的最重要的影响因素也是脆弱的。④ 那么，到底有哪些制约因素使德国外交的更大程度上的调整难以实现，或曰德国只能是

① 郑春荣：《德国"疏美挺欧"的政策宣示与实践挑战》，载郑春荣主编《德国发展报告（2019）：大变局时代的德国》，社会科学文献出版社，2019。

② Christian Thiels, "Münchner Sicherheitskonferenz. Kaum mehr als Lippenbekenntnisse", *tagesschau. de*, 01. 02. 2014, http：//www. tagesschau. de/kommentar/sicherheitskonferenz-kommentar100. html, last accessed on 18. 02. 2014.

③ Eberhard Sandschneider, "Deutsche Außenpolitik: eine Gestaltungsmacht in der Kontinuitätsfalle-Essay", *Aus Politik und Zeitgeschichte*, 10/2012, pp. 3 - 9.

④ Hanns W. Maull, "Deutsche Außenpolitik: zwischen Selbstüberschaetzung und Wegducken", *GIGA Focus*, Nummer 1, 2014.

"不情愿的建构力量"[①] 呢？

首先，德国外交政策最重要的影响因素，即经济实力，能否在未来延续，具有相当大的不确定性。这不仅因为欧债危机爆发的深层次根由并未消除，以及作为出口大国的德国受国际市场波动的影响大。更重要的是，欧洲在全球力量格局中总体上呈现衰弱的趋势。根据经济合作与发展组织（OECD）2012 年底的一份研究报告，从长期预测看，到 2060 年，德国将从排在美国、中国、日本、印度之后的世界第五大经济体，下滑到第十位，被巴西、印度尼西亚、墨西哥、俄罗斯和法国赶超；德国平均经济增长率将仅为 1.1%，其占全球经济总量的比重也将从现在的 4.8% 降至 2.0%，跌幅将超过 58%，这将是所有国家中的最大跌幅。经济合作与发展组织之所以得出这样的结论，不仅是因为新兴国家的竞争与赶超，德国自身人口的老龄化趋势以及由此造成的劳动力短缺也是一个重要原因。据估计，德国到 2060 年 65 岁以上老年人口相对于 15 ~ 64 岁人口的比例将几乎翻倍到 60%。而外来移民的流入并不能完全弥补这一缺口。[②]

从军事实力资源看，根据国际斯德哥尔摩和平研究所（SIPRI）的数据，德国的军费开支从两德统一以来持续下降，下降幅度大于英法两国，而且，英法的国防支出在国内生产总值中的占比也比德国高不少。从欧盟军费开支中的占比看，德国也是三国中最少的。[③] 尽管德国近年来国防预算在增加，但其增幅是适度的，过大幅度的增长也势必在国内遭到抵制。另外，更多出于预算瓶颈原因而于 2010 年实施的联邦国防军改革，不仅削减了兵力，而且志愿兵役制取代义务兵役制后，联邦国防军更是遭遇了招募新兵的难题。虽然新政府表示要发起联邦国防军的"魅力攻势"，例如通过扩大士兵子女照料的力度，来提高联邦国防军的家庭友好性，但其实际效果无法让人有过

① Stefan Mair, "Deutschland: Gestaltungsmacht wider Willen", in Josef Braml, Stefan Mair and Eberhard Sandschneider (eds.), *Außenpolitik in der Wirtschafts-und Finanzkrise*, München: R. Oldenbourg Verlag, 2012, pp. 125 – 136.

② Martin Greive, "OECD-Studie: Deutschland wird zum groessten Verlierer der Welt", *Die Welt*, 10. 11. 2012, http://www. welt. de/wirtschaft/article110874514/Deutschland-wird-zum-groessten-Verlierer-der-Welt. html, last accessed on 10. 01. 2014.

③ 汉斯·昆德纳尼（Hans kundnani）指出："德国出售的武器多于英法两国。德国是全球常规武器第三大出口商，在过去 5 年占全球市场的 11%，落后于美国的 30%，俄罗斯的 23%，高于法国的 7% 和英国的 4%。"正因为德国军费开支少但武器出口多，他称德国是"地缘经济强权"。See Hans Kundnani, "Paradoxon Deutschland. Eine geooekonomische Macht in der Zwickmuehle", *Internationale Politik* 6, November/Dezember 2011, pp. 62 – 67.

多期待。

其次，虽然德国政要表示要增强海外军事行动并付诸实践，但是其幅度也不可能太大，因为这样的计划会遇到国内民意的阻挠。2013 年以来，虽然德国政治精英对于德国在国际事务中发挥更大影响有着比较广泛的共识，但是民众与政治精英在认识上有着相当大的鸿沟。德国民众尤其对于使用军事手段发挥德国国际影响力持非常大的怀疑态度。

在 2014 年高克总统演讲后的一次德国趋势调查中，虽然尚有多数德国人原则上赞成高克提出的德国应在国际危机应对中更加有所作为（52% 赞成，44% 反对），其中德国西部持赞成的人数（56%）要明显高于东部（37%），但是涉及具体手段时，他们的立场差异就显得非常明显：绝大多数受访者赞成运用给予当地人道主义援助的方式（85%）和外交与谈判方式（84%），赞同以增强财政援助方式的人（33%）则相形见绌，尤其是赞成与国际伙伴一起运用军事手段应对危机的人比例很小（22%）。①

由此可见，德国政府所能采取的危机与冲突应对手段仍有限。德国民众普遍安于保持现状，怀有不求变的心态，希望德国在国际政治中保持低调以避免出现对其经济利益不利的对抗局面，尤其反对参与海外军事行动。根据德国历史学家海因里希·奥古斯特·温克勒（Heinrich August Winkler）的观点，在德国，有一些人利用德国的历史罪责来证明德国拥有一种成问题的"视而不见的权利"。② 因此，德国政治精英亟须就德国未来应承担的责任和能力展开公共讨论，以此克服民众和政治精英之间存在的认识上的鸿沟。

有鉴于此，施泰因迈尔领导下的外交部启动了有关德国未来应承担责任与能力的公共讨论，③ 其目的之一就在于让民众认识到并逐渐习惯于德国更加积极有为的外交政策；国防部在出台《2016 白皮书》的过程中也启动了公共讨论程序，然而，这样的讨论很快就被狭隘地理解为德国想要扩大对外军事行动，并继而遭到大多数德国民众的反对。

事实上，德国在实力资源上的强势在于其软实力，具体包括其良好的国

---

① Thorsten Jungholt and Daniel Friedrich Sturm，"Deutsche wollen mehr Engagement im Ausland"，*Die Welt*，06. 02. 2014，http：//www. welt. de/politik/deutschland/article124603475/Deutsche-wollen-mehr-Engagement-im-Ausland. html，last accessed on 15. 05. 2014.

② Heinrich August Winkler，"Macht，Moral und Menschenrechte. Ueber Werte und Interessen in der deutschen Aussenpolitik"，*Internationale Politik* 4，Juli/August 2013，pp. 116 – 127.

③ 邀请参与讨论的包括德国及国际专家，还有感兴趣的民众。参见网址 http：//www. review2014. de/en/。

际形象、成功的经济治理理念和在诸多领域中的榜样作用等，但这些资源对于外交政策的影响与构建而言只是在特定条件下有效，尤其软实力发挥作用是以硬实力的存在为基础的。因此，通过"灵巧外交"也只能部分弥补上述潜在的硬实力缺陷。[1]

由此可见，德国外交政策能否在未来实现更大程度的调整，尤其取决于它能否克服内政上的两个制约因素。一个制约因素是德国历史上形成的、认为德国应在国际和欧洲层面保持克制的态度；另一个制约因素，也是更为重要的因素是德国在承担欧洲和国际义务中负担极限的问题。

最后，德国若真的能成功地对其外交政策进行大调整，势必将更明确地定义和追逐其自身利益，而这是那些对德国的不作为抱怨最多的欧洲国家难以接受的。[2] 因此，如何在一个德国化的欧洲中避免出现"新德国问题"[3]，是德国以及欧洲必须面对的现实挑战。

目前，德国政治格局虽然较之其他欧盟国家依然算是稳定的，但较之自身以往情况，则稳定性中侵入了某种脆弱性。所有这一切都是由德国右翼民粹主义政党德国另类选择党成功崛起造成的，而德国另类选择党的羁绊并不会短时间里消失，如果主流政党无法从另类选择党那里赢回流失的选民，那么，德国的"失稳"状态还将延续。[4] 而这种"失稳"状态也将对德国在外交政策上的追求产生不利影响。

可以预见，在政治精英推动下，德国未来会谋求更加积极而又经常参与到国际危机与冲突的应对中，而且，德国未来灵活运用军事手段解决国际危机与冲突的情形会有限增加，甚至这可能更多地会出现在"临时合作"的框架里，但是，正如本书的分析所指出的，德国"文明力量"的角色定位并未发生根本性改变，德国在欧盟内领导角色是受限的，因此，德国外交政策的调整依然会是渐进而又有限度的，这也主要是因为这种调整依然，甚至较之以往更强烈地受到德国国内政治和法律条件以及民意的约束。

---

[1] Hanns W. Maull, "Deutsche Außenpolitik：zwischen Selbstüberschätzung und Wegducken", *GIGA Focus*, Nummer 1, 2014；Thomas Kleine-Brockhoff and Hanns W. Maull, "Der überforderte Hegemon. Ziele und Grenzen deutscher Macht", *Internationale Politik* November/Dezember 2011, pp. 50 – 61.

[2] Mark Leonard, "The Revenge of the German Elite", 04. 02. 2014, http：//www. ecfr. eu/content/entry/commentary_the_revenge_of_the_german_elite, last accessed on 01. 03. 2014.

[3] Tmothy Garton Ash, "The New German Question", *The New York Review of Books*, August 15, 2013.

[4] 郑春荣：《德国失稳的原因及其影响》，《人民论坛·学术前沿》2019 年 3 月下，第 25 ~ 31 页。

参考文献

———⚜———

【中文文献】

薄燕：《双层博弈理论：内在逻辑及其评价》，《现代国际关系》，2003 年第 4
　　期，第 54～60 页。

陈菲：《欧盟危机背景下的德国领导有效性分析——以领导理论为分析框
　　架》，《欧洲研究》2017 年第 1 期，第 95～109 页。

陈英：《开姆尼茨"群殴"事件：处置难民问题，德国政府力不从心》，《界面
　　新闻》，2018 年 9 月 10 日，https：∥www. jiemian. com/article/2457623. html，
　　最近访问日期为 2019 年 3 月 12 日。

〔德〕芮悟峰，胡莹译：《从"外交政策之集思"到"外交政策之改进"："回
　　顾 2014"进入落实阶段》，《德国研究》2015 年第 3 期，第 4～15 页。

《第二十一次中国 - 欧盟领导人会晤联合声明》（2019 年 4 月 9 日于比利时
　　布鲁塞尔），海外网，2019 年 4 月 9 日，http：∥news. haiwainet. cn/n/
　　2019/0409/c3541083 - 31533548. html，最近访问日期为 2019 年 4 月
　　12 日。

丁原洪：《欧洲的"德国问题"重起》，《和平与发展》2010 年第 6 期，第
　　56～57 页。

《"反俄阵线"下的裂痕：欧盟领头羊抗压批准俄资天然气项目》，2018 年 3
　　月 30 日，http：∥www. thepaper. cn/newsDetail_forward_2051153，澎湃新
　　闻，最近访问日期为 2018 年 4 月 10 日。

范一杨：《"法德轴心"艰难重启》，《第一财经日报》，2018 年 4 月 26 日
　　A11 版。

高奇琦、张佳威：《卡特尔政党模式在德国的兴起及其动因分析》，《德国研究》2016 年第 1 期，第 18~32 页。

高旭军：《欧美达成贸易框架协议的意料之外和情理之中》，澎湃研究所，2018 年 8 月 2 日，https：//www. thepaper. cn/newsDetail_forward_2313803，最近访问日期为 2018 年 8 月 25 日。

〔美〕亨利·基辛格：《大外交（修订版）》，顾淑馨、林添贵译，海南出版社，2012。

金玲：《债务危机重塑欧盟内部力量关系》，《国际问题研究》2012 年第 2 期，第 110~121 页。

李超、王朔：《试析德国面临的"领导力困境"》，《现代国际关系》2016 年第 5 期，第 48~54 页。

李绘新：《试析当代德国外交的不确定性——以角色分析理论为视角》，《德国研究》2004 年第 1 期，第 26~31 页。

李强，殷新宇：《高层互动频繁，德俄关系逐步回暖（国际视点）》，人民网，2018 年 8 月 16 日，http：//world. people. com. cn/n1/2018/0821/c1002 – 3024 0466. html，最近访问日期为 2018 年 8 月 25 日。

李巍、邓允轩：《德国的政治领导与欧债危机的治理》，《外交评论》2017 年第 6 期，第 74~104 页。

李巍、张玉环：《"特朗普经济学"与中美经贸关系》，《现代国际关系》2017 年第 2 期，第 8~14 页。

李文红：《德国对叙利亚危机政策的演变及其原因》，《德国研究》2016 年第 3 期，第 22~30 页。

连玉如：《德国默克尔政府的外交与欧洲政策辨析》，《德国研究》2006 年第 1 期，第 15~20 页。

连玉如：《21 世纪新时期"德国问题"发展新考》，《德国研究》2012 年第 4 期，第 18~29 页。

连玉如：《新世界政治与德国外交政策——"新德国问题"理论探索》，北京大学出版社，2003。

连玉如：《再论"德国的欧洲"与"欧洲的德国"》，《国际政治研究》2014 年第 6 期，第 9~24 页。

《联合国通过〈移民问题全球契约〉美等十国退出》，新浪网，2018 年 12 月 11 日，https：//news. sina. com. cn/w/2018 – 12 – 11/doc – ihmutuec8094251。

shtml，最近访问日期为 2019 年 3 月 1 日。

吕蕊、赵建明：《欧美关系视角下的伊朗核问题——基于 2016 年以来欧美伊核政策的比较分析》，《欧洲研究》2009 年第 1 期，第 22～44 页。

《欧盟峰会：致力于同英国建立"尽可能紧密"的伙伴关系》，新华网，2018 年 3 月 24 日，http:∥www. xinhuanet. com/world/2018－03/24/c_112 2585090. htm，最近访问日期为 2018 年 5 月 5 日。

《欧洲对难民涌入吃不消：美国表态让世界震惊》，搜狐网，2015 年 9 月 8 日，http:∥mt. sohu. com/20150908/n420661087. shtml，最近访问日期为 2015 年 10 月 28 日。

《欧洲议会选举变数与挑战》，澎湃新闻，2019 年 5 月 20 日，https:∥www. thepaper. cn/newsDetail_forward_3484730，最近访问日期为 2019 年 5 月 23 日。

乔治·帕克、劳拉·休斯、吉姆·皮卡德：《英国议会否决首相达成的退欧协议》，FT 中文网，2019 年 1 月 16 日，http:∥www. ftchinese. com/story/001081097？archive#adchannelID＝5000，最近访问日期为 2019 年 2 月 10 日。

任珂、张远：《默克尔：英国"脱欧"协议不容重新谈判》，新华网，2017 年 1 月 17 日，http:∥www. xinhuanet. com/world/2019－01/17/c_1124003224. htm，最近访问日期为 2019 年 2 月 17 日。

王传兴：《"双层次博弈"理论的兴起与发展》，《世界经济与政治》2001 年第 5 期，第 36－39 页。

《王岐山访问德国》，新华社，2019 年 6 月 2 日，http:∥news. cctv. com/2019/06/02/ARTI2P6iGus8LkVSkDH28qw2190602. shtml，最近访问日期为 2019 年 6 月 5 日。

王子琛：《马克龙索邦大学演讲："密特朗以来对欧盟未来最好的规划"》，澎湃新闻，2017 年 9 月 28 日，https:∥www. thepaper. cn/newsDetail_for-ward_1809323，最近访问日期为 2019 年 2 月 18 日。

吴志成、常婧：《德国统一后的对欧政策评析》，《德国研究》2008 年第 3 期，第 26～30 页。

伍慧萍：《避难者危机对于德国政治、经济与社会的影响》，载郑春荣主编《德国发展报告（2016）：欧洲难民危机背景下的德国》，社会科学文献出版社，2016，第 14～40 页。

伍慧萍：《2011 德国超级选举年州选结果与政党格局的演变》，载李乐曾、郑春荣主编《德国发展报告（2012）》，社会科学文献出版社，2012，第 10 ~ 24 页。

伍慧萍：《德国难民和移民政策调整趋势和影响》，《当代世界》2018 年第 9 期，第 23 ~ 27 页。

伍慧萍：《难民危机背景下的欧洲避难体系：政策框架、现实困境与发展前景》，《德国研究》2015 年第 4 期，第 4 ~ 21 页。

伍慧萍：《欧洲难民危机中德国的应对与政策调整》，《山东大学学报（哲学社会科学版）》2016 年第 2 期，第 1 ~ 8 页。

伍贻康：《"德国问题"与欧洲一体化的兴衰》，《德国研究》2011 年第 4 期，第 4 ~ 8 页。

熊炜：《论德国外交与安全政策中的角色冲突》，《德国研究》2004 年第 4 期，第 7 ~ 12 页。

闫瑾：《德国利比亚危机政策分析》，《欧洲研究》2011 年第 3 期，第 10 ~ 13 页。

张海冰：《从"非洲契约"看德国对非政策的转型》，《西亚非洲》2019 年第 2 期，第 68 ~ 83 页。

张健、王剑南：《"德国问题"回归及其对欧洲一体化的影响》，《现代国际关系》2010 年第 9 期，第 7 ~ 13 页。

郑春荣：《从欧债危机看德国欧洲政策的新变化》，《欧洲研究》2012 年第 5 期，第 1 ~ 16 页。

郑春荣：《大选后的德国何去何从?》，载郑春荣、伍慧萍主编《德国发展报告（2014）》，社会科学文献出版社，2014，第 1 ~ 10 页。

郑春荣：《德国大选结果令人忧虑欧盟未来》，《文汇报》，2017 年 9 月 28 日。

郑春荣：《德国扩军何以牵动各方神经》，《新民晚报》，2017 年 3 月 13 日，http://xmwb.xinmin.cn/lab/html/2017 - 03/13/content_30_1.htm，最近访问日期为 2019 年 3 月 20 日。

郑春荣：《德国联合国"争常"与欧洲一体化》，《国际论坛》2012 年第 6 期，第 1 ~ 6 页。

郑春荣：《德国弃核、延核、再弃核评述》，《德国研究》2011 年第 2 期，卷首语。

郑春荣：《德国失稳的原因及其影响》，《人民论坛·学术前沿》2019年3月下，第25~31页。

郑春荣：《德国"疏美挺欧"的政策宣示与实践挑战》，载郑春荣主编《德国发展报告（2019）：大变局时代的德国》，社会科学文献出版社，2019，第1~16页。

郑春荣：《德国"争常"的过程、障碍与前景》，载顾俊礼主编、杨解朴副主编《回顾与展望——纪念中德建交40周年》，社会科学文献出版社，2012，第193~207页。

郑春荣：《德国重新测量世界的三重挑战》，载郑春荣、伍慧萍主编《德国发展报告（2015）》，社会科学文献出版社，2015，第1~10页。

郑春荣：《德国组建一支"欧洲军队"的可能性有多大》，澎湃新闻，2015年6月11日，http://www.thepaper.cn/newsDetail_forward_1339945，最近访问日期为2016年12月5日。

郑春荣等：《"多速欧洲"，一体化新蓝图?》，人民网，2017年5月2日，http://world.people.com.cn/n1/2017/0502/c1002-29246875.html，最近访问日期为2019年4月20日。

郑春荣、范一杨：《重塑欧美安全关系？——对欧盟"永久结构性合作"机制的解析》，《欧洲研究》2018年第6期，第1~24页。

郑春荣：《利比亚危机以来德国安全政策的新动向》，《德国研究》2013年第2期，第4~14页。

郑春荣、倪晓姗：《难民危机背景下德国难民融入的挑战及应对》，《国外社会科学》2016年第6期，第75~83页。

郑春荣：《欧盟难民问题难解的原因与影响》，《当代世界》2018年第9期，第18~22页。

郑春荣：《欧美逆全球化势头不减》，《人民论坛》2019年第14期，第38~40页。

郑春荣：《欧元区改革方案为何难产》，上观新闻，2017年10月16日，http://www.jfdaily.com/news/detail?id=68153，最近访问日期为2017年10月18日。

郑春荣：《欧洲民粹主义政党崛起的影响》，《山东大学学报（哲学社会科学版）》2018年第5期，第99~108页。

郑春荣：《欧洲难民危机背景下德国在欧盟中的领导角色》，载郑春荣主编

《德国发展报告（2016）：欧洲难民危机背景下的德国》，社会科学文献出版社，2016，第 1～13 页。

郑春荣：《伊核问题上，不容忽视的德国角色》，《世界知识》2015 年第 18 期，第 50～51 页。

郑春荣：《右翼民粹主义影响下的欧洲一体化会走向何方?》，《当代世界》2016 年第 5 期，第 31～36 页。

郑春荣、周玲玲：《德国在欧洲难民危机中的表现、原因及其影响》，《同济大学学报（社会科学版）》2015 年第 6 期，第 36～46 页。

钟龙彪：《双层博弈理论：内政与外交的互动模式》，《外交评论》，2007 年 4 月，第 61～76 页。

朱民：《特朗普的经济政策将如何影响全球?》，《第一财经日报》2017 年 3 月 6 日第 A11 版。

朱宇方：《从马克龙访德看欧盟经济治理改革中的德法之争》，澎湃新闻，2018 年 4 月 30 日，https：//www. thepaper. cn/newsDetail_forward_2103396，最近访问日期为 2018 年 4 月 30 日。

【外文文献】

"490 Angriffe auf Asylunterkünfte. De Maizière spricht von Schande für Deutschland", *tagesschau. de*, 09. Okt. 2015, http：//www. tagesschau. de/inland/gewalt-gegen-fluechtlinge-101. html, last accessed on 28. 10. 2015.

50. Münchner Sicherheitskonferenz-Eröffnungsrede "Deutschlands Rolle in der Welt：Anmerkungen zu Verantwortung, Normen und Bündnissen" des Bundespräsidenten, München, 31. Januar 2014.

Albert, Andreas and Stefan Schultz, "Doppelschlag gegen Deutschlands Firmen", *Spiegel Online*, 21. Januar 2019, https：//www. spiegel. de/wirtschaft/unternehmen/brexit-das-fuerchten-deutschlands-firmen-a-1248501. html, last accessed on 23. 05. 2019.

Amann, Melanie, "Flüchtlingspolitik：CDU-Funktionäre rebellieren gegen Merkel", *Spiegel Online*, 07. Oktober 2015, http：//www. spiegel. de/politik/deutschland/fluechtlinge-cdu-parteibasis-rebelliert-gegen-merkel-a-1056504. html, last accessed on 07. 10. 2015.

"Angela Merkel sieht Deutschland auch auf Brexit ohne Deal vorbereitet", *Zeit*

Online, 11. Januar 2019, https://www. zeit. de/politik/ausland/2019-01/eu-austritt-grossbritannien-angela-merkel-wirtschaft-deutschland, last accessed on 17. 02. 2019.

Antonakis, John and David Day (eds.), *The Nature of Leadership*, Third Edition, New York: SAGE Publications, Inc, 2017.

Arbeitskreis Junge Außenpolitiker, Konrad-Adenauer-Stiftung, *Perspektive* 2020. *Empfehlungen für eine aktive deutsche Außenpolitik*, Sankt Augustin/Berlin, 2011.

"Arbeitslosigkeit steigt wegen Flüchtlingen wieder an", *Die Welt*, 16. Aug. 2016, http://www. welt. de/wirtschaft/article157692415/Arbeitslosigkeit-steigt-wegen-Fluechtlingen-wieder-an. html, last accessed on 17 August, 2016.

"ARD-DeutschlandTrend November 2015", *tagesschau. de*, 08. Nov. 2015, http://www. tagesschau. de/inland/deutschlandtrend-435. pdf, last accessed on 15. 12. 2015.

Ash, Timothy Garton, "Angela Merkel has Faced down the Russian Bear in the Battle for Europe", *The Guardian*, 22 December 2014.

Ash, Timothy Garton, "Everywhere, the European Project is Stalling. It Needs a New German Engine", *The Guardian*, 15. 06. 2011.

Ash, Timothy Garton, "Germany, the Eurozone's Reluctant Driver", *Los Angeles Times*, February 09, 2012, http://articles. latimes. com/2012/feb/09/opinion/la-oe-gartonash-germany-20120209, last accessed on 02. 08. 2012.

Ash, Timothy Garton, "The New German Question", *The New York Review of Books*, August 15, 2013.

"Asylanträge in Deutschland bearbeitet. Dublin-Verfahren für Syrer ausgesetzt", *tagesschau. de*, 25. Aug. 2015, http://www. tagesschau. de/inland/syrer-dublin-verfahren-ausgesetzt-101. html, last accessed on 28. 08. 2015.

"Asylbewerber und Flüchtlinge: Polizei nimmt 15 mutmaßliche Suhl-Gewalttäter fest", *Mdr. de*, 29. Sept. 2015, http://www. mdr. de/nachrichten/suhl-polizeieinsatz100_ zc-e9a9d57e_ zs-6c4417e7. html, last accessed on 20. 10. 2015.

"Asylrecht wird verschärft. Bundesrat stimmt für Asylpaket", *tagesschau. de*, 16. Okt. 2015, http://www. tagesschau. de/inland/bundestag-asylgesetze-107. html, last accessed on 28. 10. 2015.

Auswärtiges Amt, "Außenminister Steinmeier: Vierer-Telefonkonferenz zur U-kraine-Vereinbarung zu Kontaktgruppentreffen", http://www. auswaertiges-amt. de/DE/Infoservice/Presse/Meldungen/2014/140714 _ TelcoUkraine. html, last accessed on 12. 08. 2014.

Auswärtiges Amt, "Bundesminister Sigmar Gabriel zur Rede von Präsident Emmanuel Macron", https://www. auswaertiges-amt. de/de/newsroom/170926-bm-rede-macron/292592, last accessed on 19. 02. 2019.

Auswärtiges Amt, "Europa in einer unbequemeren Welt. Rede von Außenminister Gabriel beim Forum Außenpolitik der Körber-Stiftung", 05. 12. 2017, https://www. auswaertiges-amt. de/de/newsroom/berliner-forum-aussenpolitik/746464, last accessed on 15. 05. 2018.

Auswärtiges Amt, *Krise-Ordnung-Europa. Review* 2014: *Außenpolitik Weiter Denken*, Berlin, 2015.

Ayrault, Jean-Marc and Frank-Walter Steinmeier, *A Strong Europe in a World of Uncertaintess*, Auswärtiges Amt, 27 June 2016.

Baumann, Rainer and Gunther Hellmann, "Germany and the Use of Military Force: 'Total War', the 'Culture of Restraint', and the Quest for Normality", *German Politics* 10: 1, 2001, pp. 61 – 82.

Becker, Markus and Peter Müller, "Streit über Nord Stream 2 Was hinter Macrons Kurswechsel steckt", *Spiegel Online*, 07. 02. 2019, http://www. spiegel. de/wirtschaft/soziales/nord-stream-2-frankreich-rueckt-von-pipeline-ab-und-von-angela-merkel-a-1252185. html, last accessed on 19. 02. 2019.

Becker, Markus, "EU riskiert Konfrontation mit Washington", *Spiegel Online*, 01. 06. 2018, http://www. spiegel. de/wirtschaft/soziales/donald-trump-und-die-us-strafzoelle-eu-fordert-us-regierung-heraus-a-1210782. html, last accessed on 20. 01. 2019.

Becker, Markus, Peter Müller, Christoph Pauly, "EU will sich den Brexit vergolden lassen", *Spiegel Online*, 24. März 2017, https://www. spiegel. de/politik/ausland/brexit-eu-will-sich-den-eu-austritt-grossbritanniens-vergolden-lassen-a-1139578. html, last accessed on 27. 05. 2019.

Becker, Peter and Andreas Maurer, "Deutsche Integratiosbremsen", *SWP-Aktuell*, Nr. 41, 2009.

Bendiek, Annegret, "Die Globale Strategie für die Außen-und Sicherheitspolitik der EU", *SWP-Aktuell* 44, Juli 2016.

Benner, Thorsten, "Europas einsamer Hegemon. Selbstverliebtheit ist nicht der Grund für Deutschlands Flüchtlingspolitik", *Internationale Politik und Gesellschaft*, 08. 02. 2016, http://www. ipg-journal. de/ipg/unsere-autoren/autor/ipg-author/detail/Author/thorsten-benner/, last accessed on 09. 02. 2016.

Berger, Thomas U. , *Cultures of Antimilitarism. National Security in Germany and Japan*, Baltimore/London: The Johns Hopkins University Press, 1998.

Besch, Sophie and Christian Odendahl, *Berlin to the Rescue? A Closer Look at Germany's Position on Brexit*, Centre for European Reform, March 2017.

Bidder, Benjamin, "Merkel und die Russen-Pipeline. Deutschland zahlt einen zu hohen Preis für Nord Stream 2", *Spiegel Online*, 08. 02. 2019, http://www. spiegel. de/wirtschaft/soziales/nord-stream-2-deutschland-zahlt-einen-zu-hohen-preis-a-1252335. html#ref = rss, last accessed on 19. 02. 2019.

Bittner, Jochen and Matthias Nass, "Außenpolitik. Kurs auf die Welt", *Zeit Online*, 06. 02. 2014, https://www. zeit. de/2014/07/deutsche-aussenpolitik-sicherheitskonferenz, last accessed on 14. 03. 2014.

Blavoukos, Spyros and Dimitris Bourantonis, "Identifying Parameters of Foreign Policy Change: An Electic Approach", *Cooperation and Conflict* 49: 4, 2014, pp. 483 – 500.

Blockmans, Steven and Michael Emerson, *Brexit's Consequences For the UK-and the EU*, Centre for European Policy Studies, June 2016.

Blome, Nikolaus et al. , "Grexit Grumblings. Germany Open to Possible Greek Euro Zone Exit", *Spiegel Online*, 05. 01. 2015, http://www. spiegel. de/international/europe/merkel-and-germany-open-to-possible-greek-euro-zone-exit-a-1011277. html, last accessed on 10. 12. 2015.

BMWi, "Deutsche Unternehmen: Motor für Investitionen und Arbeitsplätze in den USA", https://www. bmwi. de/Redaktion/DE/Publikationen/Aussenwirtschaft/deutsch-amerikanischer-handel. pdf? _ _ blob = publicationFile&v = 36, last accessed on 09. 04. 2018.

Boffey, Daniel and Jennifer Rankin, "Trump Rebukes Nato Leaders for not Paying Defence Bills", *The Guardian*, 25 May 2017, https://www. theguardian.

com/world/2017/may/25/trump-rebukes-nato-leaders-for-not-paying-defence-bills, last accessed on 27. 04. 2018.

Börnsen, Wenke, "Merkel bei 'Anne Will' 'Ich habe einen Plan'", *tagesschau. de*, 08. Okt. 2015, http://www. tagesschau. de/inland/merkel-anne-will-103. html, last accessed on 28. 10. 2015.

Breuer, Carsten and Christoph Schwarz, "Meilenstein, kein Endpunkt. Das Weißbuch als strategische Weichenstellung für deutsche Sicherheitspolitik", *Internationale Politik* 5, September/Oktober 2016, pp. 86 – 87.

"Brexit-Referendum war Weckruf für die EU", https://www. bundesregierung. de/breg-de/suche/brexit-referendum-war-weckruf-fuer-die-eu-411360, last accessed on 17. 02. 2019.

Briançs, Pierre, "5 Takeaways from Macron's Big Speech on Europe's Future", *POLITICO*, February 10, 2017, https://www. politico. eu/article/5-takeaways-from-macrons-big-speech-on-europes-future/, last accessed on 19. 02. 2019.

Brücker, Herbert, Institut für Arbeitsmarkt-und Berufsforschung, Typisierung von Flüchtlingsgruppen nach Alter und Bildungsstand, *Aktuelle Berichte*, 6/ 2016, p. 1, http://doku. iab. de/aktuell/2016/aktueller_ bericht_1606. pdf, last accessed on 25. 06. 2016.

Bruno, Valerio Alfonso and Giacomo Finzi, "Leading Through a Decade of Crisis-not bad, after all", *German Politics and Society*, Issue 129 Vol. 36, No. 4 (Winter 2018), pp. 50 – 77.

Bukow, Sebastian, "Bundestagswahl 2017. Ergebnisse und Analysen", *böll. brief-Demokratie & Gesellschaft* #5, September 2017, p. 12.

Bulmer, Simon, "Germany and the Eurozone Crisis: Between Hegemony and Domestic Politics", *West European Politics*, Vol. 37, No. 6, 2014, pp. 1244 – 1263.

Bulmer, Simon and William E. Paterson, "Germany and the European Union: From 'Tamed Power' to Normalized Power?", *International Affairs* 86: 5 (2010), pp. 1051 – 1073.

Bulmer, Simon and William E. Paterson, "Deutschlands Rolle bei der Bewältigung der europäischen Währungs-und Migrationskrisen", in Werner Weidenfeld and Wolfgang Wessels (eds.), *Jahrbuch der europäischen Integration*, Baden-Baden: Nomos, 2016, pp. 43 – 54.

Bundesministerium der Verteidigung, *Weißbuch. Wege zum Weißbuch*, Berlin, Juli 2016.

Bundesregierung, "Bundeskanzlerin Merkel telefoniert mit dem russischen Präsidenten Putin", http：∥www. bundesregierung. de/Content/DE/Pressemitteilungen/BPA/2014/03/2014-03-02-telefonat-putin. html, last accessed on 20. 06. 2014.

Bundesregierung, "Bundeskanzlerin Merkel telefoniert mit Petro Poroschenko", http：∥www. bundesregierung. de/Content/DE/Pressemitteilungen/BPA/2014/05/2014-05-27-merkel-poroschenko. html, last accessed on 22. 06. 2014.

Bundesregierung, "Bundeskanzlerin Merkel zu den Militärschlägen der USA, Großbritanniens und Frankreichs in Syrien", https：∥www. bundesregierung. de/Content/DE/Pressemitteilungen/BPA/2018/04/2018-04-14-syrien. html, last accessed on 25. 04. 2018.

Bundesregierung, "Bundesregierung verurteilt Referendum", http：∥www. bundesregierung. de/Content/DE/Artikel/2014/03/2014-03-17-krim-statement-sts. html? nn = 391850, last accessed on 21. 06. 2014.

Bundesregierung, "Entschlossene Reaktion der EU-Außenminister", http：∥www. bundesregierung. de/Content/DE/Artikel/2014/03/2014-03-17-krim-eu. html, last accessed on 21. 06. 2014.

Bundesregierung, "Erklärung der G7", http：∥www. bundesregierung. de/Content/DE/Pressemitteilungen/BPA/2014/03/2014-03-03-g7. html, last accessed on 21. 06. 2014.

Bundesregierung, "EU-Sondergipfel zur Ukraine", http：∥www. bundesregierung. de/Content/DE/Infodienst/2014/03/2014-03-06-ukraine/2014-03-06-ukraine. html? nn = 437032#group1, last accessed on 21. 06. 2014.

Bundesregierung, "Gemeinsame Erklärung Deutschlands, Frankreichs und Großbritanniens zum Rückzug der Vereinigten Staaten aus dem Nuklearabkommen mit Iran", 08. 05. 2018, https：∥www. bundesregierung. de/Content/DE/Pressemitteilungen/BPA/2018/05/2018-05-09-gemeinsame-erklaerung-iran. html, last accessed on 10. 05. 2018.

Bundesregierung, "Gewalt gefährdet Genfer Vereinbarungen", http：∥www. bundesregierung. de/Content/DE/Artikel/2014/04/2014-04-22-ukr-seiten-zur-vertragstreue-verpflichtet. html, last accessed on 12. 07. 2014.

Bundesregierung, "Kanzlerin Merkel in Paris: Multilateralismus weiterentwick-eln", 24. März 2019, https://www. bundesregierung. de/breg-de/suche/mul-tilateralismus-weiterentwickeln-1594522, last accessed on 02. 04. 2019.

Bundesregierung, "Kein Selbstzweck, sondern unvermeidbar", http://www. bund-esregierung. de/Content/DE/Artikel/2014/07/2014-07-29-eu-sanktionen. ht-ml, last accessed on 12. 08. 2014.

Bundesregierung, "Ukraine: Friedliche Lösung ist möglich", http://www. bund-esregierung. de/Content/DE/Artikel/2014/02/2014-02-19-ukraine. html, last accessed 12. 07. 2014.

Bundesregierung, "Zurückhaltung und Dialog sind Gebot der Stunde", https://www. bundesregierung. de/breg-de/suche/zurueckhaltung-und-dialog-sind-ge-bot-der-stunde-1555232, last accessed on 30. 11. 2018.

"Bundestag beschließt Gesetz für Brexit-Übergang", *Spiegel Online*, 17. January 2019, http://www. spiegel. de/politik/deutschland/brexit-bundestag-beschli-esst-gesetz-fuer-ungeordneten-uebergang-a-1248571. html, last accessed on 17. 02. 2019.

"Bundestag stärkt Oppositionsrechte. 120 Stimmen reichen", *tagesschau. de*, 03. 04. 2014, http://www. tagesschau. de/inland/oppositionsrechte106. html, last accessed on 15. 05. 2014.

"Bundestag stimmt erweitertem Mandat für EU-Trainingsmission in Mali zu", 20. 02. 2014, http://www. bmvg. de/, last accessed on 10. 03. 2014.

Bundesverband der Deutschen Industrie (BDI), *China-Partner und systemischer Wettbewerber. Wie gehen wir mit Chinas staatlich gelenkter Volkswirtschaft um?*, Berlin, 10. 1. 2019.

"Bündnistreffen in Brüssel. Nato und Amerika loben Bundesregierung für höhere Verteidigungsausgaben", *Frankfurter Allgemeine Zeitung*, 07. 06. 2018, www. faz. net/aktuell/politik/ausland/hoehere-verteidigungsausgaben-ameri-ka-lobt-deutschland-15628418. html, last accessed on 09. 06. 2018.

BVerfG, 2 BvE 2/08 vom 30. 6. 2009, Absatz-Nr. (1 – 421), http://www. bverfg. de/entscheidungen/es20090630_2bve000208. html, last accessed on 01. 08. 2012.

BVerfG, 2 BvE 8/11 vom 28. 2. 2012, Absatz-Nr. （1 – 162）, http：//www. bverfg. de/entscheidungen/es20120228_ 2bve000811. html, last accessed on 01. 08. 2012.

BVerfG, 2 BvR 1390/12 vom 12. 9. 2012, Absatz-Nr. （1 – 319）, http：//www. bverfg. de/entscheidungen/rs20120912_ 2bvr139012. html, last accessed 13. 09. 2012.

BVerfG, 2 BvR 987/10 vom 7. 5. 2010, Absatz-Nr. （1 – 28）, http：//www. bverfg. de/entscheidungen/rs20100507_ 2bvr098710. html, last accessed on 01. 08. 2012.

BVerfG, 2 BvR 987/10 vom 7. 9. 2011, Absatz-Nr. （1 – 142）, http：//www. bverfg. de/entscheidungen/rs20110907_ 2bvr098710. html, last accessed on 01. 08. 2012.

Carlsnaes, Walter and Stefano Guzzini （eds. ）, *Foreign Policy Analysis*, *Five-Volume Set*, London：SAGE Publications Ltd. , 2011.

Cassel, Mark K. and Anna Hutcheson, “Explaining Germany's Position on European Banking Union”, *German Politics*, 28：4, 2019, pp. 562 – 582.

Cermak, Christopher, “US-China Trade Dispute Sparks Call for WTO Reform”, *Handelsblatt*, 04. 03. 2018, https：//global. handelsblatt. com/politics/us-china-trade-dispute-calls-wto-reform-906067, last accessed 25. 04. 2018.

Charap, Samuel and Mikhail Troitskiy, “Russia, the West and the Integration Dilemma”, *Survival*, Jg. 55 （2013）, No. 6, pp. 49 – 62.

Coe, Robert, “German and American Responses to Ukraine's Euromaidan Protests”, February 27, 2014, http：//www. aicgs. org/issue/german-and-american-responses-to-ukraines-euromaidan-protests/, last accessed on 20. 05. 2015.

Crawford, Beverly, *Power and German Foreign Policy: Embedded Hegemony in Europe* （*New Perspectives in German Political Studies*）, New York：Palgrave Macmillan, 2007.

Crawford, Beverly, “Moral Leadership or Moral Hazard? Germany Response to the Refugee Crisis and its Impact on European Solidarity”, forthcoming in *Crisis*, *Resilience and the Future of the EU* （working title-editors Akasemi Newsome, Marianne Riddervold, Jarle Trondal）, New York：Palgrave Macmillian, 2019.

CSU, *Die Europäische Einigung und der Euro*, *Beschluss des Parteitags der Chris-*

tlich-Sozialen Union, Nürnberg, 7. /8. Oktober 2011.

"De Maizière sieht in Asyl keine Lösung demografischer Probleme", *Süddeutsche Zeitung*, 22. Sept. 2015, http: //www. sueddeutsche. de/politik/fluechtlings-debatte-de-maizire-warnt-vor-vermischung-von-asyl-und-einwanderung-1. 2658 943, last accessed on 20. 02. 2016.

De Swielande, Tanguy Struye, "Obama's Legacy and the Way Forward", *Global Affairs*, Volume 3, 2017, Issue 4 – 5, https: //www. tandfonline. com/doi/full/10. 1080/23340460. 2017. 1377627, last accessed on 25. 04. 2018.

Demesmay, Claire et al. , "Der Brexit und das EU-Machtgefüge. Wie wirkt sich das britische Votum auf die EU und ihr Gewicht in der Welt aus?", DGAP, https: //dgap. org/de/think-tank/publikationen/fuenf-fragen/der-brexit-und-das-eu-machtgefuege, last accessed on 22. 07. 2016.

"Den europäischen Geist der Gründungszeit wiederbeleben", http: //www. ausw-aertiges-amt. de/DE/Europa/Aktuell/160209 _ Gruenderstaatentreffen. html, last accessed on 25. 07. 2016.

Der Bundespräsident, "Die Freiheit in der Freiheit gestalten", Festakt zur Deut-schen Einheit 2013, Stuttgart, http: //www. bundespraesident. de/Shared-Docs/Reden/DE/Joachim-Gauck/Reden/2013/10/131003-Tag-deutsche-Ein-heit. html, last accessed on 15. 12. 2013.

"Der Europäische Verteidigungsfonds: 5, 5 Mrd. EUR pro Jahr, um Europas Verteidigungsfähigkeiten zu stärken", http: //europa. eu/rapid/press-release _ IP-17-1508_ de. htm, last accessed on 26. 04. 2018.

Dernbach, Andrea, "Germany Suspends Dublin Agreement for Syrian Refugees", *Euractiv*, 26. Aug. 2015, http: //www. euractiv. com/sections/global-europe/Germany-suspends-dublin-agreement-syrian-refugees-317065, last accessed on 26. 08. 2015.

Dettke, Dieter, "Germany Says 'No' Again", *AICGS Advisor*, April 22, 2011.

Deutscher Bundestag Stenografischer Bericht, 77. Sitzung, Berlin, den 31. Januar 2019.

Deutscher Bundestag, *Unterrichtung durch die Bundesregierung*, *Globalisierung ge-stalten—Partnerschaften ausbauen—Verantwortung teilen*, Drucksache 17/8600, 08. 02. 2012.

Deutsch-französische Verteidigungsinitiative vom 12. September 2016, http://au-gengeradeaus. net/wp-content/uploads/2016/09/20160909_ DEU_ FRA_ EU-Verteidigung. pdf, last accessed on 17 November 2016.

"Deutschlands Zukunft gestalten. Koalitionsvertrag zwischen CDU, CSU und SPD", 18. Legislaturperiode, Berlin, 2013.

"DeutschlandTrend im ARD-Morgenmagazin: Jeder Zweite für mehr Flüchtlinge", *tagesschau. de*, 24. April 2015, http://www. tagesschau. de/inland/deutsc-hlandtrend-309. html, last accessed on 20. 05. 2018.

Die Bundesregierung, "Nötige Debatte zur Zukunft Europas", https://www. bundesregierung. de/breg-de/suche/noetige-debatte-zur-zukunft-europas-472922.

"Die Europäische Union wird geschlossen agieren. Bundesminister Peter Altmaier im Gespräch mit dem Deutschlandfunk über das weitere Vorgehen im Han-delsstreit mit den USA", *Spiegel Online*, 30. 04. 2018, https://www. bmwi. de/Redaktion/DE/Interviews/2018/20180430-altmaier-deutschlandfunk. html, last accessed 09. 05. 2018.

Duchêne, François, "The European Community and the Uncertainties of Interde-pendence", in Max Kohnstamm and Wolfgang Hager (eds.), *A Nation Writ Large? Foreign-Policy Problems Before the European Community*, London: Macmillan, 1973, pp. 19 – 20.

Duffield, John S. , "Political Culture and State Behavior. Why Germany Confounds Neorealism", *International Organization*, 53: 4, 1999, pp. 765 – 803.

Dullien, Sebastian and Ulrike Guérot, "The Long Shadow of Ordoliberalism: Germany's Approach to The Euro Crisis", *ECFR Policy Brief*, No. 49, Euro-pean Council on Foreign Relations, February 2012.

"Eilanträge gegen Fiskalpakt und ESM", *tagesschau. de*, 30. 06. 2012, http:// www. tagesschau. de/inland/verfassungsklagen100. html, last accessed on 01. 08. 2012.

"Ein neuer Aufbruch für Europa. Eine neue Dynamik für Deutschland. Ein neuer Zusammenhalt für unser Land. Koalitionsvertrag zwischen CDU, CSU und SPD", Berlin, 07. 02. 2018.

Engelen, Klaus C. , "Merkel's Brexit Problem. For Germany, the stakes are high", *International Economy*, Spring 2016, pp. 36 – 73.

"Entscheidung des Innenministeriums Für Syrer gilt wieder das Dublin-Verfahren", *tagesschau. de*, 10. Nov. 2015, http：//www. tagesschau. de/inland/fluechtlinge-syrien-dublin-verfahren-101. html, last accessed on 28. 11. 2015.

Erklärung des Europäischen Rates (Artikel 50) zur Mitteilung des Vereinigten Königreichs. https：//www. consilium. europa. eu/de/press/press-releases/2017/03/29/euco-50-statement-uk-notification/, last accessed on 10. 08. 2018.

"Erneuerung der GSVP-Hin zu einer umfassenden, realistischen und glaubwürdigen Verteidigung in der EU". Deutsch-französische Verteidigungsinitiative vom 12. September 2016, http：//augengeradeaus. net/wp-content/uploads/2016/09/20160909_ DEU_ FRA_ EU-Verteidigung. pdf, last accessed on 17 November 2016.

"Es wird zu Recht von uns erwartet, dass wir uns einmischen. Außenminister Frank-Walter Steinmeier im Interview zu den Grundzügen seiner Außenpolitik", *Süddeutsche Zeitung*, 30. 01. 2014.

Ettel, Anja and Holger Zschäpitz, "Oxford-Ökonom. Ist Merkel schuld an Flüchtlingskrise? Wer sonst?", 25. Feb. 2016, http：//www. welt. de/wirtschaft/article151603912/Ist-Merkel-schuld-an-Fluechtlingskrise-Wer-sonst. html, last accessed on 29. 05. 2018.

"EU reaktiviert Abwehrgesetz gegen Iran-Sanktionen der USA-Wir müssen jetzt handeln", *Handelsblatt*, 17. 05. 2018, http：//www. handelsblatt. com/politik/international/blocking-statute-eu-reaktiviert-abwehrgesetz-gegen-iran-sanktionen-der-usa-wir-muessen-jetzt-handeln/22577954. html, last accessed on 22. 05. 2018.

"EU-Bürger für harte Haltung gegenüber London", *Die Welt*, 08. Juli 2016, https：//www. welt. de/politik/deutschland/article156919439/EU-Buerger-fuer-harte-Haltung-gegenueber-London. html, last accessed on 09. 02. 2019.

"EU-Kommission zu Flüchtlingen. Die Quote soll kommen", *tagesschau. de*, 13. Mai 2015, http：//www. tagesschau. de/ausland/eu-fluechtlinge-111. html, last accessed on 21. 05. 2015.

"Euro-Gipfel：Banken dürfen sich beim Rettungsfonds bedienen", *Handelsblatt*, 29. 06. 2012, http：//www. handelsblatt. com/politik/international/euro-gipfel-banken-duerfen-sich-beim-rettungsfonds-bedienen/6813286. html, last accessed on 12. 08. 2012.

"Europäer sind nicht Sklaven der amerikanischen Innenpolitik", *Spiegel Online*, 01. 06. 2018, http: //www. spiegel. de/wirtschaft/soziales/jean-claude-juncker-verschaerft-ton-im-handelsstreit-mit-usa-a-1210757. html, last accessed on 09. 06. 2018.

European Commission, *Eurobarometer 72, öffentliche Meinung in der Europäischen Union*, *Nationaler Bericht Deutschland*, Autumn 2009, http: //ec. europa. eu/ public_ opinion/archives/eb/eb72/eb72 _ de _ de _ nat. pdf, last accessed on 02. 08. 2012.

European Commission, *Joint Communication to the European Parliament and the Council for for a Renewed Impetus of the Africa-EU Partnership*, JOIN (2017) 17 final, Brussels, 4. 5. 2017.

European Commission, *Joint Communication to the European Parliament, the European Council and the Council. EU-China-A Strategic Outlook*, JOIN (2019) 5 final, Strasbourg, 12. 3. 2019.

European Commission, *White Paper on the Future of Europe. Reflections and Scenarios for the EU27 by 2025*, COM (2017) 2025 of 1 March 2017, https: // ec. europa. eu/commission/sites/beta-political/files/white_ paper_ on_ the_ future_ of_ europe_ en. pdf, last accessed on 20. 03. 2018.

European Council on Foreign Relations (ECFR), *European Foreign Policy Scorecard* 2012, London: ECFR, 2012.

European Council, *Conclusions*, Brussels, 15 December 2016, http: //www. consilium. europa. eu/en/press/press-releases/2016/12/15-euco-conclusions-final/, last accessed on 24 January 2017.

European Council, European Council conclusions (EUCO 9/18), Brussels, 28 June 2018 (OR. en).

European Council, European Council meeting (18 and 19 February 2016) -Conclusions, EUCO 1/16, Brussels, 19 February 2016, Annex 1.

European Parliament, "Outcome of the European Council of 25/26 June 2015", *Post-European Council Briefing*, July 2015, http: //www. europarl. europa. eu/ EPRS/EPRS_BRIE_558757_outcome_june_ european_ council. pdf, last accessed on 10. 10. 2015.

Eurostat Press Office, "Asyl in der EU. Über 210 000 erstmalige Asylbewerber in der EU im zweiten Quartal 2015. Ein Drittel aus Syrien oder Afghanistan", http://ec. europa. eu/eurostat/documents/2995521/6996930/3-18092015-BP-DE. pdf/, last accessed 18. 09. 2015.

"EU-Sondergipfel nach den Europawahlen: Handlungsfähigkeit beweisen", 29. Mai 2019, https://www. bundesregierung. de/breg-de/aktuelles/handlungsfaehig-keit-beweisen-1631312, last accessed on 31. 05. 2019.

"EU-Vorschläge. Merkel gegen Eurobonds-'solange ich lebe'", *Welt Online*, 26. 06. 2012, http://www. welt. de/politik/deutschland/article107275831/M-erkel-gegen-Euro-Bonds-solange-ich-lebe. html, last accessed on 02. 08. 2012.

Faigle, Philip, "EU-Gipfelbeschlüsse. Madame Non bleibt bei ihren Prinzipien", *Zeit Online*, 29. 06. 2012, http://www. zeit. de/wirtschaft/2012-06/bruessel-merkel-analyse, last accessed on 02. 08. 2012.

"FDP-Chef Lindner sieht bei Brexit Versäumnis der deutschen Politik", *Spiegel Online*, 27. Januar 2019, https://www. spiegel. de/politik/deutschland/brex-it-fdp-chef-christian-lindner-sieht-versaeumnis-der-deutschen-politik-a-12501 99. html, last accessed on 27. 05. 2019.

Federal Ministry for Economic Affairs and Energy, *National Industry Strategy 2030. Strategic guidelines for a German and European industry policy*, Berlin, 5 February 2019.

Fiott, Daniel, Antonio Missiroli and Thierry Tardy, "Permanent Structured Cooperation: What's in a name?", *Chaillot Paper* No. 142, November 2017, p. 46.

Fix, Liana, "The Different 'Shades' of German Power: Germany and EU Foreign Policy during the Ukraine Conflict", *German Politics*, 27: 4, 2018, pp. 498 – 515.

Flemes, Daniel and Hannes Ebert, "Neue deutsche Außenpolitik: Netzwerke statt Allianzen", *GIGA Focus Global*, Nummer 03, Juli 2016.

Flemes, Daniel and Hannes Ebert, "The Contested Use of Force in Germany's New Foreign Policy", *E-International Relations*, 9 September, 2016.

"Flüchtlingsgewalt alarmiert Berlin 'Wir sehen das mit erheblicher Sorge'", *tagesschau. de*, 28. Sept. 2015, http://www. tagesschau. de/polizeigewerkschaft-105. html, 28. Sept. 2015.

"Flüchtlingspolitik in Deutschland. Rütteln am Grundrecht auf Asyl", *tagesschau. de*, 03. 10. 2015, http：//www. tagesschau. de/inland/fluechtlingspolitik-asylrecht-debatte-101. html, last accessed on 20. 10. 2015.

Forsberg, Tuomas, "From Ostpolitik to 'frostpolitik'? Merkel, Putin and German foreign policy towards Russia", *International Affairs* 92：1 (2016), pp. 21 – 42.

Fratzscher, Marcel and Simon Junker, "Integration von Flüchtlingen-eine langfristig lohnende Investition", *DIW Wochenbericht* Nr. 45, 2015, pp. 1083 – 1088.

Friedmann, George, "Germany's Role in Europe and the European Debt Crisis", *Stratfor Geopolitical Weekly*, January 31, 2012.

Fromm, Anne, "Große Koalition, machtlose Opposition", *Zeit Online*, 25. September 2013, http：//www. zeit. de/politik/deutschland/2013-09/opposition-minderheitenrechte-koalition, last accessed on 15. 12. 2013.

Für eine Allianz der Multilateralisten, Rede von Außenminister Maas bei der 16. Konferenz der Botschafterinnen und Botschafter im Auswärtigen Amt, 27. 08. 2018.

Gathmann, Florian and Annett Meiritz, "Irak-Debatte im Bundestag. Gute Waffen, böse Waffen", *Spiegel Online*, 01. September 2014, http：//www. spiegel. de/politik/deutschland/kampf-gegen-is-bundestag-debattiert-ueber-waffenlieferungen-a-989279. html, last accessed on 25. 12. 2016.

Gathmann, Florian, "Von-der-Leyen-Vorschlag：Koalition streitet über NATO-Präsenz im Osten", *Spiegel Online*, 23. 03. 2014, http：//www. spiegel. de/politik/ausland/krim-krise-koalition-streitet-ueber-nato-im-ukraine-konflikt-a-960289. html, last accessed on 22. 10. 2014.

"Gemeinsame Erklärung der Außenminister Belgiens, Deutschlands, Frankreichs, Italiens, Luxemburgs und der Niederlande am 25. Juni 2016", http：//www. auswaertiges-amt. de/DE/Infoservice/Presse/Meldungen/2016/160625 _ Gemeinsam_ Erklaerung_ Gruenderstaatentreffen. html? nn = 382590, last accessed on 25. 07. 2016.

Gensing, Patrick, "SPD in der Krise Volkspartei ohne Volk?", *tagesschau. de*, 02. 02. 2018, http：//faktenfinder. tagesschau. de/inland/spd-volkspartei-101. html, last accessed on 10. 05. 2018.

Georg, Hans, "Die Neuvermessung der deutschen Weltpolitik. Von einer 'Gestaltungsmacht im Wartestand' zu einer Führungsmacht", 25. 10. 2013, http://www. german-foreign-policy. com/de/fulltext/58720, last accessed on 18. 02. 2014.

"German firms relaxed in view of upcoming Brexit", Institut der deutschen Wirtschaft Köln, Press Briefing, 11 January 2017, Brussels.

Germany's Foreign Minister at Brookings on Snowden, TTIP and Ukraine, February 28, 2014.

Giacomo, Carol, "Angela Merkel's Message to Trump", https://www. nytimes. com/interactive/projects/cp/opinion/election-night-2016/angela-merkels-warning-to-trump, last accessed 31. 03. 2018.

Glatz, Rainer L. and Martin Zapfe, "Ambitionierte Rahmennation: Deutschland in der Nato", *SWP-Aktuell* 62, August 2017, pp. 1 – 8.

Goldmann, Kjell, *Change and Stability in Foreign Policy*, Princeton: Princeton University Press, 1988.

Gratius, Susanne, "Is Germany still a EU-ropean Power?", *FRIDE Policy Brief*, No. 115, February 2012.

Grävingholt, Jörn, "Entwicklungspolitik im Gefüge einer 'Neuen deutschen Außenpolitik'", *Aus Politik und Zeitgeschichte* 28 – 29/2016, pp. 38 – 43.

Greive, Martin, "OECD-Studie: Deutschland wird zum groessten Verlierer der Welt", *Die Welt*, 10. 11. 2012, http://www. welt. de/wirtschaft/article110874514/Deutschland-wird-zum-groessten-Verlierer-der-Welt. html, last accessed on 10. 01. 2014.

Gressel, Gustav, "Germany's Defence Commitments: Nothing but Paper Tigers?", ECFR, 27th March 2018, http://www. ecfr. eu/article/commentary_germanys_defence_commitments_nothing_but_paper_tigers, last accessed 08. 06. 2018.

Griesbeck, Michael, "Europa als Ziel-Die Entwicklung der Flucht und Asylmigration", *Schwerpunkt* Nr. 529, November/Dezember 2014, 59. Jahrgang.

Grubb, Michael and Joyeeta Gupta, "Leadership. Theory and Methodology", in Joyeeta Gupta and Michael Grubb (eds.), *Climate Change and European Leadership: A Sustainabale Role for Europe?* Dordrecht: Kluwer Academic

Publishers, 2000, pp. 15 – 24.

"Grundsatzdokument für EU-Verteidigungsunion ist unterzeichnet", *Zeit Online*, 13. November 2017, https://www.zeit.de/politik/ausland/2017-11/pesco-eu-verteidigungsunion-gruendung, last accessed on 26. 04. 2018.

Guérot, Ulrike and Mark Leonard, "The New German Question: How Europe can Get the Germany It Needs", *ECFR Policy Brief*, No. 30, European Council on Foreign Relations, April 2011.

Guérot, Ulrike and Sebastian Dullien, "Why Berlin is Fixed on a German Solution to the Eurozone Crisis", *The Guardian*, 2 March, 2012.

Guérot, Ulrike, "How European is the New Germany? Reflections on Germany's Role in Today's Europe. An Essay", *MEMO*, ECFR Berlin Office, November 2010.

Guérot, Ulrike, "Von Normalität über Übermacht zur Ohnmacht? Betrachtungen zur deutschen Rolle in Europa", *Aus Politik und Zeitgeschichte* 52/2015, pp. 17 – 22.

Guérot, Ulrike and Thomas Klau, "After Merkozy: How France and Germany can Make Europe Work", *ECFR Policy Brief*, No. 56, European Council on Foreign Relations, May 2012.

Habermas, Jürgen, "Europapolitik: Merkels von Demoskopie geleiteter Opportunismus", *Süddeutsche Zeitung*, 07. 04. 2011, http://www.sueddeutsche.de/politik/europapolitik-merkels-von-demoskopie-geleiteter-opportunismus-1.108 2536, last accessed on 02. 08. 2012.

Haftendorn, Helga, *Deutsche Außenpolitik zwischen Selbstbeschränkung und Selbstbehauptung* 1945 – 2000, Stuttgart und München: Dva, 2001.

Hähnlein, Rayk, "Die deutsche Militärbeteiligung am Kampf gegen den" Islamischen Staat "(IS)", *SWP-Aktuell* 72, November 2016.

Harnisch, Sebastian, "Change and Continuity in Post-unification German Foreign Policy", *German Politics*, 10: 1, 2001, pp. 35 – 60.

Harnisch, Sebastian, "Theoriegeleitete Außenpolitikforschung in einer Ära des Wandels", in Gunther Hellmann, Klaus Dieter Wolf and Michael Zürn (eds.), *Die neuen Internationalen Beziehungen: Forschungsstand und Perspektiven der Internationalen Beziehungen in Deutschland*, Baden-Baden: Nomos, 2003, pp. 313 – 360.

Harnisch, Sebastian, *Internationale Politik und Verfassung. Zur Domestizierung des sicherheits-und europapolitischen Prozesses der Bundesrepublik Deutschland*, Baden-Baden: Nomos, 2006.

Harnisch, Sebastian, Cornelia Frank and Hanns W. Maull (eds.), *Role Theory in International Relations, Approaches and Analyses*, Abingdon: Routledge, 2011.

Harnisch, Sebastian and Hanns W. Maull (eds.), *Germany as a Civilian Power? The Foreign Policy of the Berlin Republic*, Manchester: Manchester University Press, 2001.

Hänsel, Lars and Joshua Breuer, "Krise in der Ukraine: Herausforderung für die US-Außenpolitik", http://www.kas.de/usa/de/publications/37119/, last accessed 13. 07. 2014.

Härtel, André, "Germany and the Crisis in Ukraine: Divided over Moscow?", *API* 24/2014, 8 May, 2014.

Heiko Maas beim Berliner Forum Außenpolitik der Körber Stiftung. Begrüßungsrede von Außenminister Heiko Maas anlässlich des Berliner Forums Außenpolitik, 27. 11. 2018.

Hellmann, Gunther (ed.), *Germany's EU Policy on Asylum and Defence: De-europeanisation by Default*, Basingstoke: Palgrave, 2006.

Hellmann, Gunther, "Die Deutschen und die Russen. Über Neigungen und machtpolitische Sozialisierungen. ", *WeltTrends · Zeitschrift für internationale Politik* 96, Mai/Juni 2014, 22. Jahrgang, pp. 66 – 75.

Hellmann, Gunther, "Germany's World: Power and Followership in a Crisis-ridden Europe", *Global Affairs*, Vol. 2, No. 1, 2016, pp. 3 – 20.

Hellmann, Gunther, Daniel Jacobi and Ursula Stark Urrestarazu (eds.), " 'Früher, entschiedener and substantieller' ? Die neue Debatte über Deutschlands Außenpolitik", *Zeitschrift für Außen-und Sicherheitspolitik* Sonderheft 6/2015, Springer VS.

Helwig, Niklas and Tuomas Iso-Markku, "A More Self-assured Germany: the New White Paper Highlights Germany's Readiness to Bolster European Security and Defence", *FIIA Comment* 17/2016, September 2016.

Helwig, Niklas, "Germany in European Diplomacy: Minilateralism as a Tool for Leadership", *German Politics* 29: 1, 2020, pp. 25 – 41.

Helwig, Niklas, "Neue Aufgaben für die Zusammenarbeit zwischen EU und Nato", *SWP-Aktuell* 80, Dezember 2017.

Herborth, Benjamin, "Werte-Interessen-Entscheidungen. Paradoxien einer Außenpolitik ohne Anti-Obdachlosen-Stachel", in Gunther Hellmann, Daniel Jacobi and Ursula Stark Urrestarazu (eds.), "*Früher, entschiedener und substanzieller*"? *Die neue Debatte über Deutschlands Außenpolitik*, *Sonderheft*, *Zeitschrift für Außen-und Sicherheitspolitik*, Wiesbaden: VS Springer, 2015, pp. 259 – 272.

Hermann, Charles F., "Changing Courses: When Governments Choose to Redirect Foreign Policy", *International Studies Quarterly*, Vol. 34, No. 1 (March 1990), pp. 3 – 21.

Hockenos, Paul, "The Merkelization of Europe. A European Germany Has Become a German Europe—and It's all Downhill from here", *Foreign Policy*, December 9, 2011, http://www.foreignpolicy.com/articles/2011/12/09/_merkelization_of_europe? page = full, last accessed 02. 08. 2012.

Hofmann, Stanley, *The European Sisyphus: Essays on Europe* 1964 – 1994, Boulder CO, San Francisco and Oxford: Westview Press, 1995.

Hooghe, Liesbet and Gary Marks, "A Postfunctionalist Theory of European Integration: From Permissive Consensus to Constraining Dissensus", *British Journal of Political Science*, 39 (1), 2009, pp. 1 – 23.

Im Wortlaut: Außenminister Maas zu aktuellen Entwicklungen beim Brexit, Auswärtiges Amt, https://www.auswaertiges-amt.de/de/newsroom/maas-brexit/2184176, last accessed on 10. 02. 2019.

Informal meeting at 27, Brussels, 29 June 2016, Statement.

Infratest dimap, "ARD-DeutschlandTREND, Repräsentative Erhebung zur politischen Stimmung", Juni 2014/August 2014/September 2014, http://www.infratest-dimap.de/umfragen-analysen/bundesweit/ard-deutschlandtrend/2014/, last accessed on 22. 10. 2014.

Institut für Arbeitsmarkt-und Berufsforschung, Flüchtlinge und andere Migranten am deutschen Arbeitsmarkt: Der Stand im September 2015, *Aktuelle Berichte*, 14/2015, pp. 3 – 5.

Ischinger, Wolfgang, "Baumängel am 'gemeinsamen Haus'. Warum die Anbindung Russlands an den Westen gescheitert ist.", *Internationale Politik*, Mai/

Juni 2014, pp. 19 – 21.

Janning, Josef and Almut Möller, "Leading from the Centre: Germany's New Role in Europe", *Policy Brief*, European Council on Foreign Relations, July 2016, pp. 1 – 12, https://www.ecfr.eu/page/-/ECFR_183_-_GERMAN_LEADERSHIP2.pdf, last accessed on 20.08.2017.

"Joint Declaration by the Chancellor of the Federal Republic of Germany, the President of the French Republic and the President of the Council of Ministers of the Italian Republic", 27 June, 2016, http://www.governo.it/sites/governo.it/files/dichiarazione_congiunta_ita_fra_ger.pdf, last accessed on 25.07.2016.

"Joint Statement of the Heads of Government of the Visegrad Group Countries", Prague, September 4, 2015, http://www.visegradgroup.eu/calendar/2015/joint-statement-of-the-150904, last accessed on 15.10.2015.

Joint Statement of the Trilateral Meeting of the Trade Ministers of the European Union, Japan and United States, Washington, D.C., 9 January 2019, https://ustr.gov/about-us/policy-offices/press-office/press-releases/2019/january/joint-statement-trilateral-meeting, last accessed on 20.03.2019.

Joint Statement on Trilateral Meeting of the Trade Ministers of the United States, Japans and the European Union, http://trade.ec.europa.eu/doclib/docs/2018/may/tradoc_156906.pdf, last accessed on 20.03.2019.

Jones, Eric, "Merkel's Folly", *Survival* 52: 2010, pp. 21 – 38.

Jungholt, Thorsten and Daniel Friedrich Sturm, "Deutsche wollen mehr Engagement im Ausland", *Die Welt*, 06.02.2014, http://www.welt.de/politik/deutschland/article124603475/Deutsche-wollen-mehr-Engagement-im-Ausland.html, last accessed on 15.05.2014.

Jungholt, Thorsten, "Von der Leyen als Nato-Generalsekretärin im Gespräch", *Die Welt*, 17.02.2018, https://www.welt.de/politik/deutschland/article173679548/Verteidigungsministerin-Ursula-von-der-Leyen-als-Nato-Generalsekretaerin-im-Gespraech.html, last accessed on 19.02.2019.

Kaelberer, Matthias, "Hegemony, Dominance or Leadership? Explaining Germany's Role in European Monetary Cooperation", *European Journal of International Relations*, Vol. 3, No. 1, 1997, pp. 35 – 60.

Kafsack, Hendrik, "Deutschland zahlt mehr als doppelt so viel an die EU wie Großbritannien", *faz. net*, 26. 11. 2017, http：∥www. faz. net/aktuell/wirtschaft/deutschland-bleibt-der-groesste-eu-nettozahler-15311451. html, last accessed on 25. 12. 2017.

Kaim, Markus and Hilmar Linnenkamp, "Das neue Weißbuch-Impulsgeber sicherheitspolitischer Verständigung?", *SWP-Aktuell* 65, Oktober 2016, p. 5.

"Kampf gegen Schlepper：Bundestag weitet Bundeswehr-Einsatz im Mittelmeer aus", *Spiegel Online*, 01. Okt. 2015, http：∥www. spiegel. de/politik/deutschland/gegen-schleuser-bundestag-weitet-bundeswehr-einsatz-aus-a-1055777. html, last accessed on 28. 10. 2015.

"Kanzlerin Merkel in Paris：Multilateralismus weiterentwickeln", 24. März 2019, https：∥www. bundesregierung. de/breg-de/suche/multilateralismus-weiterentwickeln-1594522, last accessed on 02. 04. 2019.

"Kanzlerin vor dem EU-Gipfel：Merkel：Deutschland geht es nur gut, wenn es Europa gut geht", *faz. net*, 25. 02. 2018, http：∥www. faz. net/aktuell/politik/inland/angela-merkel-europa-im-zentrum-der-grossen-koalition-15462198/betont-die-bedeutung-europas-15462213. html, last accessed on 05. 05. 2018.

"Karlsruhe prüft Klagen", *Frankfurter Allgemeine Zeitung*, 30. 06. 2012, http：∥www. faz. net/aktuell/politik/karlsruhe-prueft-klagen-bundestag-und-bundesrat-billigen-fiskalpakt-und-esm-11805001. html, last accessed 02. 08. 2012.

Kasparek, Bernd, "Von Schengen nach Lampedusa, Ceuta und Piräus：Grenzpolitiken der Europäischen Union", *Aus Politik und Zeitgeschichte* 47/2013, pp. 39 – 43.

Katzenstein, Peter J. , *Tamed Power：Germany in Europe*, Ithaca, NY：Cornell University Press, 1996.

Kempin, Ronja and Nicolai von Ondarza, "Die GSVP vor der Erosion?", *SWP-Aktuell* 25, Mai 2011.

Kempin, Ronja, "Schnellschüsse gefährden EU-Sicherheitspolitik", http：∥www. swp-berlin. org/de/publikationen/kurz-gesagt/schnellschuesse-gefaehrden-eu-sicherheitspolitik. html, last accessed on 25. 07. 2016.

Keohane, Daniel, "Constrained Leadership：Germany's New Defence Policy", *CSS Analyses in Security Policy*, No. 201, December 2016, pp. 1 – 4.

Keynote der Bundesministerin der Verteidigung Dr. Ursula von der Leyen anlässlich der Eröffnung der 55. Münchner Sicherheitskonferenz am 15. Februar 2019, https：∥www. securityconference. de/fileadmin/MSC _/2019/Hauptkonferenz/ 05_ Grafiken_ Reden_ Zitate/190215_ msc2019_ Rede_ Vonderleyen. pdf, last accessed on 20. 02. 2019.

Kirch, Anna-Lena and Daniela Schwarzer, "Die Ratifizierung des Fiskalpakts und des ESM in den Ländern der Eurozone-rechtliche und politische Rahmenbedingungen", *Arbeitspapier der FG* 1, SWP Berlin, 2012/Nr. 02, pp. 3 – 9.

Kirste, Knut and Hanns W. Maull, "Zivilmacht und Rollentheorie", *Zeitschrift für Internationale Beziehungen*, 3/2 (1996), pp. 283-312.

Kissler, Andreas, "Deutschland：Merkel fordert schnelle Umsetzung der Russland-Sanktionen", *The Wall Street Journal*, 10. September 2014.

Kleine-Brockhoff, Thomas and Hanns W. Maull, "Der überforderte Hegemon. Ziele und Grenzen deutscher Macht", *Internationale Politik* November/Dezember 2011, pp. 50 – 61.

Klöckner, Jürgen, "Brexit：Merkel macht den Deutschenein Versprechen, das sie nur schwer halten kann", *The Huffington Post*, 28. 06. 2016.

"Koalition einigt sich in Flüchtlingspolitik. Asyl-Schnellverfahren in Registrierzentren", *tagesschau. de*, 05. Nov. 2015, http：∥www. tagesschau. de/inland/ fluechtlinge-1219. html, last accessed on 28. 10. 2015.

Körber-Stiftung, "Einmischen oder zurückhalten? Eine repräsentative Umfrage im Auftrag der Körber-Stiftung zur Sicht der Deutschen auf die Außenpolitik", https：∥www. koerber-stiftung. de/fileadmin/user_ upload/koerber-stiftung/redaktion/handlungsfeld _ internationale-verstaendigung/pdf/2017/Einmischen-oder-zurueckhalten-2017_ deutsch. pdf, 2018 – 04 – 25.

Krause, Joachim, "Defending the European Order", http：∥www. review2014. de/ en/external-view/show/article/die-europaeische-ordnung-verteidigen. html, last accessed on 22. 10. 2014.

"Krim-Krise：Russland bleibt doch Mitglied der G8", *Zeit Online*, 18. März 2014, http：∥www. zeit. de/politik/ausland/2014-03/merkel-fabius-g8-staaten-russland, last accessed on 12. 07. 2014.

"Krisengewinner Deutschland. Darum klingeln trotz Schuldenkrise die Kassen",

Focus, 23. 08. 2012, http：∥www. focus. de/finanzen/news/staatsverschuldu-ng/krisengewinner-deutschland-darum-klingeln-trotz-schuldenkrise-die-kassen _aid_805527. html, last accessed 26. 08. 2012.

Kundnani, Hans, "Germany as a Geo-economic Power", *The Washington Quarter-ly*, Summer 2011, pp. 31 – 45.

Kundnani, Hans, "Paradoxon Deutschland. Eine geooekonomische Macht in der Zwickmühle", *Internationale Politik* 6, November/Dezember 2011, pp. 62 – 67.

Kundnani, Hans, "The Concept of 'Normality' in German Foreign Policy since U-nification", *German Politics and Society*, 30：2, 2012, pp. 38 – 58.

Kundnani, Hans, "Ein deutsches Europa-oder ein chaotisches?", *Aus Politik und Zeitgeschichte* 52/2015, pp. 12 – 16.

Lang, Anne-Sophie and Moritz Kohl, "Zeitleiste. Eine Chronik der Euro-Krise", *Zeit Online*, 11. 06. 2012, http：∥www. zeit. de/wirtschaft/2011-09/chronolo-gie-eurokrise, last accessed on 31. 07. 2012.

Lau, Jörg, "Die deutsche Liebe zu den Diktatoren", *Zeit Online*, 21. Februar 2013, https：∥blog. zeit. de/joerglau/2013/02/21/schurken-die-wir-brauchen _5889, last accessed on 15. 05. 2014.

Le Gloannec, Anne-Marie, "The Unilateralist Temptation：Germany's Foreign Poli-cy after the Cold War", *Internationale Politik und Gesellschaft* 1/2004, pp. 27 – 39.

Leibold, Jürgen, Steffen Kühnel and Wilhelm Heitmeyer, "Abschottung von Musli-men durch generalisierte Islamkritik", *Aus Politik und Zeitgeschichte*, No. 1 – 3, 2006, pp. 3 – 10.

Leithäuser, Johannes, "Koalitionsverhandlungen. Berlin will die globale Ordnung 'aktiv mitgestalten'", *Frankfurter Allgemeine Zeitung*, 05. 11. 2013, http：∥ www. faz. net/aktuell/politik/koalitionsverhandlungen-berlin-will-die-globale-ordnung-aktiv-mitgestalten-12649767. html, last accessed on 18. 02. 2014.

Leonard, Mark and Nicu Popescu, *A Power Audit of EU-Russia Relations*, policy paper, London：European Council on Foreign Relations, 2007.

Leonard, Mark, "The Revenge of the German Elite", February 4, 2014, http：∥ www. ecfr. eu/content/entry/commentary_ the_ revenge_ of_ the_ german_ elite, last accessed on 01. 03. 2014.

Lippert, Barbara and Nicolai Ondarza, "Der Brexit alsNeuland", *SWP-Aktuell* 42, Juli 2016.

Liesenhoff, Philipp, "The Risks of American Protectionism for Europe", May 7, 2018, https://www. aicgs. org/2018/05/the-risks-of-american-protectionism-for-europe/, last accessed on 09. 05. 2018.

Luther, Carsten, "Koalitionsverhandlungen. Außenpolitik ohne Ambitionen", *Zeit Online*, 05. 11. 2013, http://www. zeit. de/politik/2013-11/aussenpolitik-ko-alitionsverhandlungen-strategie-macht-selbstbewusstsein/komplettansicht, last accessed on 18. 02. 2014.

Macron, Emmanuel, "Für einen Neubeginn in Europa", *Die Welt*, 04. 03. 2019, https://www. welt. de/debatte/kommentare/plus189751165/Emmanuel-Macr-on-Wir-Europaeer-muessen-uns-gegen-die-Nationalisten-zur-Wehr-setzen. html, last accessed on 20. 03. 2019.

Mair, Stefan, "Deutschland: Gestaltungsmacht wider Willen", in Josef Braml, Stefan Mair and Eberhard Sandschneider (eds.), *Außenpolitik in der Wirt-schafts-und Finanzkrise*, München: R. Oldenbourg Verlag, 2012, pp. 125 – 136.

Major, Claudia and Christian Mölling, "German Defense Policy: Is the Change for Real?" *Policy Brief*, June 2014, The German Marshall Fund of the United States, https://www. gmfus. org/publications/german-defense-policy-change-real, last accessed on 22. 10. 2014.

Major, Claudia and Christian Mölling, "Von Libyen nach Syrien. Die Rolle des Militärs in einer neuen deutschen Sicherheits-und Verteidigungspolitik", *Aus Politik und Zeitgeschichte* 28 – 29/2016, pp. 32 – 37.

March, James P. and Johan P. Olsen, *Rediscovering Institutions: The Organization-al Basis of Politics*, New York: Free Press, 1989.

"Massenmigration führt immer zu Problemen", *tagesschau. de*, 18. 10. 2015, ht-tps://www. tagesschau. de/inland/fluechtlinge-integration-101. html, last ac-cessed on 18. 07. 2016.

Mattes, Jürgen, "Why the IMF should be Involved in Imminent Fiscal Debt Crisis in Eurozone Countries?", *VoxEU*, February 07, 2010.

Matthijs, Matthias M. , *Germany's Role in Crafting a Solution to the* 2010 *EMU Sovereign Debt Crisis: Persuading with Power or the Power of Persuasion*, Paper to be presented at the Twelfth Biennial International Conference of the European Union Studies Association (EUSA), Boston, Massachusetts, 4 March 2011.

Matthijs, Matthias, "The Tree Faces of German Leadership", *Survival. Global Politics and Strategy*, Vol. 58, No. 2, 2016, pp. 135 – 154.

"Mattis zu NATO: Lob, Drohung, Ultimatum", *tagesschau. de*, 26. 04. 2018, https://www. tagesschau. de/ausland/nato-mattis-101 ~ _ origin – 26a114d6-a1ac-43ec-9b0a-c11056304784. html, 2018 – 04 – 26, last accessed on 27. 04. 2018.

Maull, Hanns W., "Germany and Japan: The New Civilian Powers", *Foreign Affairs*, 69/5 (1990), pp. 91 – 106.

Maull, Hanns W., "Japan, Deutschland und die Zukunft der internationalen Politik", in Jochen Thies and Günther van Well (eds.), *Auf der Suche nach der Gestalt Europas: Festschrift für Wolfgang Wagner*, Bonn: Verlag für Internationale Politik, 1990, pp. 171 – 192.

Maull, Hanns W., "Zivilmacht Bundesrepublik Deutschland. Vierzehn Thesen für eine neue deutsche Außenpolitik", *Europa Archiv*, 47/10 (1992), pp. 269 – 278.

Maull, Hanns W., "Civilian Power: The Concept and Its Relevance for Security Issues", in Lidija Babic and Bo Huldt (eds.), *Mapping the Unknown, Towards A New World Order*, Stockholm: The Swedish Institute of International Affairs, 1993, pp. 115 – 131.

Maull, Hanns W., "Die prekäre Kontinuität. Deutsche Außenpolitik zwischen Pfadabhängigkeit und Anpassungsdruck", in Manfred G. Schmidt and Reimut Zohlnhöfer (eds.), *Regieren in der Bundesrepublik Deutschland, Innen-und Außenpolitik seit* 1949, Wiesbaden: VS Verlag für Sozialwissenschaften, 2006, pp. 413 – 437.

Maull, Hanns W., "Deutschland als Zivilmacht", in Siegmar Schmidt, Gunther Hellmann and Reinhard Wolf (eds.), *Handbuch zur deutschen Außenpolitik*, Opladen: VS Verlag für Sozialwissenschaften, 2007, pp. 73 – 84.

Maull, Hanns W., " 'Zivilmacht': Ursprünge und Entwicklungspfade eines umstrittenen Konzeptes", in Sebastian Harnisch and Joachim Schild (eds.),

Deutsche Außenpolitik und internationale Führung. Ressourcen, Praktiken und Politiken in einer veränderten Europäischen Union, Baden-Baden: Nomos, 2014, pp. 121 – 147.

Maull, Hanns W. , "Deutsche Außenpolitik: zwischen Selbstüberschätzung und Wegducken", *GIGA Focus*, Nummer 1, 2014.

Maull, Hanns W. , "From 'Civilian Power' to 'Trading State'?", in Sarah Colvin (ed.), *Routledge Handbook of German Politics and Culture*, Abingdon: Routledge, 2014, pp. 409 – 424.

Maull, Hanns W. , "Deutsche Außenpolitik-Verantwortung und Macht", in Gunther Hellmann, Daniel Jacobi and Ursula Stark Urrestarazu (eds.), "*Früher, entschiedener und substanzieller*"? *Die neue Debatte über Deutschlands Außenpolitik*, *Sonderheft*, *Zeitschrift für Außen-und Sicherheitspolitik*, Wiesbaden: VS Springer, 2015, pp. 259 – 272.

Maull, Hanns W. , "Deutsche Außenpolitik nach der »Review 2014«: Zivilmacht 2.0?", *Zeitschrift für Politikwissenschaft* 62. Jg. 3/2015, pp. 324 – 341.

Maull, Hanns W. , "Deutsche Außenpolitik: Verantwortung und Macht", *Zeitschrift für Außen-und Sicherheitspolitik* 8/1 (2015), pp. 213 – 237.

Maull, Hanns W. , "Reflective, Hegemonic, Geo-economic, Civilian …? The Puzzle of German Power", *German Politics*, 27: 4, 2018, pp. 460 – 478.

"May Looks to Merkel to Save the Day on Brexit", *Financial Times*, December 12, 2018, https://www. ft. com/content/6650dc0e-fd62-11e8-aebf-99e208d3e521, last accessed on 17. 02. 2019.

Mayhew, Alan, Kai Oppermann and Dan Hough, "German Foreign Policy and Leadership of the EU- 'You Can't Always Get What you Want… But You Sometimes Get What You Need'", *SEI Sussex European Institute Working Paper*, No. 119, University of Sussex, pp. 6 – 7.

"Meinung zu den Sanktionen der EU gegen Russland 2016", Juli 2016, https://de. statista. com/statistik/daten/studie/572729/umfrage/meinung-zu-den-sanktionen-der-eu-gegen-russland/, last accessed on 28. 10. 2014.

Meister, Stefan, "A Shift in German-Russian Relations. The Return of Pragmatism", 16. 08. 2018, https://dgap. org/en/think-tank/publications/dgapviewpoint/shift-german-russian-relations, last accessed on 20. 08. 2018.

Meister, Stefan, "Politics Trump Economics", *IP Journal*, 5 Feb. 2015.

Merkel im ZDF-Sommerinterview. "Entscheidung zum Brexit ist gefallen", https://www. bundeskanzlerin. de/Content/DE/Artikel/2016/07/2016-07-10-merkel-sommerinterview. html, last accessed on 25. 07. 2016.

"Merkel wünscht ihm das 'Allerbeste' nach 'Brexit' -Poker: David Cameron wirbt für britischen Verbleib in der EU", *Focus*, 20. 02. 2016, http://www. focus. de/politik/ausland/eu/brexit-poker-beendet-david-cameron-wirbt-fuer-britis-chen-verbleib-in-der-eu_ id_5300948. html, last accessed on 25. 04. 2016.

Merkel, Angela, "Neujahrsansprache", 01. 01. 2017, http://www. tagesschau. de/neujahrsansprache-merkel-105. pdf, last accessed on 15. 05. 2017.

Meyer-Feist, Andreas, "EU-Gelder für Flüchtlinge. Viel versprochen, wenig gehalten", *tagesschau. de*, 14. Okt. 2015, http://www. tagesschau. de/ausland/flu-echtlingsfonds-101. html, last accessed on 28. 10. 2015.

Miller, Vaughne (ed.), *Leaving the EU*, House of Commons Library research Paper 13/42, 1 July 2013, http://researchbriefings. files. parliament. uk/docu-ments/RP13-42/RP13-42. pdf, last accessed on 25. 03. 2016.

"Ministerin zeichnet mit britischem Amtskollegen Joint Vision Statement, Bund-es-ministerium der Verteidigung", 08. Okt. 2018, https://www. bmvg. de/de/aktuelles/ministerin-zeichnet-mit-britischem-amtskollegen-joint-vision-stateme-nt-28180, last accessed on 15. 02. 2019.

Mischke, Jakob and Andreas Umland, "Germany's New Ostpolitik. An Old Foreign Policy Doctrine Gets a Makeover", *Foreign Affairs*, April 9, 2014.

Miskimmon, Alister and Herther Isabelle, "Germany's Strategic Narrative of the Eurozone Crisis", *German Politics and Society*, 33: 2015, pp. 42 – 57, here pp. 48 – 54.

"Mitgliederentscheid gescheitert, Rösler erleichtert", *Focus*, 16. 12. 2011, http://www. focus. de/politik/weitere-meldungen/fdp-mitgliederentscheid-ges-cheitert-roesler-erleichtert-_ aid_694794. html, last accessed 02. 09. 2012.

Möller, Almut and Dina Pardijs, "The Future Shape of Europe: How the EU Can Bend without Breaking", European Council on Foreign Relations, http://www. ecfr. eu/specials/scorecard/the_ future_ shape_ of_ europe, last accessed on 15 July 2017.

Mölling, Christian and Daniel Schwarzer (eds.), *Außenpolitische Herausforderungen für die nächste Bundesregierung*, DGAPkompat Nr. 6/ Sommer 2017.

Monath, Hans, "Aus den Koalitionsverhandlungen. Offensiver Ansatz in der Außenpolitik", *Der Tagesspiegel*, 05. 11. 2013.

Mönnig, Anke, "Der Fall Brexit. Was bedeutet er für Deutschland?", *GWS Kurzmitteilung* 2016/01, Juli 2016, p. 4.

Mühlauer, Alexander, "Die Sphinx soll endlich reden", *Süddeutsche Zeitung*, 1. April 2019, https://www. sueddeutsche. de/politik/brexit-eu-deutschland-frankreich-1. 4391719, last accessed on 23. 05. 2019.

Müller, Andrea, "Mögliche Kehrtwende in Syrienpolitik. Merkel erwägt Gespräche mit Assad", *tagesschau. de*, 24. Sept. 2015, http://www. tagesschau. de/inland/syrien-assad-merkel-101. html, 28. 10. 2015.

Müller, Marcel, "Flüchtlingsunterbringung in Hamburg, Ausnahmezustand als Normalfall", *tagesschau. de*, 01. Okt. 2015, http://www. tagesschau. de/inland/fluechtlinge-bergedorf-103. html, last accessed on 15. 12. 2015.

Müller-Brandeck-Bocquet, Gisela, "Deutschland-Europas einzige Führungsmacht?", *Aus Politik und Zeitgeschichte* 10/2012, pp. 16 – 33.

"Münchner Sicherheitskonferenz 2015. Führung aus der Mitte", Manuskript der Rede der Bundesministerin der Verteidigung, Dr. Ursula von der Leyen, anläßlich der 51. Münchner Sicherheitskonferenz München, 6. Februar 2015.

"Münchner Sicherheitskonferenz. Gleichgültigkeit ist keine Option", 1. Februar 2014, http://www. bundesregierung. de/Content/DE/Artikel/2014/01/2014-01-31-sicherheitskonferenz-vdleyen. html, last accessed on 15. 05. 2014.

"Münchner Sicherheitskonferenz: Trump steht zur Nato, sagt Pence", http://www. zeit. de/politik/ausland/2017-02/merkel-pence-usa-sicherheitskonferenz, last accessed on 15. 05. 2017.

Münkler, Herfried, "Deutschlands Rolle in Europa. Wir sind der Hegemon", *Frankfurter Allgemeine Zeitung*, 21. 08. 2015, https://www. faz. net/aktuell/feuilleton/debatten/europas-zukunft/einzusehen-deutschland-ist-europas-zentralmacht-13760335. html, last accessed on 20. 06. 2017.

Münkler, Herfried, *Macht in der Mitte. Die neuen Aufgaben Deutschlands in Europa*, Hamburg: Körber-Stiftung, 2015.

"Nach Krim-Annexion. Deutschland trägt Hauptlast der Russland-Sanktionen", *Frankfurter Allgemeine Zeitung*, 14. 12. 2017, https∶∥www. faz. net/-iki-943ge, last accessed on 13. 07. 2014.

"Neue Verhältnisse in der Länderkammer. Große Koalition muss ohne Mehrheit im Bundesrat regieren", *Focus*, 27. 11. 2013, http∶∥www. focus. de/politik/ deutschland/neue-verhaeltnisse-in-der-laenderkammer-grosse-koalition-muss-ohne-mehrheit-im-bundesrat-regieren _ id _ 3435656. html, last accessed on 15. 12. 2013.

"Neujahrsansprache von Bundeskanzlerin Angela Merkel zum Jahreswechsel 2018/ 2019 am Montag, den 31. Dezember 2018, in Berlin", https∶∥www. bundes-kanzlerin. de/resource/blob/822020/1564902/f374629435b14a116fc7f15cbe 85ced8/download-pdf-data. pdf, last accessed on 15. 02. 2019.

"Nicht über den Tisch ziehen lassen", *tagesschau. de*, 11. 06. 2018, http∶∥www. tagesschau. de/inland/merkel-g-sieben-reaktionen-101. html, last accessed on 20. 02. 2019.

"Notification on Permanent Structured Cooperation (PESCO) to the Council and to the High Representative of the Union for Foreign Affairs and Security Policy", https∶∥www. consilium. europa. eu/media/31511/171113-pesco-notification. pdf, last accessed on 15. 10. 2018.

Notorski, Michal and Karolina Pomorska, "Trust and Decision-making in Times of Crisis∶ The EU's Response to the Events in Ukraine", *Journal of Common Market Studies*, 2016, pp. 1 – 17.

"Nur wer sich einmischt, kann was bewegen", Bundesaußenminister Frank-Walter Steinmeier über die Bedeutung der Europawahl und kluge Diplomatie, 07. 03. 2014, https∶∥www. deutschland. de/de/topic/politik/deutschland-eu-ropa/nur-wer-sich-einmischt-kann-was-bewegen, last accessed on 12. 03. 2014.

Oppermann, Kai, "National Role Conceptions, Domestic Constraints and the New 'Normalcy' in German Foreign Policy∶ the Eurozone Crisis, Libya and Beyond", *German Politics*, 21∶ 4, 2012, pp. 502 – 519.

Orenstein, Mitchell A. , "Get Ready for a Russian-German Europe∶ The Two Powers That Will Decide Ukraine's Fate and the Region's", *Foreign Affairs*, May 9, 2014.

"Ost-Ausschuss warnt vor Wirtschaftskonflikt", http：//www. ost-ausschuss. de/ost-ausschuss-warnt-vor-wirtschaftskonflikt, last accessed on 21. 05. 2014.

"Ost-West-Konflikt um die Ukraine：Merkel kämpft für Klitschko", *Spiegel Online*, 08. Dezember 2013, http：//www. spiegel. de/politik/ausland/ukraine-merkel-will-klitschko-zum-praesidenten-aufbauen-a-937853. html, last accessed on 12. 07. 2014.

Pastore, Ferruccio, "The Next Big European Project? The Migration and Asylum Crisis：A Vital Challenge for the EU", *Policy Brief*, Norwegian Institute of International Affairs, 25/2015.

Paterson, William E. , "Does Germany Still have a European Vocation?", *German Politics*, 19：1, 2010, pp. 41 – 52.

Paterson, William E. , "The Reluctant Hegemon? Germany Moves Centre Stage in the European Union", *Journal of Common Market Studies* (*JCMS*), 2011 Volume 49 Annual Review, pp. 57 – 75.

Pennekamp, Johannes, "Schuldenkrise：Wann kippt Deutschland?", *Frankfurter Allgemeine Zeitung*, 29. 07. 2012, http：//www. faz. net/aktuell/wirtschaft/europas-schuldenkrise/schuldenkrise-wann-kippt-deutschland-11835599. html, last accessed 02. 08. 2012.

Petersen, Thomas, "Allensbach-Umfrage Gemeinsames Interesse an Europa in Gefahr", *Frankfurter Allgemeine Zeitung*, 17. 08. 2011, http：//www. faz. net/aktuell/politik/europaeische-union/allensbach-umfrage-gemeinsames-interesse-an-europa-in-gefahr-1579998. html, last accessed on 02. 08. 2012.

Politt, Holger, "Hinter dem Bug. Zur polnischen Sicht auf die Ukrainekrise", *WeltTrends · Zeitschrift fürinternationale Politik* 95, Nr. 22/2014, pp. 5 – 9.

Posen, Adam S. , "The Euro Payoff", *IP Global Edition* 2/2011, p. 29.

Pressekonferenz von Bundeskanzlerin Merkel und dem französischen Präsidenten Emmanuel Macron in Meseberg, 18. Juni 2018, https：//www. bundesregierung. de/breg-de/suche/pressekonferenz-von-bundeskanzlerin-merkel-und-dem-franzoesischen-praesidenten-emmanuel-macron-1140540, last accessed on 20. 02. 2018.

"Pressekonferenz von Bundeskanzlerin Merkel und der britischen Premierministerin May", 20. Juli 2016, https：//www. bundesregierung. de/Content/DE/Mitschrift/Pressekonferenzen/2016/07/2016-07-20-merkel-may. html, last accessed on 25. 07. 2016.

Pressekonferenz von Bundeskanzlerin Merkel und Frankreichs Präsident Macron im Bundeskanzleramt, 15. Mai 2017, https://www. bundesregierung. de/breg-de/suche/pressekonferenz-von-bundeskanzlerin-merkel-und-frankreichs-praesident-macron-846380, last accessed on 18. 02. 2019.

"Pressekonferenz von Bundeskanzlerin Merkel und Präsident Obama am 2. Mai 2014 in Washington D. C. ", 3. Mai 2014, http://www. bundesregierung. de/Content/DE/Mitschrift/Pressekonferenzen/2014/05/2014-05-02-pk-obama-merkel. html, last accessed on 18. 05. 2014.

Pressestatement von Bundeskanzlerin Merkel und dem irischen Premierminister Kenny, https://www. bundesregierung. de/breg-de/suche/pressestatement-von-bundeskanzlerin-merkel-und-dem-irischen-premierminister-kenny-842672, last accessed on 17. 02. 2019.

Pressestatements von Bundeskanzlerin Merkel, Präsident Hollande, Ministerpräsident Rajoy und Ministerpräsident Gentiloni in Versailles, 6. März 2017, https://www. bundesregierung. de/breg-de/suche/pressestatements-von-bundeskanzlerin-merkel-praesident-hollande-ministerpraesident-rajoy-und-minister-praesident-gentiloni-843628, last accessed on 09. 02. 2019.

Puglierin, Jana and Julian Rappold, "The European Union Grapples with Brexit. Keep Calm and Carry On-But How?", *DGAPstandpunkt* 5 (June 2016), https://dgap. org/en/think-tank/publications/dgapviewpoint/european-union-grapples-brexit, last accessed on 25. 07. 2016.

Putnam, Robert D. , "Diplomacy and Domestic Politics: The Logic of Two-Level Games", International Organization, Vol. 42, No. 3. (Summer 1988), pp. 427 – 460.

Rahr, Alexander, "Germany and Russia: A Special Relationship", *Washington Quarterly* 30: 2, 2007, pp. 137 – 145.

"Reaktionen aus europäischen Hauptstädten. Merkel spricht von 'Einschnitt für Europa'", *tagesschau. de*, 24. Juni 2016, https://www. tagesschau. de/ausland/brexit-269. html, last accessed on 25. 06. 2016.

Rede der Bundesministerin der Verteidigung Dr. Ursula von der Leyen anlässlich der Eröffnung der 52. Münchner Sicherheitskonferenz, München, 12. 02. 2016.

Rede der Bundesministerin der Verteidigung, Dr. Ursula von der Leyen, bei der Aussprache zur Regierungserklärung zum Thema Verteidigung vor dem Deutschen Bundestag am 21. März 2018 in Berlin.

Rede des Bundesministers des Auswärtigen, Heiko Maas, bei der Aussprache zur Regierungserklärung zu den Themen Außen, Europa und Menschenrechte vor dem Deutschen Bundestag am 21. März 2018 in Berlin.

"Rede von Außenminister Frank-Walter Steinmeier anlässlich der 50. Münchner Sicherheitskonferenz", 01. 02. 2014, http://www. auswaertiges-amt. de/sid_0EEB43D1066AE45F2A36CDB5B6145357/DE/Infoservice/Presse/Reden/2014/140201-BM_M% C3% BCSiKo. html, last accessed on 15. 05. 2014.

"Rede von Außenminister Frank-Walter Steinmeier anlässlich der 50. Münchner Sicherheitskonferenz", https://www. auswaertiges-amt. de/de/newsroom/140201-bm-muesiko/259554, last accessed on 25. 04. 2018.

Rede von Außenminister Heiko Maas bei der 2. /3. Lesung des Brexit-Übergangsgesetzes im Deutschen Bundestag, Auswärtiges Amt, 17. Januar 2019, https://www. auswaertiges-amt. de/de/newsroom/maas-bundestag-brexit/2178256, last accessed on 17. 02. 2019.

Rede von Außenminister Heiko Maas bei der 55. Münchner Sicherheitskonferenz am 15. Februar 2019 in München.

Rede von Außenminister Steinmeier bei der "Ministerial Debate on Current Crises" bei der Münchner Sicherheitskonferenz, München, 13. 02. 2016.

"Rede von Bundeskanzlerin Merkel anlässlich der Eröffnung des 61. akademischen Jahres des Europakollegs Brügge", Bruges, 2 November, 2010, http://www. bundesregierung. de/Content/DE/Rede/2010/11/2010-11-02-merkel-bruegge. html, last accessed on 20. 02. 2011.

"Rede von Bundeskanzlerin Merkel bei der Veranstaltung ' Die Europa-Rede ' ", Berlin, 9 November, 2010, http://www. bundeskanzlerin. de. /Content/DE/Rede/2010/11/2010-11-09-merkel-europarede. html, last accessed on 02. 08. 2012.

Rede von Bundeskanzlerin Merkel zur 55. Münchner Sicherheitskonferenz am 16. Februar 2019 in München, Samstag, 16. Februar 2019.

"Rede von Polens Außenminister: Deutschland soll Euro-Zone retten", http://www. spiegel. de/politik/ausland/0, 1518, 800486, 00. html, last accessed on 05. 02. 2012.

"Regierungserklärung von Bundeskanzlerin Dr. Angela Merkel zum Ausgang des Referendums über den Verbleib des Vereinigten Königreichs in der EU mit Blick auf den Europäischen Rat am 28. /29. Juni 2016 in Brüssel vor dem Deutschen Bundestag am 28. Juni 2016 in Berlin", https://www. bundesregierung. de/Content/DE/Bulletin/2016/06/78-1-bk-regerkl-bt. html, last accessed on 25. 07. 2016.

Regierungserklärung von Bundeskanzlerin Merkel, 21. März 2018, https://www. bundesregierung. de/Content/DE/Regierungserklaerung/2018/2018-03-22- regierungserklaerung-merkel. html, last accessed on 05. 05. 2018.

Reimann, Anna, "Asyl und Einwanderung: Fakten zur Flüchtlingskrise-endlich verständlich", *Spiegel Online*, 22. Februar 2017, https://www. spiegel. de/ politik/deutschland/fluechtlinge-und-einwanderer-die-wichtigsten-fakten-a-10 30320. html, last accessed 08. 08. 2015.

Remarks by Vice President Pence at the 2019 Munich Security Conference, http://www. whitehouse. gov 16. 02. 2019, last accessed on 18. 03. 2019.

Riedel, Donata, "Verteidigungsetat 1, 5 statt zwei Prozent vom BIP-Von der Leyen setzt sich eigenes Nato-Ausgaben-Ziel", *Handelsblatt*, 14. 05. 2018, https://www. handelsblatt. com/politik/deutschland/verteidigungsetat-1-5-statt-zwei-prozent-vom-bip-von-der-leyen-setzt-sich-eigenes-nato-ausgaben-ziel/22066854. html? ticket = ST-541605-Nh7yfzHLHxUelIHRriIx-ap6, last accessed on 20. 09. 2018.

Riemer, Dietmar, "Deutsche Flüchtlingspolitik. Es geht nicht ohne Obergrenzen", *tagesschau. de*, 05. Okt. 2015, http://www. tagesschau. de/kommentar/fluechtlingspolitik-137. html, last accessed on 20. 10. 2015.

Rinke, Andreas, "Das Schiefe Haus Europa-Euro und Flüchtlinge sind nur zwei Seiten desselben Problems", *Internationale Politik Online*, 24. Sept. 2015, https://zeitschrift-ip. dgap. org/de/ip-die-zeitschrift/themen/das-schiefe-haus-europa, last accessed on 28. 10. 2015.

Rinke, Andreas, "Neue deutsche Verantwortlichkeit. Der Koalitionsvertrag zugt von außen-und europapolitischem Aufbruchwillen", *Internationale Politik*, März/ April 2018, pp. 78 – 82.

Rinke, Andreas, "Raus ins Rampenlicht. Die Genese der 'neuen deutschen Außenpolitik'", *Internationale Politik* 4, Juli/August 2014, pp. 8 – 13.

Rohe, Mathias, "Islam und säkularer Rechtsstaat: Grundlagen und gesellschaftlicher Diskur", *Aus Politik und Zeitgeschichte*, No. 13 – 14, 2011, pp. 21 – 27.

Ruck, Ina, "Besuch im Weißen Haus. Gauck kritisiert bei Obama die NSA", *tagesschau. de*, 07. Okt. 2015, http://www. tagesschau. de/ausland/gauck-usa-107. html, last accessed on 28. 10. 2015.

"Russland-Sanktion: 'Wir schaden uns zunehmend selbst'", *Handelsblatt*, 14. 09. 2014.

"Rüstungsexporte: Waffen aus Deutschland für die Welt", *Zeit Online*, 1. September 2014, http://www. zeit. de/wirtschaft/2014-09/infografik-waffenexporte, last accessed on 25. 12. 2016.

Sandschneider, Eberhard, "Deutsche Außenpolitik: eine Gestaltungsmacht in der Kontinuitätsfalle-Essay", *Aus Politik und Zeitgeschichte*, 10/2012, pp. 3 – 9.

Sandschneider, Eberhard, "Raus aus der Moralecke! Die deutsche Außenpolitik sollte der Welt nicht ihre Werte diktieren. ", *Zeit Online*, 28. Februar 2013, https://www. zeit. de/2013/10/Aussenpolitik-Diskussion-Moral, last accessed on 15. 05. 2014.

Sandschneider, Eberhard, "Werte und Interessen in der deutschen Außenpolitik", *DGAPjahresbericht* 2013/2014, pp. 22 – 24.

"Scheitern der EU-Flüchtlingsquote 'Ein politisches Armutszeugnis'", *tagesschau. de*, 26. Juni 2015, http://www. tagesschau. de/ausland/eu-fluechtlingsquote-interview-101. html, last accessed on 28. 07. 2015.

Schieder, Siegfried, "Führung und Solidarität in der deutschen Europapolitik", in Sebastian Harnisch and Joachim Schild (eds.), *Deutsche Außenpolitik und internationale Führung, Ressourcen, Praktiken und Politiken in einer veränderten Europäischen Union*, Baden-Baden: Nomos, 2014, pp. 56 – 91.

Schlamp, Hans-Jürgen, "EU-Flüchtlingspolitik. Irrfahrt auf dem Mittelmeer", *Spiegel Online*, 24. 07. 2018, http://www. spiegel. de/politik/ausland/eu-fluechtlingspolitik-italien-setzt-alle-regeln-ausser-kraft-a-1219680. html, last accessed on 28. 09. 2018.

Schmickler, Barbara, "Was Flüchtlinge für den Arbeitsmarkt bedeuten", *tagesschau. de*, 09. 06. 2016, http://www. tagesschau. de/wirtschaft/fluechtlinge-arbeitsmarkt-111. html, last accessed on 18. 08. 2016.

Schmidt, Manfred G. , *Wörterbuch zur Politik*, 3. , überarbeitete und aktualisierte Auflage, Stuttgart: Kröner-Verlag, 2010.

Schoeller, Magnus G. , "Explaining Political Leadership: Germany's Role in Shaping the Fiscal Compact", European University Institute, Robert Schuman Centre for Advanced Studies, EUI Working Paper RSCAS 2014/82.

Schoeller, Magnus G. , "Providing political leadership? Three Case Studies on Germany's Ambiguous Role in the Eurozone Crisis", *Journal of European Public Policy*, Vol. 24, No. 1, 2017, pp. 1 - 20.

Scholz, Antonia, *Warum Deutschland? Einflussfaktoren bei der Zielstaatssuche von Asylbewerbern-Ergebnisse einer Expertenbefragung*, Forschungsbericht 19, Nürnberg: Bundesamt für Migration und Flüchtlinge, 2013.

Schümer, Dirk, "Der IS gehört in den untersten Kreis der Hölle", *Die Welt*, 13. 12. 2015, http://www. welt. de/kultur/article149916657/Der-IS-gehoert-in-den-untersten-Kreis-der-Hoelle. html, last accessed on 29. 05. 2018.

"Schwache May auf Betteltour", *Spiegel Online*, 09. April 2019, https://www. spiegel. de/politik/ausland/brexit-theresa-may-sucht-bei-angela-merkel-und-emmanuel-macron-unterstuetzung-a-1261927. html, last accessed on 24. 05. 2019.

Schwarzer, Daniel and Constanze Stelzenmüller, *WHAT IS AT STAKE IN U-KRAINE-Europe and the United States Need to Do What it Takes to Protect the Right of the Eastern Partnership Countries to Choose their Future*, Berlin: The German Marshall Fund of United States, 2014.

Shapiro, Jeremy and Nick Witney, "Towards a Post-American Europe: A Power Audit of EU-US Relations", http://www. ecfr. eu/page/-/ECFR19 _ TOWARDS_ A_ POST_ AMERICAN_ EUROPE_ -_ A_ POWER_ AUDIT_ OF_ EU-US_ RELATIONS. pdf, last accessed 05. 06. 2018.

"Shared Vision, Common Action: A Stronger Europe. A Global Strategy for the European Union's Foreign and Security Policy", Brussels, June 2016, http://eeas. europa. eu/top_ stories/pdf/eugs_ review_ web. pdf, last accessed on 30.

12. 2016.

Sinkkonen, Ville, *US Foreign Policy: The Trump Doctrine*, in: *Between Change and Continuity: Making Sense of America's Evolving Global Engagement*, Report of Finish Institute of International Affairs, pp. 77 – 89.

Slansky, Heike, "Merkel in den USA. 'Vorreiterrolle Deutschlands in der U-kraine-Krise '", http://www. heute. de/interview-mit-karen-donfried-praesi-dentin-des-german-marshall-fund-vorreiterrolle-deutschlands-in-der-ukraine-krise-33001356. html, last accessed on 17. 05. 2014.

Sommerpressekonferenz von Bundeskanzlerin Merkel. Thema: Aktuelle Themen der Innen-und Außenpolitik, Montag, 31. August 2015, https://www. bundesregi-erung. de/Content/DE/Mitschrift/Pressekonferenzen/2015/08/2015-08-31-p-k-merkel. html, last accessed on 24. 01. 2017.

Speck, Ulrich, "Why Germany is not Becoming Europe's Hegemon", *FRIDE Policy Brief*, No. 126, April 2012.

Staack, Michael, "NATO-Erweiterung und gesamteuropäische Sicherheit-Ein Ziel-konflikt für Deutschlands Außenpolitik?", *Die Friedens-Warte*, Jg. 72 (1997), Nr. 3, pp. 273 – 286.

Staack, Michael, *Die Ukraine-Krise und die gesamteuropäische Sicherheit*, Hamburg: Institut für Internationale Politik, Helmut-Schmidt-Universität/Universität der Bundeswehr Hamburg, https://www. peacepalacelibrary. nl/ebooks/files/400483416. pdf, last accessed on 13. 07. 2014.

Staak, Michael, "Handelsstaat Deutschland: Deutsche Außenpolitik in einem neuen internationalen System", Paderborn: Ferdinand Schoningh, 2000.

"Steinmeier plädiert für eine aktivere deutsche Krisenpolitik", *Zeit Online*, 30. 01. 2014, https://www. zeit. de/politik/ausland/2014 – 01/aussenminis-ter-steinmeier-internationale-konflikte, last accessed on 04. 05. 2014.

Steinmeier, Frank-Walter and Peer Steinbrück, "Germany must lead fight back", *Financial Times*, 14 December, 2010, http://www. ft. com/intl/cms/s/0/ef-fa001c-07ba-11e0-a568-00144feabdc0. html#axzz24l7cNhnb, last accessed on 20. 08. 2012.

Steinmeier, Frank-Walter, "Germany's New Global Role", *Foreign Affairs*, June 13, 2016, https://www. foreignaffairs. com/articles/europe/2016-06-13/germany-s-new-global-role, last accessed on 25. 07. 2016.

Steinmeier, Frank-Walter, "The DNA of German Foreign Policy", *Project Syndicate*, 25 Feb. 2015.

Stelzenmuller, Constanze, "Germany's Russia Question", *Foreign Affairs* 88: 1, 2009, pp. 89 – 100.

Stewart, Susan, "Prämissen hinterfragen. Plädoyer für eine Neugestaltung der deutschen Russlandpolitik", *SWP-Aktuell* 50, August 2012.

Stokes, Bruce, "Euroskepticism Beyond Brexit", Pew Research Center, June 7, 2016, http://www.pewglobal.org/2016/06/07/euroskepticism-beyond-brexit/, last accessed on 25. 07. 2016.

Stokes, Bruce, "Views of NATO and its Role are Mixed in U. S. , Other Member Nations", http://www.pewresearch.org/fact-tank/2016/03/28/views-of-nato-and-its-role-are-mixed-in-u-s-other-member-nations/, last accessed on 24. 04. 2018.

Stokes, Bruce, *U. S. Trade Deficits with Other Countries can Vary Significantly, Depending on How They're Measured*, April 20, 2018, Pew Research Center, http://www.pewresearch.org/fact-tank/2018/04/20/u-s-trade-deficits-with-ot-her-countries-can-vary-significantly-depending-on-how-theyre-measured/, last accessed on 09. 04. 2018.

SWP and GMF, *New Power New Responsibility. Elements of a German Foreign and Security Policy for a Changing World*, Berlin, 2013.

Szabo, Stephen, "Can Berlin and Washington Agree on Russia?", *Washington Quarterly*, 32: 4, 2009, pp. 23 – 41.

Szabo, Stephen F. , "Germany: From a Civilian Power to a Geo-economic Shaping Power", *German Politics and Society*, 35: 3, 2017, pp. 38 – 54.

Szabo, Stephen F. , "Germany's Aussenpolitik after the Election", *German Politics and Society*, Issue 127 Vol. 36, No. 2 (Summer 2018), pp. 118 – 132.

Taggart, Paul et al. , *Responses to Brexit: Elite perceptions in Germany, France, Poland and Ireland-Research Note*, Sussex European Institute, 2017, https://ukandeu.ac.uk/wp-content/uploads/2017/11/Responses-to-Brexit.pdf, last accessed on 10. 04. 2019.

Tagung des Europäischen Rates (28. Juni 2018) —Schlussfolgerung.

Tai, Katharin, "Brexit: Gibt es einen Exit vom Brexit?", *Zeit Online*, 30.06. 2016, http://www. zeit. de/politik/ausland/2016-06/grossbritannien-brexit-verhindern, last accessed on 25.07.2016.

The Charlevoix G7 Summit Communique, https://g7. gc. ca/en/official-documents/charlevoix-g7-summit-communique/, last accessed on 09.06.2018.

The Federal Government, *White Paper* 2016 *on German Security Policy and the Future of the Bundeswehr*, Berlin, June 2016.

The future Relationship between the United Kingdom and the European Union, July 2018.

The Rome Declaration. Declaration of the leaders of 27 member states and of the European Council, the European Parliament and the European Commission, Rome, 25.03.2017, https://www. consilium. europa. eu/en/press/press-releases/2017/03/25/rome-declaration/, last accessed on 20.03.2018.

The White House, *National Security of the United States of America* 2017, Washington, D. C. , December 2017.

Thiels, Christian, "Münchner Sicherheitskonferenz. Kaum mehr als Lippenbekenntnisse", *tagesschau. de*, 01.02.2014, http://www. tagesschau. de/kommentar/sicherheitskonferenz-kommentar100. html, last accessed on 18.02.2014.

Timmins, Graham, "German-Russian bilateral relations and EU policy on Russia: Between normalization and the 'multilateral reflex'", *Journal of Contemporary European Studies* 19: 2, 2011, pp. 189 – 199.

Tömmel, Ingeborg and Amz Verdun, "Political Leadership in the European Union: an Introduction", *Journal of European Integration*, Vol. 39, No. 2, 2017, pp. 103 – 112.

"Transitzonen für Flüchtlinge Union einig-SPD skeptisch", *tagesschau. de*, 12. Okt. 2015, http://www. tagesschau. de/inland/seehofer-transitzonen-101. html, last accessed on 28.10.2015.

"Treaty on Stability, Coordination and Governance in the Economic and Monetary Union", 31 January, 2012, http://www. european-council. europa. eu/media/579087/treaty. pdf, last accessed on 05.07.2012.

Tsebelis, George, *Veto Players: How Political Institutions Work*, Princeton, NJ: Princeton University Press, 2002.

U. S. Department of State, *National Security Strategy of the United States of America*, Washington D. C. , December 2017, p. 57.

"U. S. International Trade in Goods and Services. Germany", https://www. bea. gov/international/factsheet/factsheet. cfm? Area = 308, last accessed on 07. 04. 2018.

"Ukraine-Krise: Wirtschaftsvertreter unterstützen Sanktionen gegen Putin", *Spiegel Online*, 24. Juli 2014, http://www. spiegel. de/wirtschaft/soziales/ukraine-krise-deutsche-wirtschaft-fordert-sanktionen-gegen-putin-a-982797. html, last accessed on 13. 07. 2014.

Umbach, Frank, "Kommerzielles Projekt oder strategische Desorientierung? Die umstrittene Nord Stream-2 Gaspipeline", *Arbeitspapier Sicherheitspolitik*, Nr. 19/2018, Bundesakademie für Sicherheitspolitik.

"Umfrage in Eurokrise. Spitzenwerte für Merkel", *Spiegel Online*, 02. 08. 2012, http://www. spiegel. de/politik/deutschland/ard-deutschlandtrend-merkel-laut-umfrage-beliebteste-politikerin-a-847798. html, last accessed 20. 08. 2012.

"Umfrage. Die meisten Deutschen sind gegen Russland-Sanktionen", *Frankfurter Allgemeine Zeitung*, 03. 08. 2017, https://www. faz. net/-gpg-90eez, last accessed 10. 08. 2017.

"Umfrage: AfD legt auf sieben Prozent zu", *Spiegel Online*, 7. Okt. 2015, http://www. spiegel. de/politik/deutschland/afd-alternative-fuer-deutschland-laut-umfrage-bei-7-prozent-a-1056561. html, last accessed on 28. 10. 2015.

"Umgang mit Flüchtlingen. Suche nach gemeinsamer Linie", *tagesschau. de*, 27. Aug. 2015, http://www. tagesschau. de/ausland/westbalkan-konferenz-101. html, last accessed on 28. 08. 2015.

"Union stellt sich hinter de Maizière. Der nächste Koalitionsstreit ist da", *tagesschau. de*, 09. November 2015, http://www. tagesschau. de/inland/bab-fluechtinge-109. html, last accessed on 28. 11. 2015.

"US Botschafter droht deutschen Firmen mit Sanktionen", *Süddeutsche Zeitung*, 13. 01. 2019, https://www. sueddeutsche. de/politik/pipeline-projekt-nord-stream-us-botschafter-droht-deutschen-firmen-mit-sanktionen-1. 4285520, last accessed on 20. 02. 2019.

"USA sehen Kanzlerin als Schlüsselfigur. Hoffen auf Merkels Diplomatie", *tagess-*

chau. de，18. 05. 2014，http：∥www. tagesschau. de/ausland/deutschland-russland100. html，last accessed on 18. 05. 2014.

Vehrkamp，Robert and Mehrdad Mehregani，"The 2017 Bundestag Election：Election results reveal new line of conflict in Germany's democracy"，https：∥www. bertelsmann-stiftung. de/en/topics/aktuelle-meldungen/2017/oktober/the-2017-bundestag-election-election-results-reveal-new-line-of-conflict-in-germanys-democracy/，last accessed on 31. 10. 2017.

Vertrag zwischen der Bundesrepublik Deutschland und der Französischen Republik über die deutsch-französische Zusammenarbeit und Integration，Aachen，22. Januar 2019，https：∥www. auswaertiges-amt. de/blob/2178596/7b304525053dde3440395ecef44548d3/190118-download-aachenervertrag-data. pdf，last accessed on 24. 04. 2019.

Viola，Lora Anne，"US-amerikanische Außenpolitik unter Trump und die Krisen der Globalisierung"，*Zeitschrift für Außen-und Sicherheitspolitik*，April 2017，Volume 10，Issue 2，pp. 329 – 338.

Volkery，Carten，"EU-Wachstumsrhetorik. Der Mogelpakt"，*Spiegel Online*，27. 06. 2012，http：∥www. spiegel. de/wirtschaft/soziales/eu-wachstumspakt-von-merkel-und-hollande-ist-eine-mogelpackung-a-841040. html，last accessed on 12. 08. 2012.

"Vorgaben aus Brüssel：EU ermahnt Deutschland，Asylrichtlinien umzusetzen"，*Spiegel Online*，23. Sept. 2015，http：∥www. spiegel. de/politik/ausland/eu-ermahnt-deutschland-asyl-richtlinien-umzusetzen-a-1054409. html，last accessed on 28. 10. 2015.

"Wachstum. Bildung. Zusammenhalt，Koalitionsvertrag zwischen CDU，CSU und FDP"，17. Legislaturperiode，2013.

Wagner，Wolfgang and Peter Schlotter，"Zwischen Multilateralismus und militärischer Zurückhaltung：Die Sicherheits-und Verteidigungspolitik Deutschlands"，in Manfred G. Schmidt and Reimut Zohlnhöfer（eds. ），*Regieren in der Bundesrepublik Deutschland. Innen-und Außenpolitik seit* 1949，Wiesbaden：VS Verlag für Sozialwissenschaften，pp. 447 – 465.

Warsaw Summit Communiqué，Issued by the Heads of State and Government participating in the meeting of the North Atlantic Council in Warsaw 8 – 9 July

2016, Press Release (2016) 100, http://www. nato. int/cps/en/natohq/official_ texts_133169. htm, last accessed on 30. 12. 2016.

"Warum Europa eine neue Außenpolitik braucht-Rede von Außenminister Gabriel beim Forum Außenpolitik", 05. 12. 2017, https://www. auswaertiges-amt. de/de/newsroom/berliner-forum-aussenpolitik/746464, last accessed on 10. 03. 2018.

"Weinendes Flüchtlingsmädchen: Merkel verteidigt ihren Streichel-Auftritt", *Spiegel Online*, 19. Juli 2015, http://www. spiegel. de/politik/deutschland/fluechtlingsmaedchen-merkel-verteidigt-streichel-auftritt-a-1044394. html, last accessed on 26. August 2015.

"Weißbuch 2016—Am Ziel vorbei", *Welttrends-Das außenpolitische Journal* 120, Oktober 2016, 24. Jahrgang, pp. 21 – 47.

Welch, David, *Painful choices: a theory of foreign policy change*, Princeton: Princeton University Press, 2005.

"Welche Rolle spielt Berlin im Brexit-Chaos?", *Deutsche Welle*, 22. Januar 2019, https://www. dw. com/de/welche-rolle-spielt-berlin-im-brexit-chaos/a-47179433, last accessed on 19. 02. 2019.

"Wenn keener ausweicht, sind beide tot", *Zeit Online*, 7. Februar 2019, https://www. zeit. de/wirtschaft/2019-02/brexit-grossbritannien-eu-ausstieg-andreas-diekmann-spieltheorie/komplettansicht, last accessed on 09. 02. 2019.

"Werte und Interessen in der deutschen Außenpolitik. Streitgespräch zwischen Eberhard Sandschneider und Jörg Lau in der DGAP", https://dgap. org/de/node/23569, last accessed on 15. 05. 2014.

Westerwelle, Guido, Speech "The Euro and the Future of Europe", Brookings Institution in Washington D. C. , 20. 01. 2012.

Wiemken, Jochen, "Mit Druck und Diplomatie zum Frieden", 30. Juli 2014, http://www. spd. de, last accessed on 13. 08. 2014.

Wigell, Mikael and Antto Vihma, "Geoploitics versus Geoeconomics: The Case of Russia's Geostrategy and Its Effects on the EU", *International Affairs* 92 (3), 2016, pp. 605 – 627.

Wike, Richard, Janell Fetterolf and Moria Fagan, "European Credit EU with Promoting Peace and Prosperity, But Say Brussels is Out of Touch with its Citizens",

Pew Research Center, March 19, 2019, https://www. pewresearch. org/global/ 2019/03/19/europeans-credit-eu-with-promoting-peace-and-prosperity-but-say-brussels-is-out-of-touch-with-its-citizens/, last accessed on 30. 05. 2019.

Winkler, Heinrich August, "Macht, Moral und Menschenrechte. Ueber Werte und Interessen in der deutschen Aussenpolitik", *Internationale Politik* 4, Juli/August 2013, pp. 116 – 127.

Winkler, Ingo, *Contemporary Leadership Theories*, Berlin/Heidelberg: Springer-Verlag, 2010.

Wipperfürth, Christian, "Russland, die Ukraine und der Westen: Alle gehen leer aus. Weitere Verschärfung oder rechtzeitige Umkehr", *DGAP kompakt*, Nr. 5, März 2014, p. 5.

Wittkowsky, Andreas and Jens Philip Meierjahann, "Das Konzept der vernetzten Sicherheit: Dimensionen, Herausforderungen, Grenzen", *Policy Briefing*, Zentrum für Internationale Friedenseinsätze, April 2011.

Woratschka, Rainer, "Rede zum Tag der Deutschen Einheit. Joachim Gauck: Flüchtlingskrise noch größere Aufgabe als Einheit", tagesspiegel. de, 04. Okt. 2015, http://www. tagesspiegel. de/politik/rede-zum-tag-der-deutschen-einheit-joachim-gauck-fluechtlingskrise-noch-groessere-aufgabe-als-einheit/ 12403780. html, last accessed on 26. 06. 2016.

Wright, Nicholas, "No Longer the Elephant Outside the Room: Why the Ukraine Crisis Reflects a Deeper Shif Towards German Leadership of European Foreign Policy", *German Politics*, 27: 4, 2018, pp. 479 – 497.

Zahariadis, Nikolaos, "Bargaining Power and Negotiation Strategy: Examining the Greek Bailouts, 2010 – 2015", *Journal of European Public Policy* 24: 2017, pp. 675 – 694.

"Zehn-Punkte-Plan zur Flüchtlingspolitik. EU will Schlepper-Boote zerstören", *tagesschau. de*, 21. April 2015, http://www. tagesschau. de/ausland/fluechtling-spolitik-105. html, last accessed on 21. 05. 2015.

Zimmer, Matthias, "Werte oder Interessen? Über eine bisweilen schwierige Gemengelage in der deutschen Außenpolitik", in Gunther Hellmann, Daniel Jacobi and Ursula Stark Urrestarazu (eds.), *"Früher, entschiedener und substanzieller"? Die neue Debatte über Deutschlands Außenpolitik*, *Sonderheft*,

Zeitschrift für Außen-und Sicherheitspolitik, Wiesbaden： VS Springer, 2015, pp. 239 – 258.

"Zustimmung sackt abUmfrage-Schock für Merkel-Bundesregierung für Asyl-Politik abgewatscht", *Focus Online*, 04. 02. 2016, http：∥www. focus. de/politik/ videos/erschreckender-rekordwert-afd-setzt-hoehenflug-fort-bundesregierung- fuer-asyl-politik-abgewatscht_ id_5259857. html, last accessed on 12. 06. 2018.

【网址】

http：∥www. destatis. de/.

http：∥www. review2014. de/en/.

后　记

　　本书是本人承担的国家社会科学基金一般项目"德国外交政策新动向及我国对策研究"（批准号：14BGJ009）结项成果的主要部分。在项目执行过程中，除了进行深入的文献分析，笔者也对德国有关机构、智库学者做了访谈，并利用召开国内、国际学术会议的机会，与国内外学者就课题内容进行了多次沟通与交流。为了对所研究的案例有一个完整的追踪，尤其为了涵盖德国总理默克尔的一个完整的执政任期（2013 年 9 月—2017 年 9 月，新政府于 2018 年 3 月才成立），以及鉴于相关事件发展的动态性，例如特朗普就任美国总统后对德国外交的调整的考察具有重要意义，因此，项目实际研究周期比预设的时间表有所延长。不过，这也给了我更多的时间，产出高质量的成果。令我感到非常欣慰的是，项目的结项评审获得了"优秀"。

　　项目执行过程中，我累计在《欧洲研究》《德国研究》《国外社会科学》等核心期刊发表论文 15 篇（其中 13 篇为 CSSCI 来源期刊论文，2 篇为 CSSCI 来源期刊扩展版论文），其中有 3 篇被中国人民大学复印报刊资料《国际政治》全文转载。此外，在课题负责人主编的"德国蓝皮书"以总报告形式发表 5 篇相关课题论文。其中有一些论文收录于本书中，同时对相关内容进行了更新与完善。

　　不同于国内通常对德国外交的孤立分析，例如只是从某单一议题或对象国出发分析德国外交政策，本书对德国外交政策展开了系统又有重点的分析，由此可更好把握德国外交政策全貌及其在各个重点领域/区域的不同表现。本书突出特色在于，在综述德国外交政策调整的背景以及政策宣示的基础上，选取了"欧债危机""难民危机""英国脱欧与欧盟改革""德国对美政策""乌克兰危机"5 个实例，进行了细致的实证分析，每个实例都结合理论，梳理其演进阶段，分析其中反映出的德国外交调整的特点，继而探究这一调整的原因与影响。本书的主要建树在于系统、深入地剖析了德国默克尔政府外交政策 2013 年以来调整的新特点。

本书付印之际有许多人要感谢。首先要感谢我的博士研究生范一杨同学，她协助完成了项目结项的诸多程序，本书中也包含我与她以及我的硕士研究生周玲玲、朱金锋合作撰写的论文的一部分内容，在此对他们的参与表示感谢。其次要感谢社会科学文献出版社当代世界出版分社社长、马克思主义编辑部主任祝得彬提供的宝贵建议，也正是在他的支持下，为配合同济大学的"德国与欧洲研究"相关学科建设和"同济大学欧洲与德国研究院"的筹划，我们在社会科学文献出版社设立了"同济大学欧洲与德国研究丛书"，并将本书列为丛书的第一本。最后，尤其要感谢中国前驻德国大使史明德先生，当我请他为本书作序时，史大使非常爽快地答应了，他的文字无疑为本书增添了一份厚重。

谨将本书献给筹划中的"同济大学欧洲与德国研究院"，期待着在国内外学界同人的大力支持下，同济大学的欧洲与德国研究未来能得到更好、更快的发展。

郑春荣

2020 年 9 月 16 日于上海

图书在版编目（CIP）数据

德国默克尔政府外交政策研究：2013－2019：从克制迈向积极有为 / 郑春荣著. －－北京：社会科学文献出版社，2021.12
（同济大学欧洲与德国研究丛书）
ISBN 978－7－5201－8606－3

Ⅰ.①德… Ⅱ.①郑… Ⅲ.①外交政策－研究－德国－2013－2019 Ⅳ.①D851.60

中国版本图书馆 CIP 数据核字（2021）第 169509 号

·同济大学欧洲与德国研究丛书·

德国默克尔政府外交政策研究（2013—2019）：从克制迈向积极有为

著　　者 / 郑春荣

出 版 人 / 王利民
组稿编辑 / 祝得彬
责任编辑 / 吕　剑
责任印制 / 王京美

出　　版 / 社会科学文献出版社·当代世界出版分社（010）59367004
　　　　　地址：北京市北三环中路甲 29 号院华龙大厦　邮编：100029
　　　　　网址：www.ssap.com.cn
发　　行 / 市场营销中心（010）59367081　59367083
印　　装 / 三河市东方印刷有限公司

规　　格 / 开　本：787mm×1092mm　1/16
　　　　　印　张：14.75　字　数：255 千字
版　　次 / 2021 年 12 月第 1 版　2021 年 12 月第 1 次印刷
书　　号 / ISBN 978－7－5201－8606－3
定　　价 / 88.00 元